UN OFFICIER D'ÉTAT-MAJOR SOUS LE Ier EMPIRE

SOUVENIRS MILITAIRES
D'OCTAVE LEVAVASSEUR

OFFICIER D'ARTILLERIE
AIDE DE CAMP DU MARÉCHAL NEY

(1802-1815)

PUBLIÉS

PAR LE COMMANDANT BESLAY
SON ARRIÈRE-PETIT-FILS

PARIS
LIBRAIRIE PLON
PLON-NOURRIT ET Cie, IMPRIMEURS-ÉDITEURS
8, RUE GARANCIÈRE — 6e

1914

UN OFFICIER D'ÉTAT-MAJOR SOUS LE Ier EMPIRE

SOUVENIRS MILITAIRES D'OCTAVE LEVAVASSEUR

OFFICIER D'ARTILLERIE

AIDE DE CAMP DU MARÉCHAL NEY

(1802-1815)

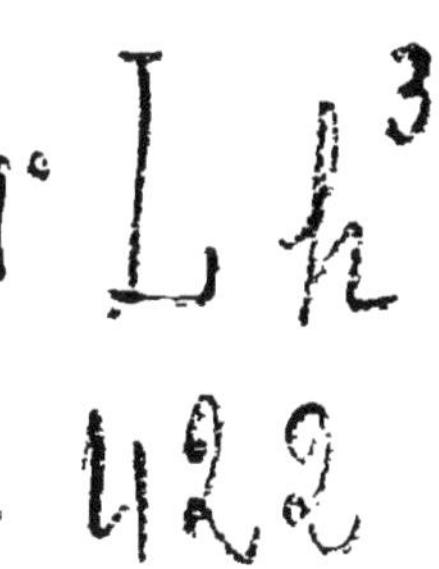

UN OFFICIER D'ETAT-MAJOR SOUS LE Ier EMPIRE

SOUVENIRS MILITAIRES D'OCTAVE LEVAVASSEUR

OFFICIER D'ARTILLERIE

AIDE DE CAMP DU MARÉCHAL NEY

(1802-1815)

PUBLIÉS

PAR LE COMMANDANT BESLAY

SON ARRIÈRE-PETIT-FILS

PARIS

LIBRAIRIE PLON

PLON-NOURRIT ET Cie, IMPRIMEURS-ÉDITEURS

8, RUE GARANCIÈRE — 6e

1914

INISTÈRE DE LA GUERRE

Direction génle
du Personnel.

BUREAU DE L'ARTILLERIE

Section des pensions.

ÉTAT DES SERVICES

du sr LEVAVASSEUR, René, Louis, Octave

né à Breteuil (Oise) le 23 7bre 1781

Elève à l'Ecole polytechnique	5 9bre 1800
Elève Ss lieutnt à l'Ecole d'application à Metz	22 9bre 1802
Lieutnt en 2d au 2e régt d'artillerie à cheval	28 9bre 1803
id. aide de camp du Gal Seroux	12 7bre 1806
id. aide de camp du Mal Ney	20 juin 1807
Démissionnaire	10 juillet 1810
Remis en activité ce aide de camp du Mal Ney	17 janvier 1814
Capitaine id.	31 janvier 1814
Chef de bataillon id.	19 février 1814
id. maintenu id.	29 7bre 1814
id. id.	26 janvier 1815
Réadmis ce chef d'escadron dans le corps de l'artillerie.	5 juillet 1815
Aide de camp du Gal Dessolle (général en chef de la garde nationale).	8 juillet 1815
Capitaine en 1er, artillerie à cheval de la Garde royale..	20 7bre 1815
Mis en non-activité	7 mars 1816*
Admis au traitement de disponibilité	28 février 1824
Au 3e régt d'art. à cheval ce chef d'escadron	13 février 1829
Chef d'escadron au 10e régt d'artillerie (à partir du 1er juin, date de l'organ. de ce corps).	10 juillet 1830
Id. au 4e régt d'artillerie	28 août 1830*

Vle 2e 5063 du Contrôle général des Officiers d'artillerie

—

Vérifié

: L'HUILLIER.

CAMPAGNES :

1805-1806-1807, Grande Armée. — 1808-1809, Espagne. — 1814, Grande Armée, en France. — 1815, en France. Chevalier de la Légion d'honneur, le 14 avril 1807. Chevalier de St-Louis, le 22 avril 1818 (avait déjà été nommé chevalier de St-Louis par Monsieur, le 27 8bre 1814).

Certifié conforme
aux pièces et registres déposés au bureau de l'artillerie.

*1818. Chef d'escadron d'artillerie à cheval en demi-solde.
1832. Admis à faire valoir ses droits à la pension de retraite (don royale).
*Retraité par ordonnance du 5 octobre 1833, à la somme de 2 115 frs, sous le no 37832.

(Mentions non portées aux États des services ci-dessus copiés.)

Paris, 31 décembre 1830.
Le chef du bureau de l'artillerie,
TUGNOT DE LANOYE.

Ministère de la Guerre.

Commission d'Aide-de-camp.

D'après l'Autorisation de l'Empereur,

Le Ministre de la Guerre, conformément aux Arrêtés des 16 Vendémiaire et 14 Brumaire an 9, et sur la demande du Marechal Ney commandant le 6e Corps d'armée

Nomme Mr Levasseur lieutenant d'artillerie aide de Camp du général Seroux

à l'emploi d'Aide-de-camp auprès dudit Marechal

Il jouira du traitement attribué au grade de lieutenant

A Tilsitt le 20e jour du mois de Juin l'an 1807

Le Ministre de la Guerre,

Prince de Neuchâtel

Mal Alex. Berthier

Fac-simile réduit d'un tiers.

Octave-René-Louis LEVAVASSEUR, né à Breteuil (Oise), le 20 septembre 1781, était fils de Jean-Bernard Le Vavasseur, Conseiller du roi, Subdélégué de l'intendance d'Amiens, Maître de poste, et de Marie d'Hangest ; il eut six frères et sœurs. Après avoir terminé ses études à Beauvais, il entra à l'École polytechnique en novembre 1800, puis, deux ans après, à l'École d'application de Metz : le 28 novembre 1803, il était nommé lieutenant d'artillerie. Incorporé au 2e régiment d'artillerie à cheval, à Douai, il dut bientôt suivre sa batterie au camp de Montreuil. Avec elle, il fit toute la campagne de 1805, fut blessé légèrement à Austerlitz, et en 1806, quelques jours avant Iéna, attaché comme aide de camp auprès du général de Seroux, commandant l'artillerie du VIe corps (maréchal Ney). Nommé chevalier de la Légion d'honneur en avril 1807, il passa à l'état-major du maréchal Ney, au cours de la marche sur Friedland.

Envoyé en congé au lendemain de la paix de Tilsit, il vint à Paris et épousa, le 30 mars 1808, Mlle Barbe Delorme, fille de M. Arnould Delorme (qui a laissé son nom à l'ancien passage de la rue de Rivoli, aujourd'hui disparu). Mais bientôt après, il dut aller rejoindre la Grande Armée entrant en Espagne et fit, toujours à l'état-major du maréchal Ney, la campagne jusqu'à la fin de 1809. Malgré le désir du maréchal de le conserver près de lui, il donna alors sa démission et songea à entrer comme auditeur au Conseil d'État; ce projet n'eut d'ailleurs pas de suite.

Dès la fin de l'année 1813, à l'approche des Alliés, il demanda à rentrer au service et reprit sa place à côté du maréchal Ney aux premières heures de la campagne de France. Nommé capitaine par l'Empereur à Brienne, le 31 janvier 1814, puis chef de bataillon, vingt jours après, au lendemain de Montereau, il était à la bataille de Craonne le 7 mars, aux deux journées des 9 et 10 devant Laon et se trouvait à Fontainebleau avec Ney lors de l'abdication de Napoléon.

Après avoir assisté dans Paris à l'entrée de Louis XVIII et aux débuts de la Restauration, il suivit dans sa retraite le maréchal, dont il était devenu l'ami personnel. A la nouvelle du débarquement de Napoléon, il se rendit avec Ney à Lons-le-Saulnier et fut témoin du brusque revirement du maréchal en faveur de l'Empereur. Séparé un moment de son chef, puis rappelé par lui, il entra en campagne pour assister à l'alerte de Charleroi et à la bataille de Waterloo.

Après le désastre, il servit quelques semaines comme aide de camp auprès du général Dessolle, commandant en chef de la Garde nationale, fut nommé capitaine, avec le rang de chef d'escadron, à l'artillerie à cheval de la Garde royale en septembre 1815, puis bientôt mis dans la position de demi-solde.

Replacé sur sa demande en activité, le 13 février 1829, et affecté, comme chef d'escadron, au 4e d'artillerie à cheval, il n'y fit pas de service réel, mais fut versé en juillet 1830, par suite de la réorganisation de l'arme, au 10e régiment d'artillerie et presque aussitôt au 4e, à Rennes. Il y servit effectivement jusqu'en mai 1832, époque à laquelle il fit valoir ses droits à la retraite, et se retira dans ses foyers, à Breteuil, où il mourut le 14 mars 1866, à l'âge de 85 ans.

Mettant à profit les loisirs d'une longue et belle vieillesse, il se plut à rédiger ses Souvenirs de 1802 à 1815 : *il utilisa à cette fin des notes prises sans doute au cours des campagnes dans son service d'état-major, à en juger par la précision des détails et l'exactitude des faits et des dates, et laissa un manuscrit maintes fois relu — avec amour — et maintes fois complété par lui.*

De son mariage avec Mlle Delorme, il avait eu deux filles : Charlotte, qui épousa en 1833 M. Charles Beslay, ingénieur, alors député de Pontivy, et mourut en 1835, à la naissance de son fils François ; Adèle, qui se dévoua avec une abnégation toute maternelle à l'éducation de son neveu, puis des enfants de celui-ci.

Arrière-petit-fils et filleul d'Octave Levavasseur et, comme lui, appartenant à l'armée, j'ai eu à cœur, en publiant ces Souvenirs, *de déférer à un désir exprimé par mon bisaïeul* (1). *Je les offre au lecteur tels que je les ai trouvés dans mes papiers de famille, sans y rien ajouter qu'une division par chapitres et quelques notes pour la clarté du récit, et je souhaite que ce petit volume, en honorant un nom encore fièrement porté, soit un hommage rendu à la mémoire et au rôle modeste, mais si crâne, d'un aide de camp de Ney, durant les jours glorieux de l'Épopée!*

COMMANDANT P. BESLAY

Chef de bataillon d'infanterie.

Paris, 30 mars 1914.

(1) « Il m'a semblé que, quelle que fût la part obscure qu'il eût prise aux actions de ces époques mémorables, un soldat de la Grande Armée ne devait pas réserver pour lui seul des souvenirs qui ont peut-être de l'intérêt pour tous. »

(Extrait des dernières pages des *Souvenirs d'O. Levavasseur.)*

SOUVENIRS MILITAIRES

D'OCTAVE LEVAVASSEUR

OFFICIER D'ARTILLERIE

AIDE DE CAMP DU MARÉCHAL NEY

CHAPITRE PREMIER

L'ÉCOLE DE METZ. — LE CAMP DE BOULOGNE

1802-1805

Séjour à l'École d'application de Metz (1802-1803). — Réception du Premier Consul à Beauvais (13-14 novembre 1802). — Ma nomination de lieutenant au 2e d'artillerie à cheval (28 novembre 1803). — Arrivée au régiment, à Douai. — Camps sur la côte près de Montreuil. — Les croisières anglaises. — Psychologie de l'armée : ses attaches républicaines; la manie des duels. — Proclamation de l'Empire. — Napoléon à Boulogne. — Fête des décorations (15 août 1804). — Attente imminente de la descente en Angleterre (été 1805).

1802.

Sorti le dixième de l'École polytechnique, je fus envoyé, le 22 novembre 1802, à l'École d'application du génie de Metz. L'École d'artillerie de Châlons venait d'y être réunie : huit élèves de Châlons, qui n'avaient pu être placés et parmi lesquels se trouvaient Gourgaud, Clermont-Tonnerre, Bourgeois, Gougeon, Mathieu, etc., formaient le noyau d'artillerie de cette école. Elle était sous le commandement du général Lamartinière, auquel j'avais été recommandé par Mgr de Villaret, évêque d'Amiens, qui connaissait ma famille.

A cette époque, les élèves étaient casernés dans des bâtiments militaires, situés près de la haute ville, et tous les jours nous nous rendions aux cours, dont les salles étaient disposées dans l'ancien couvent de Saint-Arnoult. Un jour, le général Lamartinière supprima les sorties et nous donna l'ordre de nous tenir casernés dans les salles d'étude. Il y eut une révolte : tout le matériel de l'École fut brisé et les élèves mis aux arrêts forcés dans les casernes. Nous illuminâmes nos fenêtres pour narguer le tyran. Le lendemain, les chefs de l'insurrection firent courir, pendant le dîner, une lettre pour dénoncer le général au ministre de la guerre. Cette lettre fut signée par tous les élèves ; malgré ma position particulière, je me crus obligé de la signer aussi et elle fut envoyée au ministre. Huit jours après, le général Lamartinière nous rassembla tous et lut avec le plus grand sang-froid la lettre qui lui avait été transmise ainsi que tous les noms des signataires !

Il se borna à faire un discours de réprimande

dans lequel il menaçait du fort de Bitche le premier qui sortirait de la ligne du devoir. Cette menace produisit son effet.

Les élèves de l'École d'application continuaient à Metz le système d'intimidation et de tyrannie auquel ils avaient préludé à l'École polytechnique de Paris. Ce système prenait même à Metz un caractère plus étendu. Cette place est exclusivement militaire; l'uniforme s'y montrait partout et la domination la plus absolue était notre partage. Sur les promenades, au théâtre, dans les salons, les prétentions de notre folle jeunesse ne s'arrêtaient devant aucun obstacle : notre volonté, notre caprice faisaient la loi.

La partie de nos journées que nous ne consacrions pas à l'étude se passait au café, au manège ou à la salle d'armes. L'esprit général de notre École était en harmonie avec l'esprit général de l'armée. L'air fanfaron, les grands sabres recourbés et traînant à grand bruit sur la terre, les hauts plumets sur les chapeaux posés en avant et penchés sur l'oreille, telle était la physionomie d'un élève. On n'entendait parler que de vitres brisées, de chats égorgés, de chiens percés d'outre en outre. Les duels sans accommodement formaient la règle et le sabre le droit commun. Les rencontres avaient lieu à tous moments, en plein jour : pour un mot, on mettait flamberge au vent.

Un jour, au café, Moreau jouait au billard avec Souhalac, Cahouet et d'autres camarades; une discussion s'éleva entre Souhalac et moi et devint tellement vive qu'un duel parut nécessaire. Je me rendis avec Cahouet sur le terrain. Nous ôtâmes nos habits et, l'épée à la main, nous nous mîmes en garde. Après avoir soutenu l'attaque de Souhalac et rompu plusieurs fois, je lui lançai un coupé-dégagé en levant le poignet; l'épée pénétra dans l'os de l'épaule et s'y brisa. Voyant Souhalac le bras tendu et immobile, je m'élançai sur lui, pris à deux mains le tronçon d'épée resté dans les os et le retirai. Au même instant, ne voyant qu'une petite ouverture par laquelle le sang ne s'échappait pas, je suçai la blessure jusqu'à ce qu'il vînt; j'en retirai le plus qu'il fut possible. Les chirurgiens déclarèrent que Souhalac me devait la vie : si je la lui eusse ôtée, j'en serais resté inconsolable.

Souhalac avait une tête fortement organisée; à l'École, il résolvait en peu d'instants les questions les plus difficiles. Il est à regretter que sa destinée l'ait fait attacher, sous l'Empire, au service de la grande-duchesse de Toscane, et qu'il n'ait pu prendre part aux grandes actions qui auraient mis en lumière son mérite consommé. Il mourut d'ailleurs fort jeune.

Nos travaux à Metz consistaient en études sur l'attaque et la défense des places, sur la confection des bouches à feu, la portée, le tir du canon et du mortier, la fabrication des différentes armes de guerre, les levés à vue, à la planchette, à la boussole, le tracé des routes et le calcul des déblais et des remblais. Envoyé à Longeville-lès-Metz, je fus chargé de faire un projet de route rejoignant celle de Paris et traversant le Mont Saint-Quentin. Les dimanches, nous redevenions simples soldats. On nous avait incorporés dans le régiment d'artillerie commandé par le colonel Demarcay. Tous les élèves manœuvraient et défilaient avec ce régiment.

Une année se passa ainsi; nous dépensions beaucoup d'argent, grâce aux juifs, qui nous prêtaient à gros intérêts, et aux tailleurs qui nous fournissaient tout ce que nous voulions, sans demander le prix de leurs fournitures.

Je reçus enfin à la date du 12 frimaire an XII (4 décembre 1803) ma lettre de nomination comme lieutenant en second dans le 2e régiment d'artillerie, en garnison à Douai (1). Je devais me rendre à mon régiment sous trente jours. Je quittai Metz et arrivai à Paris avec Buvée et d'Hautpoul. Je brûlais de voir un officier de mon régiment afin d'en connaître l'équipement, pour me faire habiller. Ne trouvant pas de modèle de ce genre à Paris, je partis à franc étrier et me rendis à Douai. Je n'avais pas réfléchi qu'en devançant l'expiration du délai, je renonçais au droit d'en jouir. Je me présentai au gros major d'Aboville qui, sans avoir égard au délai que l'on m'avait accordé, m'ordonna de rester, dès ce moment, au régiment. Je repré-

(1) Les États des services d'Octave Levavasseur portent : *lieutenant en second au 2e régiment d'artillerie à cheval,* 28 novembre 1803. — Voir en tête du volume. — *(Note de l'éditeur.)*

sentai vainement au gros major que j'avais trente jours dont je pouvais disposer; il m'en accorda quatre, au bout desquels je devais être rentré. Je retournai à Paris où je crus être en droit de rester et d'épuiser scrupuleusement mes trente jours. Là, j'appris qu'un bal devait être donné par la ville de Beauvais au Premier Consul. Toute ma famille était invitée, et c'était une trop belle occasion de la revoir pour que je la laissasse échapper (1).

Le Premier Consul avait annoncé qu'il séjournerait à Beauvais en revenant de Rouen. Aussi les plus grands préparatifs avaient-ils été faits pour sa réception. Une garde d'honneur, composée des jeunes gens de la ville, s'était portée à sa rencontre; un arc de triomphe s'élevait à la porte Saint-Jean, par laquelle passait alors la route de Rouen. Le maire de la ville, le conseil municipal et une députation de demoiselles attendaient là le Premier Consul, mais il ne s'arrêta qu'un instant et poursuivit son entrée. La plupart des maisons étaient pavoisées de drapeaux tricolores; toutes les autorités formaient la haie depuis le parvis de l'église Saint-Pierre jusque dans l'intérieur de

(1) L'auteur fait ici une légère confusion par suite d'une erreur de dates : le voyage du Premier Consul en Normandie est d'octobre-novembre 1802; sa réception à Beauvais eut lieu es 22 et 23 brumaire an XI (samedi 13 et dimanche 14 novembre). Il faut donc reporter à l'automne 1802, et non 1803, la visite d'Octave Levavasseur à sa famille, après sa sortie de l'École polytechnique, et sa présence aux fêtes de Beauvais quelques jours avant son départ pour l'École de Metz (Voir les États des services). *(Note de l'éditeur.)*

l'hôtel de la préfecture (l'ancien évêché), et la population, avide de contempler les traits du vainqueur de Lodi, d'Arcole, de Marengo, encombrait les abords de la place.

Indépendamment de la garde d'honneur, la garde consulaire formait l'escorte de la voiture. Bonaparte et Joséphine mirent pied à terre au perron. Là, une harangue fut prononcée par le préfet de l'Oise, M. de Belderbusch; puis le Premier Consul monta dans ses appartements. On lui avait donné pour chambre à coucher un grande pièce au premier étage, ayant vue sur le rempart par deux croisées à balcon; les murs de cet appartement étaient tendus en vieilles tapisseries de la manufacture de Beauvais. Au grand mécontentement des jeunes gens qui avaient brigué l'honneur de veiller à la garde du Premier Consul, aucun d'eux ne fut chargé du service des appartements intérieurs. Ce service fut réservé à la garde consulaire.

La suite du Premier Consul se composait d'Eugène de Beauharnais, du ministre de l'intérieur, Chaptal, de Bessières, de Soult, de Savary, et de quelques autres chefs de l'armée, au nombre de dix à douze.

Avant le dîner, toutes les autorités furent présentées. Bonaparte était en grand uniforme et en bas de soie; le *Régent* brillait à la garde de son épée. Adossé à la cheminée, il adressait quelques mots à chacune des personnes dont on prononçait le nom, puis il saluait et, faisant un mouvement à droite, il indiquait par un geste Joséphine assise un peu en arrière, comme pour ordonner d'aller lui faire la cour.

Ayant jeté les yeux sur le cercle formé devant lui, il remarqua le duc de La Rochefoucauld-Liancourt. « Ah! M. de Liancourt! » dit-il froidement. C'est à ce peu de mots qu'il se borna. M. de Liancourt, que tout le département de l'Oise a connu et regretté, était un de ces esprits généreux qui s'attachent peut-être trop à de philanthropiques théories. Or, on sait que Bonaparte aimait peu ce genre d'hommes dont les noms ont jeté pourtant de l'éclat sous son règne : il les appelait des idéologues.

Pendant la réception, les questions faites par Bonaparte étaient empreintes de ce ton bref qui caractérisait sa manière. Cette forme d'interrogation, cette contenance ferme intimidaient les esprits les moins timorés; on sentait qu'on se trouvait en face de la force personnifiée. La terrible Révolution était encore dans tous les souvenirs et la présence de l'homme qui l'avait domptée inspirait une crainte respectueuse.

Dans cette revue des premières autorités du département et de la ville, M. le préfet de Belderbusch dut figurer et parler plusieurs fois. J'aurai plus tard l'occasion de parler de M. de Belderbusch, dont l'administration dans le département de l'Oise s'était déjà fait remarquer par une grande fermeté. Ce préfet était un ancien conseiller de l'Électeur de Cologne : on ne pouvait se méprendre à son accent, ni méconnaître son origine germanique.

Le Premier Consul se tournant une fois vers lui : « De quel pays êtes-vous, monsieur le préfet? » — « Chénéral, répondit l'ancien conseiller de l'Électeur de Cologne, che souis des noufeaux débardements di Rhin. » — « Ah! reprit Bonaparte, je ne l'aurais pas cru, vous parlez comme un Parisien. » Puis il passa à l'un de ces examens qu'il faisait subir quelquefois aux fonctionnaires. Il aimait à les mettre, comme on dit, sur la sellette.

Bonaparte savait sans doute que l'on jouait beaucoup à Beauvais. « Quel est, dit-il, le produit des cartes à jouer dans ce département? » Le chef d'administration, auquel il s'adressait, perdit son aplomb et hésita. — Il n'avait pas l'esprit d'à-propos de ce préfet qui, plus tard, dans une occasion semblable, répondit à l'Empereur lui demandant combien il était passé, depuis un an, d'oiseaux de proie dans son département : « Un seul, Sire, et c'était un aigle. » — Le Premier Consul, voyant la contenance embarrassée de celui qui devait répondre à sa question, reprit : « Quel est celui de ces messieurs qui pourra me donner ce renseignement? » Personne ne répondit. Ceux qui auraient pu parler se seraient d'ailleurs gardés de le faire, par égard pour le fonctionnaire interrogé.

Il y eut peu de personnes admises à la table du Premier Consul. Elle ne se composait que du préfet, du maire de Beauvais, M. de Lachaise, et de M. de Changy, président de la Commission des hospices. Après le dîner, Bonaparte et Joséphine se rendirent au bal que leur offrait la ville de Beauvais. Ils s'arrêtèrent un instant au bas de l'escalier pour écouter le compliment que récita avec beaucoup de grâce Mlle de Mazières à la tête d'un nombreux essaim de jeunes personnes de la ville. C'est à Mlle de Nully d'Hécourt, fille d'un des adjoints au maire, que l'on avait d'abord songé pour cette mission, parce qu'elle était amie de pension d'Hortense de Beauharnais, mais une indisposition la retenait chez elle.

Deux rangs de dames occupaient les deux côtés de la salle de bal : elles étaient de la ville et de toutes les parties du département. J'en avais amené moi-même de Breteuil. En entrant, Bonaparte et Joséphine firent des haltes, et, de l'air le plus gracieux, parlèrent à la plupart des dames. Le couple consulaire alla ensuite s'asseoir sur l'estrade qui occupait le fond de la salle. Là, Bonaparte se fit présenter différentes personnes, au nombre desquelles furent Mme de Lachaise, Mme de Nully d'Hécourt et la femme du général Lucotte, de Compiègne. Au-dessus de l'estrade étaient suspendues des guirlandes de fleurs, qui encadraient des médaillons sur lesquels on lisait les noms des victoires remportées par le Premier Consul dans les campagnes d'Italie et d'Égypte. C'était une chose merveilleuse de comparer ainsi tant de triomphes avec l'âge et la jeunesse de leur auteur.

Le signal de la danse fut donné; les membres de l'orchestre de la Société philharmonique, qui avaient d'abord promis leur concours pour cette solennité, se trouvant blessés, je ne sais comment, dans leur susceptibilité musicale, s'étaient résolus à livrer la place à d'autres. Cela n'alla pas moins bien. Les jeunes gens de la garde d'honneur, imitant cette bouderie, avaient repris leurs habits de ville pour assister au bal. On se rappelle encore aujourd'hui la toilette de Mme Bonaparte qui portait une robe de gaze rayée blanc et or, et un turban pareil. Pendant toute la soirée, elle ne cessa de causer avec Bonaparte. Eugène de Beauharnais, que son âge et la grâce de ses manières recommandaient à l'attention générale, la provoqua aussi par les soins multipliés qu'il eut pour une dame du département arrivée de Paris.

Bonaparte se retira de bonne heure et avant le souper. Le lendemain matin, le grand salon de la préfecture avait été transformé en chapelle. Deux prie-Dieu occupaient l'espace le plus rapproché de l'autel : Bonaparte et Joséphine s'y placèrent. De chaque côté, à partir de l'autel jusqu'à l'extrémité opposée, étaient rangés les généraux; les fonctionnaires remplissaient les vides du fond. La messe fut dite par Mgr de Villaret, évêque d'Amiens (1) : Bonaparte et tous les assis-

(1) Ancien aumônier de l'École de Brienne. (*Note de l'éditeur.*)

tants l'écoutèrent avec le plus grand recueillement.

Dans cette cérémonie, on reconnaissait encore le pouvoir du Premier Consul. Le Concordat était à peine signé : à la voix de Bonaparte, les temples venaient de se rouvrir. Une messe était donc pour plusieurs des assistants un spectacle dont ils avaient perdu en quelque sorte le souvenir et qui, indépendamment de son caractère religieux, avait, par lui-même, quelque chose d'imposant. Mais, si l'on ajoute que cette cérémonie se passait devant l'élite des guerriers dont s'honorait la France, immobiles et la main appuyée sur leurs sabres, au repos cette fois, en présence de celui qui, après Dieu, était le plus grand et le plus puissant de tous, dans le palais même de la plus illustre des victimes des massacres du 2 Septembre, on ne pouvait s'empêcher d'éprouver un sentiment profond de regret pour de si grands désastres et d'admiration pour l'homme qui avait réussi à les faire oublier.

Après la messe, le salon reprit son aspect accoutumé et une nouvelle réception commença. Elle fut consacrée aux représentants de l'industrie beauvaisienne. M. de Lachaise présenta les principaux manufacturiers, au nombre desquels était Mme Sablé, qui sut attirer l'attention de Bonaparte par la précision de ses reparties.

Cette réception terminée, Bonaparte, ayant pris M. de Lachaise dans sa voiture, se rendit à l'hospice, auquel il fit don d'une somme de 3 000 francs, aux divers établissements publics et chez quelques fabricants, dont il parcourut les ateliers dans le plus grand détail. Une de ses premières visites fut pour Mme Sablé, dont la manufacture de toiles peintes occupait les bâtiments de l'ancienne abbaye de Saint-Quentin.

En rentrant en ville, un des chevaux de l'escorte s'étant cabré mit quelque désordre dans le cortège et un homme qui se trouvait sur le passage fut renversé. Le Premier Consul envoya immédiatement le garde d'honneur qui se trouvait à la portière, M. Rançon, pour s'informer si cet homme n'était pas blessé : il n'avait couru aucun danger.

Pendant ces différentes courses, M. de Lachaise sut intéresser Bonaparte, qui s'éloigna enchanté des honneurs qu'on lui avait rendus à Beauvais. M. de Lachaise, ancien militaire, avait ce caractère franc et ouvert que recherchait le Premier Consul. On ne tarda pas à apprendre que le maire de cette ville était promu à l'importante préfecture du Pas-de-Calais. Quant à Mlle de Mazières, elle reçut de la part de Joséphine une magnifique parure en diamants.

1803.

En regagnant Douai, je passai par Amiens. Là, j'appris du commandant Pelgrin, qui appartenait à mon régiment, que j'allais être mis aux arrêts forcés. Arrivé au corps, le colonel m'imposa effectivement cette punition, que je subis pendant quinze jours. Le temps des arrêts expiré, je me rendis, suivant l'usage, chez le colonel pour le remercier. Le colonel (il s'appelait Moissel) me fit dîner avec lui; au dessert il me demanda de déposer mes épaulettes sur la cheminée et il m'incorpora dans une batterie en qualité de simple canonnier. Commandé de garde le jour même, je fis ma faction à la porte de la caserne et payai ma bienvenue à tous mes compagnons. Quelque temps après, je fus nommé brigadier, puis maréchal des logis chef, en regagnant ainsi peu à peu mes épaulettes et faisant connaissance successivement avec tous les sous-officiers de mon grade dans la 2e compagnie de ma batterie. Les vieux soldats de la République, passés par tous les grades, n'admettaient aucun élève comme officier avant qu'il n'eût subi les mêmes épreuves. Excellente méthode qu'on a peut-être eu tort d'abandonner.

Cette 2e compagnie était commandée par deux officiers piémontais : Quaglia, capitaine, et Eléna, lieutenant en premier. Mon séjour à Douai ne fut signalé par aucun incident que je puisse rapporter : nous étions reçus par une société habituée à voir avec bienveillance les officiers d'artillerie.

1804.

Enfin nous reçûmes l'ordre de partir pour Boulogne, où le camp se formait (1).

La France était dans un état d'exaltation difficile à décrire : la guerre venait d'être déclarée à l'Angleterre et le projet gigantesque de transporter à Londres, sans marins, sans vaisseaux, son armée triomphante était né dans la tête de Napoléon.

De toutes parts et dans les lieux mêmes les plus éloignés de la côte, on se mit à construire des bateaux plats ; chaque ville avait voté la construction d'un navire : Compiègne, pour le département de l'Oise, était le centre des constructions. En quelque temps, tous nos ports de la Manche furent encombrés de ces frêles embarcations sur lesquelles deux ou trois canons à peine pouvaient tenir.

(1) La rupture de la paix d'Amiens et les premières hostilités des Anglais datent de mai 1803.

Dès le mois de juin, le Premier Consul ordonna la formation sur les côtes, de l'Escaut à l'Adour, de six grands camps d'instruction, de 20 à 30 000 hommes, sous le nom d'Armée des Côtes de l'Océan. Des troupes, réunies d'abord à Compiègne, sous le commandement de Soult en attendant celui de Ney, vinrent à la fin de septembre s'établir sur la côte, aux environs de Montreuil, mais ne constituèrent officiellement qu'à la mi-décembre le camp de ce nom, plus tard VIe corps de la Grande Armée.

En même temps, s'établirent auprès de Boulogne, au centre, les troupes rassemblées d'abord à Saint-Omer avec Soult; puis celles réunies à Gand et à Bruges, sous le commandement de Davout, vinrent s'installer à la droite, près de Vimereux et d'Ambleteuse. (*Note de l'éditeur.*)

Il fallait ensuite réunir à Boulogne les différents convois; il fallait à chacun un commandant et des pilotes. La marine anglaise, composée de plus de cent vaisseaux, était en observation le long de notre côte. Tous ces convois, gênés dans leur marche par cette flotte, serraient de trop près la côte, éprouvaient des avaries continuelles et ne pouvaient parvenir que difficilement au lieu désigné pour le rassemblement.

On m'avait envoyé avec ma batterie à Dannes, petite plage entre Boulogne et Étaples. Mon service m'obligeait sans cesse à escorter les embarcations qui se trouvaient serrées par les vaisseaux ennemis (1). Chose remarquable mes meilleurs pointeurs sur terre échouaient complètement dans leur tir sur mer, aucun point intermédiaire ne leur permettant de mesurer la distance, qu'ils jugeaient toujours trop rapprochée. Les Anglais, ayant un calibre plus fort que le mien, et aussi plus d'habitude, montraient sur nous une supériorité marquée : ils nous tuèrent quelques hommes.

Étant sur la côte, nous eûmes quelquefois la bonne aubaine de recueillir des débris de nau-

(1) Au mois de septembre 1803, le Premier Consul — en vue de protéger contre les navires anglais les bateaux de transport — avait fait échelonner sur la côte des détachements de cavalerie « avec des batteries d'artillerie attelées, dressées à manœuvrer avec une extrême rapidité et à courir au galop sur les sables laissés par la mer à découvert. » (Thiers, livre XVII). *(Note de l'éditeur.)*

frages, tels que des petits tonneaux pleins de rhum et d'eau-de-vie, attachés en chapelet et voyageant sous les vaisseaux pour éviter les droits de la douane anglaise. En outre, tous les jours, la mer, se retirant à plus d'une lieue de la côte, déposait sur la plage une grande quantité d'objets provenant des naufrages dont ces parages sont trop souvent témoins. Les paysans et mes canonniers s'empressaient de courir sur la grève pour y recueillir ces débris.

Les habitants de ces pauvres communes, situées au milieu des dunes, n'avaient d'autres moyens d'existence que la pêche de leurs filets et ces captures. On racontait que, pour aider aux chances que la mer leur offrait, ils promenaient, pendant les nuits sombres et dans les temps de brouillard, des ânes, sur la tête desquels étaient des fanaux qui, suivant le mouvement onduleux du col de ces animaux, faisaient de loin aux bâtiments l'effet d'appartenir à des vaisseaux véritables. Cette grossière amorce ne remplissait que trop bien son but; les équipages des bâtiments en mer, voulant s'approcher, échouaient, et, à l'instant, ces chasseurs d'hommes allaient disputer leur proie aux flots.

Lors de la marée basse, on apercevait au loin une assez grande quantité de bâtiments échoués que les flots venaient bientôt recouvrir. Il était ordonné à nos batteries de tirer sur les embarcations qui ne faisaient pas les signaux prescrits par le règlement et il m'arriva plusieurs fois, pendant la nuit, de canonner des chaloupes françaises qui avaient la maladresse de ne pas allumer leurs feux.

Pour donner une idée de l'ignorance de nos pilotes, il me suffira de raconter qu'étant à Dannes, j'eus le désir d'aller voir Calais que je ne connaissais pas. Je partis avec mon ordonnance et me rendis à Calais; je m'y liai avec des officiers du 12e régiment d'infanterie légère. J'appris que le régiment s'embarquait la nuit même sur des bateaux plats pour rejoindre Boulogne. Je me décidai à retourner avec ce régiment et prescrivis à mon ordonnance de reconduire mon cheval par la route de terre.

A deux heures du matin, accompagné des officiers, je pris place sur un bateau plat et, lancés bientôt en pleine mer, nous perdîmes de vue la côte de France, quoique le jour fût venu. Le brouillard était fort épais, l'appréhension de tomber sur la côte d'Angleterre s'empara de l'équipage. Nos bateaux formaient une petite escadre que de mauvaises manœuvres ne tardèrent pas à disperser. Tout à coup, une vigie crie : « Bâtiment anglais! » La terreur s'empare de nous. « Hissez le perroquet! » s'écrie-t-on : « Il nous gagne!... n'arrivons pas!... il nous gagne!... arrivons!... arrivons! »... Dans ce moment de détresse, on jette le canon à la mer, on approche de la côte, et, au lieu de faire le circuit nécessaire pour entrer dans le port, nous voulons couper au court et nous échouons. Quelle fut notre humiliation, en sortant de l'eau devant toute l'armée accourue sur le rivage, de reconnaître que le bâtiment qui nous suivait était non pas anglais, mais une chaloupe française qui fit fièrement son entrée dans Boulogne en même temps que nous! Je rentrai dans la ville et repris tout confus la route de Dannes.

Quelques jours après, je reçus l'ordre de transporter ma batterie à la pointe de Berck, entre la Canche et l'Authie. Là, j'achetai pour 200 francs, de Quaglia, que je remplaçais dans ce bivouac, une petite baraque bien construite, composée d'une pièce, et je restai installé ainsi pendant quelque temps, faisant le même service qu'à Dannes; mes cent chevaux occupaient une écurie construite en bois. Notre service n'était pas sans danger. Les Anglais, pouvant quitter à chaque instant leurs bâtiments, nous laissaient constamment sous le coup d'une surprise. Il y en eut bientôt un exemple.

Une chaloupe canonnière française se rendant à Dieppe fut forcée de mouiller sous le feu de ma batterie, en attendant le moment favorable pour franchir la pointe de Berck où une corvette ennemie lui barrait le passage. Pendant cette station, le commandant de l'équipage vint à diverses reprises me visiter. Un jour, de très grand matin, j'entends trois coups de canon partir de la chaloupe. Je sors et je la vois se diriger vers la corvette anglaise : l'équipage venait d'être surpris à l'abordage par les marins anglais venus en canot. Il me fut impossible d'empêcher cette prise; mais, si les Anglais montrèrent quelquefois cette hardiesse, nos corsaires le leur rendirent souvent, car ils allèrent jusque dans la Tamise surprendre des embarcations.

Le jour de la Sainte-Barbe, fête de mes canonniers, le service fut un peu négligé et un grand nombre de mes soldats fêtèrent leur patronne en buvant. Au milieu de la nuit, on crie : *Au feu!* Je me lève : mon écurie est en flammes, mes canonniers s'empressent vainement de porter des secours : impossible de faire sortir les chevaux. Nous les trouvâmes le lendemain brûlés tous en ligne. Dans mon rapport au maréchal Ney, commandant en chef le camp de Montreuil, j'attribuai cet accident aux Anglais; mais j'aurais pu tout aussi bien en rendre sainte Barbe responsable (1).

A cette époque, la manie des duels désolait l'armée : il y en avait journellement, et j'en eus encore un moi-même avec mon camarade Démine,

(1) Le général Ney (créé maréchal le 19 mai 1804) avait été nommé au commandement en chef du camp de Montreuil le 17 janvier mais n'était venu prendre son poste qu'aux premiers jours de mars. (*Note de l'éditeur.*)

sous-lieutenant au 10e chasseurs. La querelle avait commencé par une mauvaise plaisanterie que j'avais faite. Je portai à Démine un coup de sabre qui faillit lui enlever le bras. Dans cette affaire, d'Astorg était mon témoin.

Les maîtres d'armes s'instituaient juges du point d'honneur entre les soldats. Au-dessus de toute autorité, ils jouissaient d'une haute réputation et faisaient eux-mêmes la police de leurs corps respectifs. Ils ne souffraient pas qu'un conscrit compromît l'honneur du régiment en se battant contre un bon tireur, et ils désignaient le soldat capable de répondre à force égale. Lorsqu'une discussion survenait entre deux militaires de divers corps, le maître d'armes présidait au combat, et le soldat qui succombait était relevé par un autre du même régiment, désigné par le maître. De cette manière, il y avait toujours du sang à venger; ces combats étaient interminables. Le maître d'armes de ma batterie s'appelait Sans-Gêne; ses collègues portaient des noms du même genre; ils se battaient sans cesse entre eux. Ces combats devinrent tellement insupportables que le commandant en chef crut devoir faire une proclamation dans laquelle il rappelait aux soldats qu'ils devaient s'estimer, s'aimer et réserver leur courage pour l'ennemi; qu'ils étaient tous reconnus pour braves et qu'ils ne devaient point se mesurer les uns contre les autres. Je fus chargé de lire aux corps, environnant ma batterie, cette proclamation, qui n'eut pas grand résultat, car les duels continuèrent jusqu'au départ pour l'Allemagne.

Cependant le Premier Consul venait de se faire proclamer Empereur le 18 mai 1804 (1). Il fallait notifier aux troupes sa nomination : on me chargea de ce soin en ce qui concernait le camp de Montreuil.

A cette époque, l'armée était composée presque tout entière de vieux républicains qui s'étaient engagés volontairement ou avaient marché à la défense de la nation lors de la grande réquisition de 1793. Nobles débris des campagnes d'Italie et d'Égypte, ils ne recherchaient pas les honneurs, mais l'honneur, l'amour de la patrie étaient leur seul mobile; les grades étaient dédaignés. Le sentiment de La Tour d'Auvergne, qui ne voulut jamais être autre chose que le premier grenadier de France, animait tous ses compagnons. Aussi, étais-je en quelque sorte, moi, jeune homme inconnu, honteux de commander à des hommes tels que Leroux, Chardin et autres, qui étaient plutôt faits pour être mes capitaines que mes soldats. Cependant je partageais leurs sentiments et sentais mon sang bouillonner dans mes veines. J'aspirais au moment où

(1) Les dispositions pour le couronnement de Leurs Majestés Impériales (2 décembre 1804) se firent à Paris. Des députations furent envoyées de tous les corps constitués. L'Armée des Côtes de l'Océan envoya la sienne, composée entièrement de généraux. Mon cousin Levavasseur, le receveur général, réunit toutes les députations militaires dans son immense salle à manger de son hôtel de Soubise et leur donna un banquet dont les merveilles retentirent ensuite dans notre camp. (*Note d'O. Levavasseur.*)

je pourrais leur prouver que j'étais digne de les commander; j'attendais en silence le jour du combat où je saurais mériter leur confiance.

C'était devant eux que j'avais à lire la célèbre proclamation. Bonaparte, on le sait, s'y comparait à Charlemagne, et le Premier Consul, par une précaution oratoire encore nécessaire, s'y disait *l'Empereur de la République*.

Je me rendis sur le front de chaque camp avec tout l'appareil que comportait la solennité d'un pareil acte et je lus d'une voix émue. Un morne silence régnait d'abord; puis des officiers et soldats sortaient des rangs : « Nous nous sommes engagés volontairement, disaient-ils, pour détruire la royauté et la tyrannie!... Depuis quinze ans, nous combattons au nom de la liberté... Aujourd'hui que signifie l'Empereur? C'est un nouveau tyran... Puisqu'on veut rétablir la tyrannie, tous nos travaux sont perdus. » A ces mots, ils remettaient leur sabre dans leur fourreau et s'éloignaient du camp.

L'ordre était donné d'envoyer leur congé à ceux qui n'accepteraient pas le gouvernement nouveau; mais nos vieux républicains ne purent longtemps résister à l'ivresse générale : ils reprirent presque tous du service.

Une dernière douleur leur était réservée à Boulogne même. Napoléon y vint et une magnifique cérémonie eut lieu, le 16 août 1804, pour la distribution des décorations de l'ordre de la Légion d'honneur, qui venait d'être créé pour récompenser les actions d'éclat et les services rendus à la patrie (1).

La transformation des sabres et des fusils d'honneur en simples croix ne fut pas du goût de nos vieux républicains. Ils s'écriaient : « Une boîte de rubans que signifie-t-elle? Un ruban peut se gagner dans les antichambres, tandis qu'un sabre ne peut se mériter que sur les champs de bataille. » C'était en effet une belle institution que celle des sabres et des fusils d'honneur : une action d'éclat pouvait seule les obtenir. Les dernières armes d'honneur avaient été données après Marengo.

La présence de Napoléon à Boulogne fut signalée par une multitude de fêtes qu'il n'entre pas dans mon plan de décrire.

En attendant des engagements réels contre l'ennemi, l'Empereur y faisait préluder par des simulacres de guerre que les différents corps se livraient les uns aux autres. Dès le matin, les combats s'engageaient; des fusillades et des canonnades roulaient pendant tout le jour et jusqu'au soir, où la

(1) Le manuscrit porte par erreur la date du 15 août 1805 pour cette distribution solennelle. — Après avoir remis les premières grandes décorations de la Légion d'honneur (instituée déjà depuis deux ans), le 14 juillet 1804, aux Invalides à Paris, l'Empereur vint séjourner à partir du 20 à Boulogne et le 16 août, lendemain de la Saint-Napoléon, eut lieu en grande pompe la distribution des croix d'honneur à l'armée. Au mois d'août 1805, Napoléon de nouveau à Boulogne attendait avec la plus grande anxiété l'arrivée de la flotte de l'amiral de Villeneuve, qui aurait permis la traversée du Pas de Calais. (*Note de l'éditeur.*)

retraite d'un des corps mettait fin à ces démonstrations. On y brûlait autant de poudre que dans les véritables combats : il y avait souvent aussi des blessés.

Tout était prêt pour notre embarquement; toute l'armée enivrée chantait :

En Angleterre nous irons *(bis)*,
Armés de verres et de flacons.
C'est pour braver l'artillerie,
Comme aussi leur infanterie.

Ici tout le monde buvait et le coryphée, prenant un pistolet, le faisait partir, puis on reprenait en chœur :

Oh! le bon compagnon,
Il a bien tiré son canon!

Indépendamment du couplet patriotique, on chantait mille chansons à boire où le cynisme le disputait à la trivialité.

Un jour, au milieu d'une orgie semblable, dînant dans le salon d'une des premières maisons de Montreuil, le brave et grand Colbert, de glorieuse mémoire, crut faire une excellente plaisanterie en tirant son pistolet chargé à balle sur un portrait de famille, suspendu à la tapisserie. Il y eut plainte à la suite de laquelle Colbert fut mis aux arrêts par le maréchal Ney. Commandant alors le 10e chasseurs, le colonel Colbert nous avait rejoints en sortant de la garnison de Fontainebleau. Il amenait avec lui, dans les rangs de ses simples soldats, les Talleyrand-Périgord, les d'Astorg et tant d'autres portant les noms historiques de la vieille France. Jeune officier d'artillerie à cheval, bien monté, équipé avec éclat, je me liai avec cette jeunesse brillante d'avenir.

J'ai toujours pensé que la réunion des troupes à Boulogne avait eu pour objet la proclamation de l'Empire, et non une descente en Angleterre. Napoléon devait savoir cette descente impossible, mais il voulait tenir l'Angleterre occupée chez elle, pendant qu'il se préparait, sur le continent, une armée propre à le faire reconnaître dans son nouveau titre d'Empereur. A l'exemple des généraux romains qui se plaçaient au milieu de leur armée pour se faire investir du pouvoir suprême, Napoléon voyait en nous de nouveaux prétoriens. Qui peut résoudre cette question, perdue dans la profondeur de sa pensée ?

1805.

Le fait est que l'Angleterre éprouva des inquiétudes graves et que l'or britannique fut employé pour armer le continent contre nous. Une coalition entre la Russie et l'Autriche se forma secrètement et, tandis qu'on amusait à Vienne par des fêtes notre ambassadeur, M. de La Rochefoucauld, une armée considérable, descendue de la Russie, pénétrait par la Moravie sur le territoire de l'Autriche; l'armée autrichienne elle-même faisait irruption dans la Bavière. Enfin, l'Empereur apprenait beaucoup trop tard que, tandis que l'on trompait notre ambassadeur à Vienne, l'ennemi était près d'entrer en France!

CHAPITRE II

LA CAMPAGNE DE 1805 : AUSTERLITZ

Départ de Montreuil. — Passage du Rhin à Kehl (26 septembre). — Marche sur le Danube, dans la division de dragons Walther en avant-garde. — Mon premier combat à Memmingen (12 octobre). — Investissement et capitulation d'Ulm (20 octobre). — Passage de la Traun : combat d'Ebersberg (1er novembre). — Passage de l'Enns. — Surprise et mêlée dans les bois d'Amstetten (5 novembre). — Saint-Pölten. — Faux bruits de paix. — Arrivée à Vienne et passage du Danube (13 novembre). — Combat d'Hollabrünn (16 novembre) : curieux exemple de camaraderie entre Russes et Français. — Vive altercation avec le général Margaron. — Engagement de cavalerie près de Brünn. — Cantonnement de Raussnitz : discussion avec le général Sébastiani. — Arrêt et repos de l'armée : ses privations, son moral. — Bataille d'Austerlitz (2 décembre) : je suis blessé. — Paix de Presbourg : mon séjour à Vienne et mon retour en France.

Tout à coup, aux derniers jours d'août, l'ordre de lever le camp circule, et les 100 000 braves qui le composent franchissent, comme d'un seul bond, la distance qui sépare Boulogne de Strasbourg (1).

(1) Les instructions de Napoléon, datées du camp de Boulogne, 26 août, furent données à Berthier qui adressa le lendemain les ordres de mouvement et les itinéraires des différents corps : la mise en route commença aussitôt. Ce même jour, 26, l'Armée des Côtes de l'Océan devenait la Grande Armée qui allait

Après dix années de batailles, cette armée de Boulogne, reste de tant de vieux braves, présentait un esprit guerrier que deux années d'inaction, de bivouac et d'ennui n'avaient fait qu'accroître; elle ne désirait rien tant que la présence de l'ennemi. Les accidents journaliers, causés par la mer et qui se passaient sous nos yeux, n'étaient pas de nature à nous faire aimer cet élément. C'était donc pour nous un bonheur inouï que d'être appelés à combattre à terre. L'enthousiasme était au comble. Non, avec un pareil esprit et de tels hommes, aucune force ni aucune puissance ne pouvaient résister. L'ennemi eût-il été dix fois plus nombreux, on l'eût écrasé de même.

Nous passâmes à Metz, mais la rapidité de notre marche ne nous permit qu'une station d'une seule nuit. Je ne pus voir aucune des personnes que j'avais connues autrefois. A Strasbourg, nous passâmes le pont de Kehl, le 26 septembre. Pendant toute la nuit, à cause de la présence de l'Em-

se composer de sept corps, outre la Garde, de la réserve de cavalerie et du parc général.

La réserve de cavalerie fut mise, à partir du Rhin, sous les ordres du prince Murat et comprit dès lors : deux divisions de grosse cavalerie (Nansouty et d'Hautpoul), quatre de dragons (Klein, Walther, Beaumont et Bourcier), une de dragons à pied (Baraguey d'Hilliers) et une de cavalerie légère (Milhaud).

La 2e division de dragons (général de division Walther, généraux de brigade Sébastiani, Roget, Boussard) devait comprendre pour la campagne les 3e, 6e, 10e, 11e, 13e, 22e régiments de dragons, soit 18 escadrons, plus de 1 200 chevaux, et le détachement d'artillerie, fort de 80 hommes (lieutenants Eléna et Levavasseur). — (D'après les Situations des Archives de la Guerre.) *(Note de l'éditeur.)*

pereur, la magnifique flèche de la cathédrale resta illuminée et éclaira nos bivouacs dans la belle vallée du Rhin (1).

Napoléon concevait la guerre tout autrement que les grands capitaines qui l'avaient précédé : il la voyait dans la célérité des mouvements, pour ainsi dire, dans les jambes du soldat. Il comprenait que, si, d'un instant à l'autre, il pouvait transporter sur un point donné des masses de troupes, il battrait avec elles les masses ennemies qui se trouveraient à ce moment sur ce point en plus petit nombre que les siennes. Mais pour cela, il fallait que les armées fussent débarrassées de ces nombreux convois de vivres, qu'avant lui elles traînaient avec elles et qui retardaient leurs mouvements; il fallait entrer en campagne dès le mois de septembre, après la moisson, car, à ce moment de l'année, chaque village, chaque maison lui offrait un magasin de vivres et de fourrages, ce qui ne pouvait avoir lieu au mois de mars.

Quoique nous n'eussions que le droit de passage sur les principautés de Bade, de Wurtemberg et de Bavière, l'Empereur n'avait pris aucune mesure pour l'approvisionnement de son armée.

(1) L'Empereur arrivait ce même jour, 26, de Saint-Cloud à Strasbourg et prenait le commandement en chef.

Le détachement d'artillerie d'Octave Levavasseur ne rejoignit, conformément aux ordres de l'Empereur, qu'au delà du Rhin la division de dragons Walther qui, partie le 25 août du camp de Boulogne, dut passer le 25 septembre à Neuf-Brisach. (Voir l'ordre daté de Saint-Cloud, 30 fructidor an XIII-17 septembre 1805.) *(Note de l'éditeur.)*

Cependant, pour que le service ne manquât pas, il avait été attaché à chaque division des préposés à la fourniture des vivres et des fourrages; mais ces préposés, qui pour faire leur service auraient dû nous précéder, étaient, au contraire, toujours en arrière. Dès le premier jour de notre sortie de France, ne voyant pas de distribution de nos fournisseurs, nous nous fîmes donner par les habitants tout ce qui nous fut nécessaire : ils s'y prêtèrent d'ailleurs avec la meilleure grâce. Dès lors, rien ne manqua à l'armée; tout le pays traversé par elle lui fut livré entièrement. Les contrées ne furent plus qu'une vaste auberge ouverte splendidement à nos soldats, qui furent hébergés à souhait. Notre autorité sur les habitants devint telle que, voulant ménager les 200 chevaux du train de mon artillerie, je requis 200 chevaux allemands que je fis atteler à mes pièces et à mes caissons, tandis que la compagnie du train suivait en colonne haut le pied, l'officier en tête. Les chevaux me servaient pendant deux ou trois étapes jusqu'à ce que j'en trouvasse d'autres. Et tout cela, dans le but d'avoir mes chevaux frais le jour du combat.

Une invasion de ce genre n'avait donc pour nous rien que d'heureux. Il est vrai que de tels avantages n'appartenaient qu'à l'avant-garde, et les troupes qui arrivaient après nous ne tardaient pas à trouver le pays épuisé.

Les fournisseurs, qui nous suivaient et qui ne nous étaient d'aucun secours, trouvèrent plus tard le moyen de se faire payer les rations si bénévolement fournies par les paysans allemands. L'un d'eux vint me demander de lui signer des bons de fournitures pour ma batterie pendant tout le temps de la campagne d'Austerlitz, en m'offrant des avantages et me disant qu'il avait la faculté de se faire payer par le ministre de la guerre. Je n'ai pas besoin de dire que je refusai de me prêter à toute proposition de ce genre.

Je faisais partie de la division de cavalerie commandée par le brave général Walther, sous le commandement supérieur du prince Murat. Chaque régiment ou chaque corps se faisait suivre par des voitures de réquisition chargées d'avoine et de vivres, derrière le convoi. C'est ainsi que nous marchâmes avec la plus grande rapidité, toujours bivouaquant en grande tenue, sans quitter nos magnifiques uniformes ni nos chaussures pendant quinze jours.

Le 6 octobre, la Réserve de cavalerie bordait le Danube. Le 7, nous arrivâmes à Donauwerth, sur le pont de bois étroit et tremblant qui domine le fleuve, grondant à une grande profondeur sous nos pieds.

Tandis que Murat, à la tête de trois divisions, s'avançait pour manœuvrer sur les derrières de l'armée de Mack, la division d'avant-garde de Walther marchait sur Memmingen. C'est devant cette place, le 12 octobre, que j'assistai pour la première fois à un combat.

3

La destruction d'un homme ne s'accomplit pas sans un déchirement instinctif chez ceux qui en sont témoins, chez ceux même qui en sont les auteurs : à l'homme qui tombe se rattachent mille idées de tristesse, de désespoir et de regrets. Mais peu à peu, cette idée disparaît et, quand il ne s'agit plus d'un seul individu mais de cent et de mille, l'âme devient de moins en moins affectée : il se forme en quelque sorte une espèce de calus sur elle; bientôt même elle s'exalte et s'élève en présence de ces grandes catastrophes, et elles n'apparaissent plus qu'avec les couleurs de la gloire, de la puissance et de la majesté. A Memmingen, nos soldats étaient tellement avides de se battre que l'ennemi fut chargé et enfoncé sans pouvoir opposer de résistance : notre impétuosité aurait désiré pourtant rencontrer un obstacle.

Ce fut à Memmingen aussi que se présenta l'occasion de montrer à mes soldats que je ne craignais pas l'ennemi. Étant en batterie en avant de la place, nous fûmes chargés par la cavalerie autrichienne; une de mes pièces fit long feu; l'étoupille brûlait et le coup ne partait pas; tous les servants se rangèrent à droite et à gauche, suivant l'usage, pour laisser partir la pièce. Impatient de ces retards, je franchis le rang et allai moi-même retirer l'étoupille en feu sur la cheminée du canon; on en mit sur-le-champ une autre et le coup partit. J'étais tout fier d'avoir pu montrer ainsi ma résolution. Plus tard, lorsqu'il s'agissait de choisir les positions des pièces, j'affectais de prendre celles qui étaient les plus rapprochées de l'ennemi et les plus exposées. Je dois dire que le sentiment qui me guidait dans cette circonstance était moins le désir de combattre l'ennemi que celui de me faire une réputation parmi mes braves. Je parvins de cette manière à mériter leur confiance.

Ulm était investi. Ce fut le 14 octobre, dans un des mouvements ordonnés par l'Empereur, que Ney fit cette savante manœuvre qui lui valut le titre de duc d'Elchingen. J'admirais dès lors ce maréchal dont la bravoure et l'intrépidité étaient connues de toute l'armée, sans songer qu'un jour je serais appelé à le suivre sur les champs de bataille.

Le lieutenant Eléna commandait notre batterie. Cependant, comme cet officier était âgé, il me priait de le laisser aux caissons. En réalité, je dirigeais tous les mouvements.

Dans l'engagement qui eut lieu auprès d'Ulm, le 16 octobre, le général Mack commandant un corps de 30 000 hommes, attaqué à l'improviste, tandis qu'il nous croyait encore bien loin, fut tellement serré et pressé de toutes parts, qu'il fit la faute, au lieu de battre en retraite dans la plaine, de se réfugier dans la ville avec toutes ses troupes.

Je quittai ma batterie pour prendre place au milieu des tirailleurs et je pénétrai jusque dans Ulm, avec l'ennemi qui s'y retirait. Les portes s'étant fermées derrière nous, je me trouvai tout à coup, seul Français, prisonnier au milieu de 30 000 Autrichiens (1). Arrivé sur la place à la tombée de la nuit, j'aperçus de la lumière dans un café. Je liai mon cheval à la porte et j'entrai dans une salle : elle était remplie d'officiers au milieu desquels se trouvaient plusieurs Français émigrés; nous fîmes bientôt connaissance en prenant en semble des rafraîchissements. Tout en causant avec ces officiers, je leur confirmai qu'ils seraient forcés le lendemain de déposer les armes et qu'ils seraient faits prisonniers : ils étaient confondus.

J'avais besoin d'un domestique; je leur demandai s'ils ne pourraient pas me trouver un homme qui prendrait soin de mon cheval et le mettrait avec le sien. Ces officiers sortirent et, après quelques recherches, ils m'amenèrent un Polonais, nommé Joseph, qui accepta ma proposition. Je donnai à Joseph quelque argent qu'il employa à se faire habiller comme s'il eût été au service d'un prince.

Le 20 octobre, Ulm capitula. L'armée autrichienne sortit de la ville pour défiler devant l'Empereur et déposer les armes. Mon Polonais m'amena deux chevaux magnifiques qu'il avait

(1) Plus de 25 000 hommes durent capituler à Ulm avec 40 drapeaux et 60 pièces de canon. *(Note de l'éditeur.)*

choisis dans les écuries autrichiennes. Je retournai ensuite à ma batterie où le lieutenant Eléna ne me demanda même pas compte de mon absence.

En quittant Ulm, notre corps d'armée se dirigea vers Munich, où il arriva le 23 octobre. Après différentes marches, nous retrouvâmes l'ennemi le 1er novembre à Ebersberg, derrière la Traun (1). Un pont, long de deux cents toises, nous séparait de la ville; deux arches étaient coupées du côté de l'ennemi. Je mis de suite mes pièces en batterie à droite et à gauche du pont, et je fis ouvrir le feu sur la ville par la porte qui se trouvait en face. Après une canonnade d'une heure, l'ennemi quitta la place pour se porter sur les hauteurs, où il se tint en observation; mais notre tâche n'était pas remplie : la coupure des arches rendant le pont impraticable, il fallait le rétablir. Pour obtenir ce résultat, le général Walther demanda des hommes de bonne volonté pour aller chercher des barques, qui se trouvaient de l'autre côté de la rivière. Les dragons, plus habitués à manœuvrer leurs chevaux qu'une petite nacelle, ne purent lutter contre le courant et, à la vue de l'ennemi qui s'était rappro-

(1) C'était une arrière-garde de Kutuzow qui, après avoir renoncé à défendre la ligne de l'Inn, abandonnait celle de la Traun. Les divers corps de la Grande Armée allaient aborder le passage sur trois colonnes, couvertes par la cavalerie de Murat, la colonne de gauche se portant sur Ebersberg à la suite de la division de dragons Walther, celle du centre sur Wels, celle de droite sur Lambach. (*Note de l'éditeur.*)

ché et recommençait la fusillade, ils vinrent se briser contre les piles en bois du pont : la moitié d'entre eux périt. Les autres s'accrochèrent aux piles et, après une canonnade d'un quart d'heure pour éloigner l'ennemi, je fis détacher mes prolonges, à l'aide desquelles on retira ces pauvres soldats. Malgré la perte que nous avions faite de ces malheureux dragons, on ne retrouva pas moins sur-le-champ d'autres hommes qui parvinrent enfin à aller chercher les bateaux nécessaires pour rétablir le passage.

Le pont étant réparé, nous traversâmes les premiers; l'armée entière suivit, et nous ne tardâmes pas à arriver à Enns (1). Là, se trouvaient encore une rivière, un pont coupé, les Autrichiens et Kutuzow par derrière. Je mis en batterie sous la gauche du pont, près d'une éminence, et nous attendîmes, sans brûler une amorce, que le pont fût rétabli.

J'avais, parmi les hommes de ma batterie, des canonniers pointeurs d'un rare mérite pour juger les distances et le degré de hausse à donner au canon. De loin, nous vîmes des officiers autrichiens venir en reconnaissance; mes canonniers s'amusaient à les pointer : arriva Murat à cheval. Un de mes canonniers, désirant montrer son adresse, me dit tout bas : « Mon commandant, je

(1) De fait, l'armée passa l'Enns en deux points, à Enns et en amont à Steyer, ne trouvant que des arrière-gardes autrichiennes pour défendre les passages. *(Note de l'éditeur.)*

le tiens. » — « Tire », lui dis-je. Le coup partit, l'officier tomba, mais il se releva aussitôt, prit sur son dos la selle et l'équipement du cheval et s'enfuit sans attendre un second coup que voulaient lui envoyer mes soldats. Ce fait attira les compliments de Murat à mes canonniers.

Pendant ce temps, le pont avait été réparé : je marchais, Murat en tête, avec les 9e et 10e régiments de hussards (1). Dans le 9e, se trouvait de Courcelles, l'un de mes compatriotes de Beauvais. Toutes les divisions de dragons suivaient, et nous rejoignîmes la colonne ennemie non loin d'Amstetten. Ma batterie se mettant sur la droite, dans la plaine, pouvait de temps à autre canonner la queue de la colonne dont plusieurs voitures de bagages restèrent en notre pouvoir.

Nous étions au 5 novembre. La route traverse le grand bois d'Amstetten. Le prince, sans prendre la précaution de faire éclairer son passage, entra dans le bois sans hésiter. Je le suivis derrière un régiment de hussards ; toute la cavalerie venait en colonne après moi. Un quart d'heure se passa ; on marchait en silence.

Bientôt une fusillade à bout portant commence contre toute notre ligne ; il est impossible de se défendre ; tous les chevaux s'ébranlent, on crie : « Place à droite ! » Retournant sur ses pas, Murat

(1) Les 9e et 10e hussards formaient avec les 22e et 16e chasseurs la division légère (général Milhaud) de la Réserve de cavalerie. (*Note de l'éditeur.*)

et tout son état-major passent près de nous. Chacun veut l'imiter; ce mouvement introduit le plus grand désordre dans les rangs. Le général Moissel traverse la route près de moi (1) : « Que faire? » lui dis-je. — « Ce que vous pourrez, » répondil. Je descends de cheval dans cette cohue et, faisant retourner à bras la première pièce, j'ordonne qu'on charge à mitraille; mais impossible d'étendre l'écouvillon tant la presse des chevaux est grande. Cependant, à quatre pas de moi, on sabre les hussards qui s'acculent sur ma pièce. On parvient à y introduire un boulet et on enfonce avec peine de la mitraille par-dessus. Le cliquetis du sabre est presque sur nos canons. Le canonnier Collot étend le bras, la mèche allumée, pour mettre le feu; on crie : « Gare! » Nos hussards s'écartent de part et d'autre dans le bois et il se fait une petite embrasure humaine en avant de la bouche à feu. Un colonel russe, couvert d'or et de broderies, fond sur mon canonnier pour lui couper le bras; le coup part, la pièce se brise dans les tourillons et le colonel tombe sur elle. L'explosion renverse après lui plus de quarante chevaux montés et blessés et une si grande quantité d'hommes, tant Russes qu'Autrichiens et Français, que ce monceau forme sur la route un obstacle infranchissable. Après ce coup de canon, il s'établit un grand silence; la fusillade cesse tout à coup; l'ennemi,

(1) Général de brigade Moissel, commandant l'artillerie de la Réserve de cavalerie. *(Note de l'éditeur.)*

trompé sans doute sur notre véritable situation, opère sa retraite.

Toute notre cavalerie s'étant retirée, je restai seul avec toute ma batterie, pendant plus de trois heures, sur ce point, car, à cette époque, la mode n'était pas encore venue pour les officiers d'abandonner leurs pièces. Vers les six heures, on entendit le tambour : c'étaient les Grenadiers d'Oudinot qui arrivaient. Ils passèrent près de moi, sur la gauche, dans les broussailles, et parvinrent au dehors du bois, où ils rencontrèrent l'ennemi, l'attaquèrent et le repoussèrent : Oudinot fut blessé.

Le lendemain et le surlendemain, 7 novembre, l'armée continua son mouvement en avant, vers Saint-Pölten; nous apprîmes que les Russes s'étaient séparés des Autrichiens, et que l'Empereur les avait battus à Krems (1). Nous ne tardâmes pas à rejoindre de nouveau la queue de la colonne ennemie et je continuai de lancer mes boulets toutes les fois que j'en trouvais l'occasion. Elle se présenta, en avant de Saint-Pölten, de la manière la plus favorable, mais ce n'est point le brave Walther qui était à la tête de la division :

(1) De fait, Kutuzow, qui s'était arrêté derrière la Traisen près de Saint-Pölten, évita la bataille en faisant filer son armée le long de la rivière, dans la nuit du 8 au 9, et en la transportant sur la rive gauche du Danube pour la grouper autour de Krems : il ne laissait sur la rive droite qu'un peu de cavalerie autrichienne avec le général Kienmayer, qui se repliait directement sur Vienne, tandis que plus au sud se retirait la colonne du général Merveldt. (*Note de l'éditeur.*)

Sébastiani, chef de la première brigade, le remplaçait.

En deçà de Saint-Pölten, la route fait un coude; je me lançai dans la plaine à droite et pris position sur la droite, plaçant ma batterie de manière à couper le chemin à l'ennemi qui était pris en tête : j'ouvrais mon feu quand la colonne ennemie s'arrêta et un trompette vint à moi en parlementaire, précédant un général qui me demanda où était le prince Murat : je le conduisis à l'état-major de la division, où je ne trouvai que Sébastiani. L'Autrichien annonça que la paix ne tarderait pas à être signée et demanda que les hostilités cessassent dès ce moment et qu'on lui assignât le lieu où il devait se retirer (1). Sébastiani avait déjà vu ce général et une conversation amicale s'engagea entre eux.

Pendant ce temps, un maréchal des logis vint m'avertir que l'ennemi défilait et entrait dans la ville. Sébastiani en fut informé, mais il continua sa conversation; le général autrichien le quitta après que ses troupes furent rentrées dans la ville, et sans que nous eussions profité de cette circonstance qui pouvait remettre entre nos mains, presque sans coup férir, une nombreuse cavalerie. L'ennemi se retira au delà de Saint-Pölten, où nous passâmes la nuit du 8 au 9 novembre.

(1) L'empereur d'Autriche faisait à ce moment une demande d'armistice à Napoléon qui répondit en accélérant la marche de l'armée. *(Note de l'éditeur.)*

Cette conduite du général Sébastiani nous donna à penser qu'effectivement la paix était conclue, car nous ne pouvions l'expliquer autrement; aussi ne nous gardâmes-nous pas dans nos cantonnements. Mais, dans la nuit suivante, nous fûmes désabusés par l'attaque de la colonne même que nous avions laissée maladroitement échapper : nous perdîmes quelques dragons.

Cependant nous continuions toujours notre mouvement en avant avec la plus grande célérité, et nous suivîmes l'ennemi jusque sous les murs de Vienne. Là, nous apprîmes que les caisses publiques et tous les objets précieux transportables avaient été évacués et que l'armée du Prince, forte de 30 000 hommes, était hors de Vienne, sur les bords du Danube, au delà du pont qui n'était point encore coupé, mais que tout était préparé pour le faire sauter lorsque nous paraîtrions (1).

Nous approchions de l'enceinte de Vienne; ses magistrats s'avancèrent pour offrir les clefs au prince Murat. Pendant ce temps l'avant-garde continua son mouvement; elle marcha au galop, tourna la ville à gauche, bravant le feu de quelques avant-postes, et nous parvînmes ainsi au pont en présence de l'ennemi rangé en bataille et d'une artillerie formidable, disposée à droite et à

(1) Il s'agit ici du corps laissé à Vienne, fort seulement de 10 000 hommes, sous les ordres du général prince Auersperg, auquel Murat et Lannes firent croire qu'un armistice était conclu. *(Note de l'éditeur.)*

gauche du passage. Arrivé avec mes pièces, je les établis à la droite du pont; mais de quel secours pouvaient-elles être contre des forces évidemment supérieures? Au moment même, un général français, commandant l'avant-garde, s'élance sur le pont en criant aux Autrichiens : « Arrêtez! Qu'allez-vous faire! Ne tirez pas! La paix est signée! L'ignorez-vous? » Les généraux ennemis, surpris de cette nouvelle, restèrent immobiles. On courut avertir le Prince général en chef, et le général français, continuant de dire que la paix était faite, les persuada au point qu'ils retournèrent leurs pièces. Au même moment, les Grenadiers d'Oudinot arrivèrent; Murat s'empressa de les porter en avant sur le pont.

Déjà près de 6 000 hommes couvraient ce pont en colonne serrée, lorsque le prince autrichien s'avança à leur rencontre, pénétra au milieu d'eux et, arrivé avec peine sur le pont, s'écria : « Arrêtez! Où est Murat? » Celui-ci se trouvait alors près de ma batterie : « Que signifie cela? lui crie le prince autrichien, qu'est-ce que ce bruit de paix? Je n'en ai aucune connaissance! » — « On nous annonce, il est vrai, dit Murat, que la paix est faite avec l'Autriche; n'en êtes-vous pas informé? Nous le croyons. Les Russes se sont, dit-on, séparés des Autrichiens. » — « Mais si la paix était faite réellement, répond le prince autrichien, j'en serais informé; il n'est pas possible qu'un tel fait se soit passé à mon insu : je le saurais. » — « Cela paraît cependant une chose certaine », ajouta Murat.

Pendant ce colloque, un officier hongrois était arrivé dans mes pièces pour causer avec moi et voir ma batterie. Il était fort bien monté; son cheval excitait l'envie des canonniers, qui m'engageaient par des signes à le faire prisonnier. L'officier s'aperçut de ces intentions : « Oh! non, leur dit-il, ce ne serait pas loyal; ce serait indigne de vous. Dans une heure ce sera différent; vous pourrez venir le prendre, il vous appartiendra. » Je le rassurai; il accepta un verre de kirsch et partit.

Cependant le prince autrichien montrait toujours du mécontentement et du dépit en s'expliquant avec Murat. Nos troupes reçurent l'ordre d'avancer, de telle sorte que le général ennemi, se trouvant de notre côté, ne put faire aucun commandement aux siens. Notre armée passa ainsi tout entière sur le pont. Lorsque mon tour vint de passer avec ma batterie, je franchis les lignes autrichiennes qui nous regardaient défiler; un colonel de cavalerie autrichienne s'écria : « Je ne comprends rien à tout ce qui se passe; je vais auprès de l'Empereur, moi. » Il fit marcher son régiment en avant de ma batterie, et, le soir même, dans un village dont le nom m'est échappé, ce régiment prit ses logements avec les nôtres. Dès le lendemain, au point du jour, il avait disparu entièrement.

Le quiproquo, dont je fus témoin en cette occasion, est un de ces exemples fréquents à l'armée des inconvénients qu'il y a à écouter les bruits qui circulent dans les corps. Dès qu'une communication entre deux corps ennemis n'a pas de caractère officiel, les généraux qui les commandent encourent, en l'écoutant, une grave responsabilité.

L'Empereur, après l'affaire d'Ulm, voulait faire la paix avec l'Autriche afin de n'avoir à combattre que la Russie. Après l'échec du général Mack, il était présumable que la mésintelligence éclaterait entre les souverains coalisés. Cette pensée de Napoléon ne put que prendre de la consistance lorsque nous vîmes les Russes se séparer des Autrichiens et opérer leur retraite par la gauche du Danube en laissant de côté la capitale de l'Autriche. L'Empereur n'était sans doute pas étranger à la propagation de ces bruits de paix, sachant qu'ils ne pourraient qu'augmenter le désaccord entre Alexandre et François.

La familiarité, dont j'ai parlé plus haut à l'occasion de ma rencontre au pont de Vienne avec un Hongrois, se reproduisait quelquefois entre officiers. Au moment de livrer bataille, avant de commencer le feu, les officiers ennemis et les officiers français s'avançaient en face les uns des autres, jusqu'au milieu de l'espace qui les séparait. Je fis plusieurs fois moi-même la moitié du chemin, et, après quelques signes échangés, nous buvions un verre de rhum, puis nous revenions à nos pièces. Le même fait se fit remarquer en face d'Hollabrünn où l'ennemi nous attendait. On s'établit à droite et à gauche; nous étions séparés de l'ennemi par un petit vallon. En face de ma batterie, sur les flancs de la colline au haut de laquelle étaient les Autrichiens et les Russes, se trouvait une porte de cave. Mes canonniers, flairant le vin, firent signe avec des bidons aux vedettes ennemies, puis s'approchèrent peu à peu de la porte. Arrivés auprès d'elle, ils l'enfoncèrent et en sortirent immédiatement avec des seaux remplis de vin. Les soldats autrichiens et russes, voyant les nôtres pourvus, voulurent prendre part au butin et descendirent se mêler à eux. On vit ainsi Russes, Autrichiens et Français suspendre les hostilités pour boire à la même coupe.

L'Empereur arriva le lendemain 16 devant Hollabrünn vers le soir (1). A six heures, on attaqua l'ennemi : la ville était en feu, mais je ne pus, avec mon artillerie, suivre la cavalerie qui passait dans des défilés fort étroits et traversait les ruisseaux.

Je restai longtemps à la porte d'Hollabrünn, écoutant les coups de feu et pestant contre les obstacles qui m'empêchaient de prendre part au combat; il était nuit, on se battait encore. Enfin un hussard, après avoir traversé la ville enflammée, paraît devant moi : « Peut-on passer? » lui dis-je. — « Oui, répond-il, je viens de l'autre côté. » Alors

(1) Le 15, Murat avait conclu avec Kutuzow un armistice sous la réserve de l'approbation de l'Empereur. Napoléon le désavoua aussitôt en donnant l'ordre d'attaquer l'ennemi, mais il n'eut plus devant lui que l'arrière-garde russe et autrichienne sous Bagration. *(Note de l'éditeur.)*

j'ordonne à la première pièce de me suivre sans caisson.

Je me lance au galop dans la rue en feu. Après mille obstacles où mon coffret risquait de sauter, je parviens hors de la ville. Je continue à courir deux cents pas en avant; j'aperçois l'ennemi sur la droite; je veux me tourner pour me mettre en batterie sur la route : une décharge de l'artillerie autrichienne renverse mes canonniers, en met six hors de combat et brise ma pièce que je suis forcé d'abandonner.

Je reviens avec les blessés et les chevaux de mon équipage à l'entrée de la ville, où se trouvaient des bivouacs de blessés russes, autrichiens et français.

Nous restâmes ensemble jusqu'au lendemain matin. A chaque instant arrivaient des grenadiers horriblement mutilés. Dans ce pêle-mêle effroyable, les régiments français, se prenant respectivement pour des ennemis, se battirent les uns contre les autres et causèrent ainsi de grandes pertes à notre armée. Triste argument contre les engagements qui ont lieu pendant l'obscurité de la nuit!

Je rejoignis ma batterie après ces lugubres scènes, et, l'ayant recomplétée, je m'établis dans un village. Je traînais à ma suite une voiture chargée d'avoine et conduite par des paysans.

Le général Margaron (1) entra dans mon vil-

(1) Général de brigade Margaron, commandant la division de cavalerie du IVe corps (maréchal Soult). *(Note de l'éditeur.)*

lage, et, comme j'allais me mettre à table, il me montra un ordre en vertu duquel je devais me transporter à quatre lieues plus loin. Je fis sonner à cheval et voulus manger : « Je m'y oppose, tout ici m'appartient, dit le général Margaron, on ne doit toucher à rien. » Tout en maugréant contre la brutalité de ce général, je descends, cède la maison et vais m'établir à la porte pour voir défiler mon artillerie. A la queue de la batterie, se trouvait toujours la voiture d'avoine : « Tout m'appartient; rien ne doit sortir du village. » répète-t-il. — « Mon général, répliqué-je, cette voiture a fait vingt lieues avec moi; elle ne provient donc pas de ce village. » — « Elle en sort, » répond le général et en même temps il ordonne à ses chasseurs d'arrêter la voiture et de la piller. Je veux m'opposer à cette attaque. « Je ne le souffrirai pas, » m'écriai-je furieux. Le général quitte le balcon : la cravache à la main, il se précipite du haut de l'escalier. Je rentre dans la maison, tire le sabre, lui mets la pointe au corps : « Général, lui dis-je, vous ne me toucherez pas, je suis officier! » Frappé de ma contenance, le général s'arrête et se borne à me menacer de me faire fusiller. Je le quitte, reprends la tête de ma batterie, qui était suivie toujours par la voiture d'avoine, et me dirige au galop vers le quartier du général Walther. Arrivé près de ce général, je lui fis mon rapport, en ajoutant qu'il fallait que le général Margaron fût ivre pour s'être oublié à ce point. Le général Walther monta à cheval en me disant de le suivre chez l'Empereur. Parvenu au quartier général, j'attendis Walther à la porte de l'Empereur et, quelques instants après, le général sortit en me disant de retourner à ma batterie et que cette affaire n'aurait point de suite.

Quelques jours après, ma division s'étant dirigée sur Brünn, je me trompai de route et pris celle de Znaïm. Arrivé à 6 heures du soir dans cette ville, je demandai quel était le nom du général commandant les troupes; on me répondit que c'était le général Margaron. Je descendis de cheval et allai droit au logement qu'occupait cet officier; je montai et lui dis : « Général, je commande l'artillerie du général Walther; je suis égaré et viens prendre vos ordres; veuillez m'indiquer la direction que je devrai suivre demain. » Je fis semblant de ne pas reconnaître Margaron; il observa la même réserve à mon égard et me dit : « Prenez position en avant de la ville, où vous établirez votre bivouac; mais gardez-vous bien et demain vous prendrez la route de Brünn où se trouve votre général. » Je ne revis jamais depuis le général Margaron.

Le lendemain, 19 novembre, je traversai Brünn. Toute la cavalerie de Murat y était; on se porta encore en avant et on aperçut la cavalerie russe. Murat forma ses colonnes d'attaque; le général Treilhard et le colonel La Tour-Maubourg commandaient les troupes légères, près desquelles je fus me placer (1).

Toute notre cavalerie s'avançait en échelons; cette charge, conduite avec vigueur et succès, se prolongea pendant plus de trois lieues. J'étais toujours en tête, à la gauche de nos deux régiments de hussards : toute la cavalerie du prince Murat, à cause des inégalités du terrain, se trouvait espacée à de grandes distances sur les derrières et réunie par divisions.

Telle était la position, lorsque, arrivés sur la crête d'un coteau, nous vîmes tout à coup dans le vallon une masse de six mille cavaliers qui s'avançaient au pas sur nos deux régiments.

Mon artillerie ouvrit son feu sur cette grosse masse qui continua sa marche imposante et silencieuse. Treilhard et La Tour-Maubourg s'écrièrent : « Ferme, hussards! Ferme, chasseurs! » Un obus tombe s'enterre et fume sur le passage de cette troupe; elle s'ouvre pour laisser éclater l'obus. Bientôt, deux masses de cavalerie passent, l'une à droite, l'autre à gauche, et nous entourent; mon artillerie prend en flanc la masse de gauche et la mitraille. Mais, ayant aperçu derrière nous d'autres troupes, elles veulent les envelopper et pénètrent ainsi dans le grand espace occupé par la cavalerie

(1) Général Treilhard, commandant la brigade de chasseurs de la division de cavalerie du Ve corps; colonel La Tour-Maubourg, du 22e chasseurs, de la division légère de la Réserve de la cavalerie. *(Note de l'éditeur.)*

du prince Murat, où elles disparaissent à nos yeux.

Le général Treilhard et le colonel La Tour-Maubourg firent face en arrière et se retirèrent. Pour moi, étant obligé de regagner la route, je me trouvais seul, faisant ma retraite en colonne. Je marchai ainsi pendant plus de dix minutes, n'ayant ni Français, ni ennemis près de moi, lorsque tout à coup des hurras éclatent en avant. Les 6 000 cavaliers ennemis, repoussés par le gros de la cavalerie de Murat, se retiraient au galop par quatre en colonne sur la route que j'occupais. Mes canonniers et mes soldats du train sautèrent aussitôt à bas de leurs chevaux, se jetèrent dans la plaine et nous vîmes de là, pendant plus de cinq minutes, toute cette troupe défiler précipitamment le long de mon artillerie sans se diviser et sans nous attaquer : elle tira seulement quelques coups de pistolet. /

Après le défilé, je fis reprendre à mes canonniers leurs postes et nous continuâmes notre route vers les nôtres que nous rejoignîmes à minuit. Tous étaient dans la persuasion que l'artillerie était perdue et que nous étions prisonniers; nous bivouaquâmes à Raussnitz.

Au camp de Boulogne, la tenue des troupes était remarquable par sa propreté, mais pendant une marche de trois cents lieues, aussi précipitée, arrêtée à chaque instant par des engagements partiels, les soldats n'avaient pu trouver que le temps de se battre.

Aussi, arrivée dans ses cantonnements à la suite des armées russe et autrichienne qui avaient déjà sali toutes les habitations, l'armée française fut-elle en proie au double fléau de la vermine et de la gale. J'y avais échappé fort heureusement jusque-là. Mon domestique polonais, Joseph, sachant parfaitement la langue du pays, me procurait mille avantages. Il savait toujours remonter ma garde-robe avec le linge du bourgeois chez lequel j'étais logé, en lui abandonnant généreusement ma dépouille. A Raussnitz, je subis le sort commun.

Pendant que j'y étais, le général Sébastiani arriva un beau jour pour prendre aussi cantonnement avec sa brigade. Il m'ordonna de faire sonner à cheval et d'aller me mettre en batterie en avant du village. Je lui fis observer que nous n'étions point en présence de l'ennemi, que mes chevaux avaient besoin de repos et que je croyais avoir le même droit que lui à occuper le village ; que j'avais autant de chevaux dans ma batterie qu'il en avait dans sa brigade, et que je devais occuper la moitié des habitations. Sébastiani m'imposa silence et me prescrivit de lui obéir. Je fis monter à cheval, ordonnai à ma batterie de rester en bataille jusqu'à mon retour et me rendis au galop auprès du général Walther, auquel j'exposai ma situation. Le général écrivit sur son agenda ces mots : « Il est ordonné au général Sébastiani de céder au commandant d'artillerie Levavasseur la moitié du village où il est cantonné. » Puis le général Walther déchira la feuille et me la donna. Je retournai et trouvai dans mon logement le général Sébastiani dînant avec La Tour-Maubourg et les autres officiers supérieurs de sa brigade. Je lui présentai le billet du général Walther; il le lut, le fit voir aux divers colonels avec lesquels il dînait, et, levant la tête : « Il vous sied fort bien, monsieur le lieutenant, de lutter avec moi; vous vous en souviendrez ! » Les colonels firent monter à cheval; on me céda la moitié du village et je me réinstallai (1).

Le surlendemain, nous étions en présence de la cavalerie ennemie, qui n'était séparée de nous que par un petit vallon dans le fond duquel se trouvait un petit pont. Je mis en batterie sur le revers de vallon et je vis le général Sébastiani, avec sa témérité habituelle, me dépasser avec sa brigade, passer le pont et se mettre en bataille dans le fond du vallon. Voyant le peu de service que je pouvais

(1) On connaît la bravoure, l'impétuosité du général Sébastiani. On sait combien sa parole était fière et comment il écoutait les observations.

Pendant nos marches, un jeune Allemand, fort bien mis et ayant toutes les apparences d'une belle éducation, lui avait été amené de dix lieues de loin pour servir de guide. Ce jeune homme, ne connaissant pas les localités, fit observer à Sébastiani qu'il ne pourrait indiquer aucune direction à la troupe. Mais le général s'adressant aux soldats : « Faites marcher cet homme, leur dit-il, et s'il se trompe, qu'il soit fusillé ». *(Note d'O. Levavasseur.)*

lui rendre dans ma position, je quittai seul ma batterie au galop, passai la rivière et arrivai auprès du général Sébastiani qui me demanda où j'allais. « Je cherche, lui dis-je, une position où je puisse établir mes pièces et vous soutenir. »

Je m'avançai en reconnaissance et j'aperçus sur ma droite un gros de cavalerie qui se dirigeait dans le vallon sur le flanc droit du général. Je retournai en toute hâte à ma batterie et commandai : « En avant! en colonne. » J'arrivai au pont assez à temps pour arrêter la cavalerie ennemie et protéger la nôtre, qui, sans mes canons, eût été écrasée dans sa retraite en cet étroit passage.

A ces démonstrations, répétées chaque jour, l'Empereur reconnut qu'il fallait cesser de poursuivre l'ennemi et rester en position jusqu'à l'arrivée de tous les corps de l'armée. Il était néanmoins très important de livrer bataille avant l'arrivée du prince Charles qui, venant d'Italie en toute hâte, n'était plus qu'à vingt lieues de Vienne.

Les Russes étaient réunis à Olmütz; les Autrichiens les accompagnaient et ils se préparaient ensemble à nous combattre. Nous prîmes position le 27 novembre. Le prince Murat avait disposé sa cavalerie à droite et à gauche de la grande route d'Olmütz, entre Brünn et Posorzitz; nos avant-postes étaient au delà de Wischau; nous fîmes le surlendemain retraite vers Gratzen. Mais l'Empereur se garda bien d'assurer ses derrières.

Ce n'est pas le nombre des combattants qui fait la force des armées, c'est leur esprit. La persuasion qu'on aura la victoire conduit à la victoire. Les précautions prises en vue d'une retraite communiquent au soldat les craintes du général en chef et altèrent l'impétuosité et le courage. L'esprit de la troupe est préférable à toutes les fortifications. Quand le soldat a l'idée de se battre à l'abri de remparts, il n'est plus bon que pour la défensive : il cesse d'être l'égal de l'ennemi qui, l'attaquant en plaine, n'a d'autre rempart que sa poitrine.

L'Empereur était pénétré de ces vérités. A Austerlitz, voulant à tout prix gagner la bataille, il ne prit pas de dispositions qui auraient pu altérer ce moral et donner au soldat l'idée de regarder en arrière; il savait qu'une armée française, qui marche au combat avec la pensée de la retraite, est à moitié battue.

Indépendamment de ces considérations, il régnait dans l'armée des préjugés qui prenaient un caractère différent selon les corps auxquels appartenaient les soldats.

Dans le service des bouches à feu, chaque canonnier a son emploi distinct : l'un bouche la lumière, l'autre charge, un troisième met le feu, un quatrième pointe, etc. La pensée que l'on pouvait être tué plus tôt, en occupant la place d'un camarade absent, faisait que tous ne manquaient jamais d'être à leur poste les jours de combat; ils faisaient eux-mêmes cette police et le canonnier qui eût manqué à son devoir dans cette circonstance aurait été chassé ignominieusement. Ce préjugé avait son côté avantageux; les canonniers s'attachaient à leurs pièces comme à leurs maîtresses et ils se seraient crus menacés de grands malheurs si on les leur eût retirées. Dans ma course d'avant-garde, depuis Ulm jusqu'à Brünn, j'avais tant tiré de boulets et de mitraille que le grain d'une de mes pièces avait été fondu. J'ordonnai qu'on prît au parc un canon de rechange : toute la batterie me supplia de conserver la pièce et mon maréchal des logis Leroux trouva le moyen de faire remettre un grain dans la ville même de Brünn.

L'armée française était peu nombreuse; cette course précipitée de Boulogne en Moravie avait laissé la moitié des soldats en traînards; les régiments de cavalerie ne comptaient d'abord pas plus de deux cents hommes, mais chaque jour les cadres se remplissaient. Quant à moi, j'avais remplacé toutes mes pertes. Huit jours se passèrent au bivouac presque sans vivres. J'avais eu précédemment l'habitude de détacher tous les jours dix canonniers, qui prenaient une direction au loin et revenaient quelques heures après m'apportant des provisions de toute espèce; quelquefois même ils obligeaient les paysans à venir avec des charrettes livrer leurs propres ressources. Mais là, il n'en était pas ainsi; je n'avais plus les mêmes avantages qu'à l'avant-garde, et nous fûmes pendant tout ce temps réduits à vivre d'un baril de choucroute crue. Des besoins plus impérieux forçaient à démolir les maisons qui avoisinaient le camp et à s'emparer de tout ce qu'elles contenaient; les soldats revenaient avec des cadres, des tableaux, des instruments de musique, des meubles; ils ne voyaient dans tous ces objets que du bois de chauffage.

Quel spectacle que la vue d'un des camps aux premières lueurs du matin, lorsque nous changions de bivouac! Des milliers de feux épars, fumant encore, au milieu desquels se trouvaient des quartiers de bœuf, de cochon, restes du repas de la veille, des matelas, des canapés, des tables, le tout à moitié brisé, et des paysans cherchant parmi ces débris ceux qui ont pu leur appartenir!

Parfois je choisissais une maison isolée; mes chevaux et une partie de mes hommes y trouvaient un gîte. Pendant notre sommeil, d'autres soldats, arrivant par milliers, montaient sur le toit de notre maison et la démolissaient en un clin d'œil.

Ailleurs, n'ayant pour abri que des panneaux de bois, arrachés aux habitations, et des portes inclinées, et pendant que nous dormions, la tête sous cette espèce de tente et les pieds sur le feu, la paille de nos bivouacs s'enflammait et nous étions réveillés en sursaut au milieu de l'incendie.

Dans ces nuits si tourmentées, des canonniers revenant de la maraude sonnaient la soupe à trois heures du matin et nous servaient ce dont ils avaient pu s'emparer : c'était surtout sur les poulaillers qu'ils exerçaient leur industrie.

L'armée renfermait en outre dans son sein et dans tous les grades des voleurs et des pillards qui ne se faisaient pas scrupule de prendre l'argent de leurs hôtes et les dévalisaient d'objets inutiles à nos besoins, mais on peut dire que ces hommes excitaient le mépris de la grande majorité : ils n'étaient considérés que sur le champ de bataille, où ils ne manquaient jamais de se montrer les plus braves.

Enfin, l'armée est refaite par huit jours de repos. Nous étions près du village d'Austerlitz; le soir du 1er décembre, l'Empereur ordonna qu'il fût distribué des rations d'eau-de-vie, et il prescrivit l'attaque pour le matin. Nous étions séparés de l'ennemi par un vallon au milieu duquel coulait un ruisseau. Déjà nous avions préparé des ponts pour le traverser.

Le 2 décembre, dès 2 heures du matin, on distribue l'eau-de-vie et on donne en même temps l'ordre du mouvement. L'enthousiasme est à son comble : « Vive l'Empereur! » s'écrient quatre-vingt mille hommes, et, s'emparant du feu des bivouacs, ils en jettent en l'air les bois enflammés : bouquet magnifique, offert par les soldats à leur chef, comme un souvenir du couronnement et comme un présage de la victoire!

L'ennemi, qui entendait nos acclamations et contemplait cette illumination magique, dut voir qu'il allait être attaqué.

A six heures tout s'ébranle : l'Empereur, placé sur un petit mamelon, domine toute l'armée qui défile devant lui et le salue par ses acclamations. L'infanterie passe le défilé et s'établit en masse à droite et à gauche; puis, étendant au fur et à mesure ses ailes, elle s'avance en avant en bataille. Lorsque cette ligne occupe déjà une certaine étendue, une deuxième ligne se forme derrière elle et suit les mêmes mouvements; une troisième ligne se range derrière la seconde. Pour donner place à la cavalerie et à l'artillerie, on gagne du terrain en avant; toute notre cavalerie se trouve donc en quatrième ligne et l'artillerie dans les intervalles.

L'Empereur donne l'ordre de porter l'artillerie en avant. A ce moment, nos cent cinquante bouches à feu se mettent en marche, et, passant entre les intervalles des bataillons des trois premières lignes, vont se placer en batterie, à cinquante ou cent pas en avant de l'infanterie. J'exécute ce mouvement et, comme je commande mon artillerie légère, je me place un peu en avant de la ligne des canons. Je découvre alors toute l'artillerie ennemie qui exécute le même mouvement que nous; une batterie de dix pièces vient prendre position sur ma gauche en me coupant un peu en flanc. Le général Kellermann, commandant la cavalerie légère, se place entre les diverses batteries pour les soutenir (1). Tous ces mouvements se font avec l'ordre et la précision que l'on ne voit habituellement que dans une revue au Champ de Mars.

Nous étions à bonne portée et, cependant, le feu ne commençait pas. Enfin, un coup de canon part de notre droite : au même moment, une canonnade épouvantable s'engage de part et d'autre; je dirige le feu de ma batterie sur celle dont j'ai parlé et dont les boulets, tirés trop haut, passent au-dessus de ma tête. Cependant ils avaient déjà tué un de mes brigadiers monté; un maréchal des logis fut également jeté à bas; un boulet vint ricocher dans mes pièces et briser un caisson. La fumée des canons ennemis, revenant sur nous comme un épais brouillard, m'empêchait de voir l'effet de mon tir.

Pour le reconnaître, je me portai fort en avant, à tel point que mes canonniers ne purent comprendre comment je ne fus pas touché, étant placé sur la ligne de mire de l'ennemi : ils ne réfléchissaient pas que je me tenais sous la courbe décrite par le boulet. Je rectifiai plusieurs fois le tir de mes hommes et j'employai la mitraille pour foudroyer ceux que j'avais en présence.

En ce moment, des cris affreux sortent de la

(1) La division de cavalerie Kellermann, du Ier corps d'armée (Bernadotte), avait rejoint avant le jour la Réserve de cavalerie de Murat. *(Note de l'éditeur.)*

fumée qui masquait ma droite; le galop des chevaux, le cliquetis des sabres nous annoncent une charge. La cavalerie de Kellermann fait un mouvement par quatre, demi-tour à gauche, et s'enfuit; mais, comme notre infanterie l'empêche de passer, elle galope le long de la ligne, afin de pénétrer par les intervalles. Toute la cavalerie du grand-duc Constantin se précipite dans nos pièces; les soldats se jettent sous les caissons et sous les canons; les artilleurs se battent avec leurs écouvillons; notre infanterie ne peut tirer, se trouvant masquée par la masse de la cavalerie de Kellermann (1). Mais bientôt, la ligne est découverte et fait un feu roulant à trente pas sur l'ennemi. J'étais alors acculé dans mes chevaux de trait, me battant corps à corps avec un officier, qui déjà d'un coup de sabre m'avait emporté le petit doigt de la main droite, lorsque le cheval de cet officier s'affaissa frappé d'une balle. L'officier se précipita à mon étrier : « Avouez, dit-il, que nous sommes braves. » Il répéta plusieurs fois ces paroles, restant toujours auprès de moi et se regardant comme mon prisonnier. La cavalerie ennemie, écrasée par le feu de la ligne, prit la fuite; toute notre cavalerie se mit à sa poursuite et enfonça le centre de l'armée coalisée, sans qu'elle pût tirer un coup de

(1) Le grand-duc Constantin commandait la garde impériale russe, formant réserve. Il envoya sa cavalerie pour dégager son infanterie entamée par l'aile gauche française sous Lannes et les charges dont il est question se livrèrent entre le Goldbach et Austerlitz, vers Blaschowitz. *(Note de l'éditeur.)*

fusil. L'armée russe fut ainsi divisée en deux parties.

J'avais suivi moi-même le mouvement général, et ma batterie en avant tirait à mitraille sur l'infanterie russe qui, à ma gauche, ne put soutenir le choc de nos troupes. Le champ de bataille était à nous : il ne restait plus qu'à recueillir le fruit de la victoire en prisonniers, en chevaux et en matériel de guerre.

Je remis le commandement de ma batterie au vieux maréchal des logis Leroux, et je retournai à Brünn dans une petite calèche qui suivait mes caissons, emmenant avec moi l'officier russe qui m'avait blessé, et dont le noble cœur et les bonnes manières me parurent remarquables. Ce fut M. Percy lui-même qui me plaça les premières compresses sur la main, en me disant de n'y pas toucher avant trois jours. Je rencontrai dans Brünn M. Lépine, commissaire des guerres, qui vint à moi pour m'annoncer la mort de mon père.

Le lendemain de la bataille d'Austerlitz, on apprit qu'une paix glorieuse ne tarderait pas à être signée. L'Empereur disait dans sa proclamation : « Soldats! Je suis content de vous. Vous avez décoré vos aigles d'une immortelle gloire; une armée de 100 000 hommes a été, en moins de quatre heures, ou coupée, ou dispersée. Quarante drapeaux, les étendards de la Garde impériale de Russie, cent vingt pièces de canon, vingt généraux, plus de trente mille prisonniers sont le résultat de cette journée à jamais célèbre (1). »

Le général Walther m'informa que l'Empereur lui avait accordé une croix d'honneur pour moi. Je répondis que je n'oserais porter cette croix, qu'il y avait dans ma batterie un canonnier, nommé Collot, auquel elle était due de préférence; que ce canonnier, par sa fermeté en présence de l'ennemi, nous avait sauvé la vie à tous à Amstetten et qu'il méritait le premier une récompense. Le général m'écrivit qu'il venait d'obtenir deux croix pour ma batterie et que Collot en aurait une ainsi que moi. A l'occasion de la mort de mon père, Walther me permit de retourner en France, et je lui promis d'être près de lui, à ma batterie, au premier ordre.

A mon départ pour Vienne, le général Moissel me chargea de faire son logement et de l'occuper jusqu'à l'arrivée. J'arrivai dans la capitale de l'Autriche avant tout autre et je demandai aux autorités de la ville un logement au nom du général

(1) Électrisée par cette proclamation, toute l'armée était fière de son succès. On chantait ces couplets de M. de Ségur :

On m'a fait faire, dit François,
De la belle besogne;
J'ai cru leur donner sur les doigts,
Ce sont les miens qu'on rogne!
Ah! il m'en souviendra, la ri ra,
Du départ de Boulogne!

(Note d'O. Levavasseur.)

Moissel. On me plaça chez le prince de Lichtenstein dans un palais magnifique, où la princesse, jeune et belle, voulut bien m'accueillir et panser elle-même ma blessure. Entouré de prévenances de toute espèce, j'oubliai ainsi mes douleurs pendant six jours, lorsque après cet intervalle arriva un officier supérieur, aide de camp du général Songis, qui précédait toute l'armée, revenant d'Austerlitz. Le général Songis était grand maître de l'artillerie (1). L'aide de camp déclara que mon palais était celui du grand maître et non celui du général Moissel et qu'il fallait, en conséquence, que le général Moissel et moi allassions prendre une résidence autre part. Le général Moissel arriva précisément à point pour se prendre de querelle avec l'aide de camp, et, afin de témoigner de sa prise de possession, il se mit à fumer dans les salons de la princesse.

Pendant ce débat, je me rendis chez le bourgmestre à qui j'exposai que, le général Moissel étant délogé, il fallait lui fournir une autre habitation. On me donna un billet pour l'hôtel de la comtesse de Bolza, dont le mari était général au service de l'Autriche. Pendant près de trois semaines, je restai dans ce logement sans y voir le général Moissel qui, sans doute, avait succombé dans ses prétentions contre le général Songis. La comtesse de Bolza me logea en face de son appartement; le

(1) Premier inspecteur général de l'artillerie, de l'état-major général. *(Note de l'éditeur.)*

salon nous séparait : c'était une femme de trente ans, recevant chez elle nombreuse compagnie. Nos grands succès militaires électrisaient la population de Vienne; nos grenadiers étaient considérés beaucoup plus que les propres généraux autrichiens. La pudeur allemande trouvait seule à s'offenser de l'usage indécent qu'ont les Français de satisfaire leurs besoins dans les rues.

On nous avait payé l'arrièré de nos appointements et nous reçûmes en outre des gratifications en billets de banque. Nous dépensâmes follement cet argent.

Daru était gouverneur de Vienne. Cet intendant général de l'armée s'était fait une réputation de dureté effroyable par la manière dont il levait la contribution imposée par l'Empereur. Cette contribution faisait jeter les hauts cris aux habitants; il ne fallait rien moins que la fermeté de Daru pour dompter leur résistance.

Mme de Bolza avait souvent à dîner des personnes considérées de la capitale. Un jour, à table, l'un des convives se permit d'injurier Daru et l'armée française : je m'emportai au point de me lever de table, de provoquer les convives et de tout renverser, si bien que chacun s'enfuit, effrayé par mon audace. Je traitais, on le voit, Autrichiens et Saxons, en vainqueur : nous nous regardions tous dans nos logements comme chez nous. Dès ce moment, je perdis les bonnes grâces de la comtesse. Cependant, peu de jours après, elle vint me demander mon intervention pour m'opposer à la réquisition de ses deux chevaux et de son cocher, qu'on voulait employer à l'évacuation de l'artillerie de l'arsenal que l'on conduisait en France. Je l'assurai que ses chevaux et son cocher n'iraient qu'à une distance de dix lieues de Vienne; mais, deux jours après, le cocher revint sans ses chevaux, prétendant qu'il s'était échappé la nuit parce qu'on voulait le faire aller jusqu'en France!

Malgré tout le plaisir que j'avais à rester dans cette maison, je partis pour Paris dans une petite calèche, me servant, suivant le cas, de chevaux de poste ou de chevaux de réquisition. Paris était dans l'enthousiasme, comme toute la France; on portait aux nues la valeureuse armée qui, dans l'espace de trois mois, avait fourni une si longue course et battu les armées réunies de la Russie et de l'Autriche. Partout dans les lieux publics, les officiers et les soldats, fiers de leur victoire, étaient fêtés. On s'empressait autour d'eux, et l'Europe entière les admirait : l'aspect de mon bras en écharpe ajoutait encore à l'intérêt que l'on pouvait me porter personnellement. L'Empereur venait par sa victoire d'imposer silence à tous les partis; il venait de grandir aux yeux de la France : elle ne voyait que sa gloire.

Ma division était retournée prendre ses cantonnements vers les sources du Danube. Le général Walther vint aussi à Paris; j'appris de lui que Collot seul était décoré et que le général Sébastiani avait sollicité et obtenu que la deuxième décoration, promise pour l'artillerie, serait donnée à son aide de camp, beaucoup plus ancien de service que moi. Le général Sébastiani se trouvant à Paris, je crus devoir me rendre à son hôtel. Il m'accueillit avec beaucoup d'empressement, et, pour réparer l'injustice dont il reconnaissait être la cause, il me conduisit chez Murat, alors gouverneur de Paris. Je reçus du prince le meilleur accueil et les plus brillantes promesses. Les démarches de ces deux chefs n'eurent cependant aucun résultat immédiat.

CHAPITRE III

LA CAMPAGNE DE 1806-1807 : IÉNA, EYLAU FRIEDLAND.

1806. — Je rejoins ma batterie sur le Danube. — Concentration du VIe corps : je suis nommé aide de camp du général de Seroux ; portrait de ce général; réflexions sur le service dans l'état-major. — Entrée en Saxe. Bataille d'Iéna (14 octobre). — Siège et occupation de Magdebourg par le VIe corps. — Réquisition de chevaux dans le Brunswick. — Marche sur Berlin et Thorn. — Brillants engagements avec les Prussiens (fin décembre).
1807. — Arrêt et reprise des hostilités (janvier). — Mouvement en avant des Russes et contre-offensive de Napoléon : bataille d'Eylau (8 février). — Pointe du VIe corps à la suite des Russes et retour vers la Passarge : aspect terrifiant du champ de bataille d'Eylau. — Enlèvement de Guttstadt (3 mars). — Cantonnements de l'armée, le VIe corps en avant-garde sur l'Alle (mars-avril-mai) : séjour à Guttstadt. Situation lamentable de la ville et des troupes, manque de vivres, mortalité effroyable. — Je suis nommé chevalier de la Légion d'honneur (14 avril). — Reprise des hostilités par les Russes : attaque du camp sous Guttstadt; lente retraite de Ney sur Deppen (5 et 6 juin). Je suis attaché à l'état-major du maréchal Ney. — Mouvement général en avant : combat d'Heilsberg (10 juin). — Mort de l'aide de camp Brunel. — Digression sur la vie dans les états-majors et sur le soldat en campagne. — Bataille de Friedland (14 juin). — Paix de Tilsit. — Mon retour en France : incidents divers.

1806.

Je revins chez moi à Breteuil et, après quelque temps, je reçus une lettre du général Walther qui me prévenait qu'on allait rentrer en campagne et que les hostilités allaient être reprises contre la Prusse : il me prescrivait en conséquence de rejoindre ma batterie. Je la retrouvai cantonnée à Donaueschingen, sur le Danube (1).

Bientôt toute l'armée s'ébranla et nous marchâmes en avant (2). Une nouvelle coalition avait été formée par l'Angleterre, suivant sa coutume, entre la Prusse et la Russie. Ne voulant pas attendre que leurs armées fussent réunies, l'Empereur les devança. Nous marchions en toute hâte (3).

Pendant la marche, le capitaine Martin, officier

(1) En passant à Paris, je revis mon cousin Levavasseur qui venait d'acheter les vingt chevaux du général Junot, parti pour le Portugal, et qui me fit présent de l'un d'eux, celui que Junot affectionnait le plus.

J'étais en route pour l'armée quelques jours après, lorsque, dans un petit village allemand, dont le nom m'échappe, entre Levavasseur qui avait repris son uniforme d'adjudant-général. *(Note d'O. Levavasseur).*

(2) Un ordre de l'Empereur du 19 septembre prescrivait au corps de Ney (VIe) d'être réuni à Ulm le 28 : il dut de là se porter vers Nuremberg pour le 3 octobre. Sa composition pour l'entrée en campagne était de : deux divisions d'infanterie (généraux Marchand et Marcognet, puis Gardanne), la 1re division (général Dupont) ayant été détachée en 1805, après Ulm; une brigade de cavalerie légère (général Colbert : 3e hussards et 10e chasseurs); deux batteries d'artillerie à pied et deux à cheval avec une compagnie de sapeurs mineurs, sous le commandement du général de Seroux. L'effectif était de près de 20 000 hommes. *(Note de l'éditeur.)*

(3) Dans la vallée de Mergentheim (sur la Tauber, affluent de gauche du Mayn), nous suivîmes une route bordée de vignobles. On était au temps des vendanges : les paysans pour préserver leurs récoltes avaient jeté sur les raisins de l'eau de chaux. Les gourmands furent ainsi attrapés : sans cette précaution, la vendange, qui demande tant de soin et de temps aux habitants du pays, eût été faite en un seul jour. *(Note d'O. Levavasseur.)*

du général baron de Seroux, commandant l'artillerie du corps d'armée du maréchal Ney, vint me proposer de la part de son général un emploi d'aide de camp. Je crus devoir refuser. Le surlendemain, un autre officier vint de nouveau conférer avec moi; il me représenta que le général Seroux, étant fort âgé, laissait à son aide de camp le commandement réel; que mon intérêt, mon avenir, mon bien-être exigeaient mon acceptation. Cette proposition était de nature à me tenter. Cependant, je ne me dissimulais pas les inconvénients de son acceptation. S'annuler en quelque sorte pour se confondre dans son général, devenir partie intégrante de lui-même, abdiquer sa propre individualité, quitter tant de braves, vieux débris des armées républicaines, auprès desquels j'avais combattu à Amstetten, à Saint-Pölten, à Hollabrünn, à Austerlitz, me faire perdre de vue par la batterie et par la division Walther tout entière, accoutumée à me voir toujours le premier sur le champ d'honneur, quitter la route d'une gloire réelle, en présence de ceux qui étaient solidaires avec moi, pour en prendre une autre, plus brillante peut-être mais souvent usurpée, acquise sans le contrôle de témoins qui vous obéissent, telles étaient les réflexions qui m'éloignaient de la fonction d'aide de camp.

Mais, d'un autre côté, entrer dans une fonction plus relevée sous mille rapports, plus en évidence, être l'objet des prévenances dans les différentes troupes placées sous les ordres de son général, être certain que la plus légère action d'éclat sera connue de tous, entrevoir en perspective un avancement plus rapide, recueillir sur les champs de bataille les actions qui sans vous seraient ignorées et perdues, paraître partout où l'on faiblit, y donner l'exemple de la bravoure et au besoin de la témérité, obtenir ainsi que la troupe elle-même fasse retentir votre nom aux oreilles de son général, du maréchal Ney, de l'Empereur peut-être...! Cette considération l'emporta et j'entrai ainsi à l'état-major du général Seroux.

Je le connaissais depuis Montreuil et mes relations avec lui n'avaient pas cessé d'être agréables. Il était de Compiègne et moi de Breteuil; nous continuions à l'armée la confraternité qui doit toujours régner entre compatriotes du même département. Les premières campagnes de Seroux remontaient à la guerre de Sept ans; il représentait donc dans nos camps ces vieux officiers de l'ancienne armée dont le type était déjà presque perdu. Assez bel homme, mis avec une élégance et une correction rares, il portait fièrement une belle tête poudrée à frimas : son extérieur annonçait des prétentions à toutes sortes de succès. Contrairement aux usages introduits depuis la Révolution et qui faisaient que les généraux et les officiers avaient conservé le geste brusque, le commandement hautain, Seroux observait vis-à-vis de ses inférieurs la politesse la plus exquise. Ayant dépassé depuis longtemps l'époque où l'on quitte la carrière militaire, il ne restait au service que pour obtenir des droits au gouvernement du château de Compiègne, terme de son ambition. Il avait trois filles : l'aînée était mariée avec le colonel Bicqueley, chef d'état-major; la seconde avait épousé Brunel, lieutenant; la troisième restait à pourvoir.

Les aides de camp du général étaient : Heymès, vieux soldat d'Égypte, Brunel et moi. Quelques jours se passèrent à la suite desquels je demandai à Heymès quel était son rang d'ancienneté : je me trouvais plus ancien lieutenant que lui. Je fis alors observer au général que je n'avais quitté ma batterie que pour être son premier aide de camp, qu'étant plus ancien lieutenant qu'Heymès je tenais à ce titre et que je le priais de signifier mes intentions à Heymès, afin de prévenir toute contestation entre nous. Le lieutenant Heymès dissimula son mécontentement et je pris d'autorité le rang qui m'appartenait. Heymès, contrarié de perdre son emploi de premier aide de camp, se rendit à l'état-major du maréchal Ney, où il fut reçu avec empressement par les officiers : dès ce jour, il ne prit plus part au service de l'état-major d'artillerie; ma nomination d'aide de camp, en date du 12 septembre 1806, me parvint bientôt.

Je ne tardai pas à m'apercevoir que ma position auprès du général Seroux me faisait considérer en quelque sorte comme étant de l'état-major du maréchal Ney. Mon général accompagnant le maréchal, je faisais partie du groupe qui suivait le duc d'Elchingen. Bientôt j'eus le bonheur d'attirer son attention; aussi s'adressait-il dès lors à moi pour remplir les mêmes fonctions que ses aides de camp.

Au 20 septembre, le corps aux ordres du maréchal Ney occupait la Haute Souabe, sur la rive droite du Danube, jusqu'aux frontières de la Suisse, du Vorarlberg et du Tyrol; le maréchal avait son quartier général à Memmingen. Cependant l'armée prussienne et l'armée de Hanovre, fières de leur nombre et de leur antique valeur, souvenirs encore palpitants du règne de Frédéric, s'avançaient à notre rencontre.

Le 5 octobre, la droite, composée des troupes aux ordres du maréchal Soult (IVe corps) et Ney (VIe corps) et d'une division bavaroise, était partie d'Amberg et de Nuremberg, pour se réunir à Bayreuth et se diriger ensuite à marches forcées sur Hof, aux sources de la Saale. Le 11, nous arrivâmes à Plauen, à une demi-journée de distance de Soult, le 13 à Neustadt et à Roda. L'Empereur, prévoyant que la bataille serait livrée le lendemain, à Iéna, avait donné l'ordre que notre corps d'armée marchât toute la nuit pour être en ligne (1).

(1) Le 13 octobre, Napoléon accélérait le plus possible la marche de ses divers corps, en vue de la grande bataille, qu'il comptait ne livrer sans doute que le 15 avec toutes ses forces contre l'armée saxo-prussienne réunie.

Le 14, dès le matin, les troupes de Lannes (V[e] corps), parvenues la veille au soir sur le Landgrafenberg, refoulaient malgré

Le 14, dès 7 heures du matin, nous marchions en toute hâte vers le bruit du canon, qui ronflait au loin, derrière une nombreuse cavalerie, et nous arrivâmes vers les deux heures sur le champ de bataille. En se portant en avant, notre artillerie légère foudroyait à mitraille les colonnes prussiennes. Le brave général Colbert crut devoir se placer près de nous, pour nous soutenir, mais, s'apercevant que les boulets et la mitraille éclaircissaient ses rangs et altéraient le moral de sa brigade, il cria ce commandement trivial que chacun répéta : « *En avant! Pète qu'a peur!* » et, piquant des deux, il fit une charge admirable qui enfonça tout ce qui était devant nous. L'armée prussienne fut en pleine déroute. On apprit bientôt que les Autri-

le brouillard les avant-postes ennemis sur le plateau, puis l'action se ralentissait. L'Empereur, ayant l'espace nécessaire au déploiement, voulait donner à toutes les colonnes le temps d'arriver. Mais vers dix heures, sans ordre reçu, Ney, impatient d'agir, engageait la lutte contre les premières troupes du prince de Hohenlohe, vers Vierzehn-Heiligen avec sa seule avant-garde accourue dans la nuit par Iéna (brigade de cavalerie légère de Colbert, 25e léger et deux bataillons de compagnies d'élite). Il était bientôt, heureusement, soutenu par Lannes et par Soult à sa droite, puis par Augereau à sa gauche, et Napoléon ordonnait l'attaque générale en faisant avancer sa Garde.

L'artillerie légère de Ney arrivant, comme le dit ici O. Levavasseur, put avoir son rôle dans la défaite des Prussiens, mais le gros des divisions du VIe corps ne prit pas part à la bataille, ayant fait ce jour-là plus de quinze lieues pour atteindre Weimar à la nuit.

On sait que, dans cette même journée du 14 et à quatre lieues de distance, Davout avec son seul corps (IIIe) remportait la belle victoire d'Auerstædt sur l'armée du roi de Prusse et du duc de Brunswick. *(Note de l'éditeur.)*

chiens, à leur tour, se réjouissaient de la défaite des Prussiens.

Le lendemain de la bataille d'Iéna, nous nous dirigeâmes sur Erfurth et parvînmes peu de jours après, le 25, devant Magdebourg.

L'Empereur ordonna à Ney de s'en emparer et se porta sur Berlin (1). Les portes de Magdebourg étaient fermées : il fallait l'assiéger. Mais comment attaquer l'une des plus fortes places de l'Allemagne, sans artillerie de siège? Cependant, dès le 28 octobre, nous fîmes les préparatifs nécessaires. On somma la place, on somma les habitants; le maréchal menaça du pillage si on ne se rendait pas : à la suite de quelques démonstrations d'artillerie, le 8 novembre, Magdebourg effrayée capitula, mais nous n'y entrâmes que le 11. Le général Seroux en fut nommé gouverneur. Je me rendis chez les principaux magistrats et convins avec eux qu'ils donneraient au général, pour ses frais de table, une forte indemnité.

Le général avait obtenu du maréchal Ney l'autorisation de remonter son artillerie dans le duché de Brunswick, en levant une contribution de che-

(1) Napoléon, précédé de la cavalerie de Murat, marcha sur Berlin avec la Garde, Augereau (VIIe corps) et Davout (IIIe corps), qui entra triomphalement le 25 dans la capitale de la Prusse. *(Note de l'éditeur.)*

vaux, et, porteur de cet ordre, je dus me rendre à Brunswick. Le duc, blessé à Iéna, s'était retiré de la coalition et toutes ses troupes rentraient dans leurs foyers avec armes et bagages : je passai donc en pleine sécurité au milieu de ces beaux régiments que nous avions combattus peu de temps auparavant.

Arrivé près des magistrats de Brunswick, j'exhibai mon ordre. « Mais, me dirent-ils, nous avons déjà ici un aide de camp du général Vandamme qui commande en chef et lève chez nous des contributions de toute espèce ». — « N'obéissez pas, répliquai-je, le général Vandamme n'a point d'ordres de ce genre à donner; il est sous les ordres du maréchal Ney, qui seul commande en chef. » L'aide de camp de Vandamme, apprenant mon arrivée, s'enfuit aussitôt, emmenant avec lui quelques voitures de butin, et je n'en entendis plus parler. Le lendemain, tous les chevaux de la ville et des environs furent, par mes ordres, rangés en bataille sur les places et sur la grande route. Les magistrats me supplièrent d'épargner les chevaux de luxe qui étaient en grand nombre dans cette ville. Je fis mon choix, et, dans les 700 chevaux que je pris, je n'enlevai qu'un attelage de luxe pour le général Seroux et trois à quatre chevaux de main pour les officiers d'état-major et pour moi. Les magistrats, satisfaits d'avoir été ménagés et voulant me témoigner leur reconnaissance, me firent offrir de l'argent que je refusai avec fierté.

Cependant, avant mon départ, ils m'envoyèrent en présent un magnifique cheval blanc, avec un harnachement des plus rares et conforme à l'ordonnance de ma fonction d'aide de camp, que je crus devoir accepter : c'était, de leur part, un acte de reconnaissance pour le service que je leur avais rendu, en les sauvant des réquisitions illégales du général Vandamme, et pour le désintéressement que j'avais montré en m'acquittant de mon devoir selon leur désir, sans lever d'autre contribution que celle des chevaux. Je retournai à Magdebourg, où les chevaux hanovriens furent répartis dans les batteries.

Le général Seroux ne jouit pas longtemps de sa brillante position. Bientôt, le 16 novembre, le maréchal Ney reçut l'ordre de suivre le mouvement général. Nous nous trouvions par le fait en arrière du gros de l'armée qui nous avait précédés à Berlin. Nous savions que l'armée russe s'avançait et que l'Empereur se portait en avant pour la combattre.

Nous marchâmes en toute hâte sur Potsdam, Berlin, Francfort-sur-l'Oder et Posen, où nous retrouvâmes le quartier général et l'Empereur qui nous dirigea sur Thorn, tandis que Murat et Soult étaient poussés en avant sur Varsovie. Nous passâmes la Vistule, le 6 décembre, à Thorn, d'où nous chassâmes les Prussiens, et, le 9, les avant-postes du corps du maréchal Ney allèrent prendre position dans la petite ville de Strasburg, tandis que le maréchal lui-même se tenait en avant de Thorn, dont il avait fait réparer le pont et les fortifications.

Nous poursuivîmes la marche : Ney, étant chargé de soutenir le maréchal Bessières, avait, le 18, son quartier général à Rypin, sa droite appuyée au prince de Ponte-Corvo (1). Le 23, nous attaquâmes les troupes prussiennes du corps du général Tolstoï entre Gurszno et Lautenburg, et nous les rejetâmes dans les bois qui avoisinent ce dernier bourg, en leur faisant éprouver une perte considérable. Le 25, la gauche, composée des corps des maréchaux prince de Ponte-Corvo, Ney et Bessières, s'avançait de Biézun et des environs sur la route qui conduit à Grodno.

Ney avait la mission de détacher les troupes prussiennes sous les ordres du général Lestocq, faisant partie du corps de Tolstoï, de déborder et menacer ses communications, enfin de le couper des Russes. Il dirigea ces divers mouvements avec son activité ordinaire. Il fit partir, le 23, de Strasburg, la division Marchand ; le 26, il s'avança lui-même jusqu'à Dzialdow et fit reculer Lestocq, qui fut obligé de nous abandonner une partie de son matériel.

(1) Le maréchal Bessières était chargé de relier, avec les quatre divisions du nouveau IIe corps de cavalerie, les deux groupes de corps d'armée de Thorn et de Varsovie, où était l'Empereur : cette cavalerie et le corps de Ney furent mis provisoirement avec le Ier corps sous le haut commandement de Bernadotte. *(Note de l'éditeur.)*

Pendant ce temps, Lannes livrait aux Russes, devant Pultusk, un combat opiniâtre. Les deux armées se heurtèrent dans la boue : on vit des régiments fondre l'un sur l'autre presque à portée de sabre et les chevaux, enfoncés jusqu'au poitrail, rendre inutile l'ardeur des cavaliers (1).

1807.

Le 24 janvier, une colonne russe se présenta devant Liebstadt et y attaqua les troupes du prince de Ponte-Corvo; les hostilités reprirent ainsi (2).

(1) Ces combats livrés, par le dégel, la pluie et la neige, furent les derniers de la campagne de 1806 : Russes et Prussiens se retirant séparément, et non sans difficultés, l'Empereur, aux premiers jours de janvier, fit prendre à l'armée ses cantonnements d'hiver. *(Note de l'éditeur.)*

(2) Il est intéressant de constater ici une lacune que l'auteur a laissée, avec intention sans doute, dans son récit si suivi depuis le début de la campagne et muet sur les mouvements du maréchal Ney de la fin de décembre jusqu'au 24 janvier.

L'Empereur, en faisant prendre, aux premiers jours du mois, des cantonnements d'hiver à toute l'armée, assignait comme positions au VIe corps Chorzellen, Mlawa et Soldau (sur l'Ukra), de manière à couvrir au loin la place de Thorn et à se trouver en ligne avec les autres corps. Ses ordres, par la négligence ou la malveillance de Bernadotte, ne parvinrent à Ney que le 18, après que celui-ci, pour observer la direction de Kœnigsberg et donner des cantonnements espacés et meilleurs à ses troupes, les avait poussées le long de la rivière de l'Alle. Napoléon informé fit exprimer son mécontentement par Berthier en termes sévères, qui émurent beaucoup Ney, et prescrivit à celui-ci de revenir en arrière, sur les points indiqués, entre le IVe corps et le Ier, placé à l'extrême gauche.

Le mouvement de retraite, entamé aussitôt, se fit du 20 au

Bernadotte se porta le 25 sur Mohrungen, en chassa les Russes, qui s'y étaient avancés, et continua le 26 son mouvement en avant. Notre corps d'armée arriva ce jour-là dans cette petite ville. A notre entrée, nous trouvâmes que toutes les maisons étaient envahies par les soldats Je me précipitai dans une chambre; quinze ou vingt jeunes filles étaient agenouillées autour d'une dame qui, en me tendant les bras, implora ma pitié. Je refermai la porte, cherchai un autre gîte, et, le soir, je fis porter de la nourriture à ces pauvres enfants. Cette scène s'était déjà renouvelée plusieurs fois sous mes yeux; il arrivait souvent qu'une soldatesque effrénée se précipitait sur les femmes sans défense. Tels sont les maux qui suivent inévitablement la guerre.

Le 31 janvier, l'armée française acheva de lever ses quartiers d'hiver; le VIe corps, celui du maréchal Ney, fit sa réunion à Gilgenburg. Le 3 février, nous étions en face de la ligne ennemie devant laquelle nous formions la gauche de l'armée française. Nous nous attendions à une bataille, mais seulement un engagement de peu d'importance eut lieu, et le maréchal Ney s'empara

26, suivi de près par la cavalerie et les avant-gardes russes : Benningsen, commandant en chef, reprenait à ce même moment l'offensive en se portant contre la gauche française.

Aussi les ordres de l'Empereur, du 27 janvier, prescrivirent-ils le mouvement en avant de tous les corps d'armée en vue d'une contre-offensive générale qui aboutit à Eylau. (Voir la *Vie militaire du maréchal Ney*, par M. le général Bonnal, Paris, 1911). *(Note de l'éditeur.)*

d'un bois où l'ennemi avait appuyé sa droite (1).

Le 5, l'armée était à Deppen. L'Empereur ordonna à Ney de marcher avec ses divisions, la cavalerie de Lasalle et une division de dragons, contre la colonne prussienne qui était commandée par le général Lestocq. Celui-ci fut culbuté en avant de la Passarge vers Liebstadt : deux mille prisonniers, six pièces de canon, furent le fruit de cette attaque. Le 6, le maréchal se porta sur Wormditt; le 7, on était près d'Eylau (2). Le maréchal reçut l'ordre de manœuvrer pour prendre l'ennemi par son flanc droit.

Le 8, ce mouvement commençait, lorsqu'on vint nous avertir que la queue de notre colonne était attaquée par un corps d'armée prussien. Effectivement, c'était le général Lestocq qui se rendait aussi à Eylau pour nous combattre. Déjà, le maréchal Ney, ne voulant point ralentir sa marche, ordonne de continuer à le suivre (3). Les aides de

(1) Dans leur retraite, les Russes s'étaient arrêtés auprès de Jonkowo (entre la Passarge et l'Alle) et les corps de Ney et de Soult entamèrent l'engagement, le 3, dans l'après-midi. Napoléon s'attendait donc à livrer bataille le lendemain, mais Benningsen décampa dans la nuit. *(Note de l'éditeur.)*

(2) Plus exactement, d'après les ordres et les rapports de Ney, à une demi-journée de marche à l'ouest d'Eylau, sur la route de Landsberg (quartier général) à Kreuzburg, au nord : le VIe corps formait colonne détachée à la gauche du gros de l'armée, le IIIe (Davout) opérant de même à la droite.

Ney avait mission de se rabattre par Althof sur la droite de l'armée russe de Benningsen, établie en arrière d'Eylau, mais il ne s'attendait pas à la bataille pour le 8. *(Note de l'éditeur.)*

(3) Le VIe corps ne comprenait, le 8 février, que deux divi-

camp de la 3e division renouvellent leur avis et disent qu'il est impossible de continuer parce que Lestocq les foudroie. C'est alors que Ney, forcé de différer l'exécution des ordres de l'Empereur, s'arrête, descend de cheval, ouvre sa carte, appelle le général Marchand, commandant la 2e division, et lui dit : « Voyez ce village placé en arrière sur notre gauche; c'est***** : l'ennemi doit opérer sa retraite de ce côté; quand je l'aurai repoussé, portez-y vos régiments en toute hâte (1). » Puis, se retournant vers l'état-major du général Seroux : « Levavasseur, ajoute-t-il, vous suivrez le général Marchand. » Nous partons et passons par un grand bois. Impatient de cette longue traversée, je prends le galop avec l'aide de camp du général Marchand et j'arrive en vue du village. Déjà, les fuyards du corps de Lestocq, poussés trop vite par le maréchal Ney, en approchent; et cependant notre tête de colonne a encore une demi-heure de chemin à faire avant d'arriver. Je vois que le

sions (l'ancienne 1re, détachée en 1805, n'ayant pas été remplacée) : la 2e, général Marchand : brigade Bélair (6e léger et 39e de ligne) et brigade Marcognet (69e et 76e); et la 3e, général Gardanne : brigade Roguet (25e et 27e) et brigade Labassée (50e et 59e). — En outre de sa cavalerie légère (général Colbert), Ney disposait provisoirement de la brigade Lasalle et d'une brigade de dragons. Au total 10 à 12 000 hommes. *(Note de l'éditeur.)*

(1) Le nom d'Althof est rayé dans le manuscrit : il s'agit sans doute (d'après un rapport du général Dutaillis, chef d'état-major de Ney) du village de Waldheim, où Lestocq avait laissé un détachement de flanc-garde pour faire filer sa colonne par une marche de flanc et rejoindre la droite des Russes vers Schloditten. *(Note de l'éditeur.)*

maréchal Ney écrase Lestocq, et, craignant que cette masse n'arrive au village avant le général Marchand, je côtoie le bois en dehors, à la vue de l'ennemi.

Après mille détours, je parviens auprès du maréchal Ney, qui, me voyant arriver, s'écrie : « Marchand est-il au village? » — « Non, lui dis-je, il faut encore un quart d'heure. » — « Partez, reprend Ney, et dites-lui de presser sa marche. » Je fais volte-face, pique des deux et pars au galop. Mais voilà que mon cheval tombe dans un fossé rempli de neige; il se relève : mon pied est pris dans l'étrier et l'éperon enfoncé dans le pommeau de la selle. Je reste suspendu tête en bas, à six pouces de la terre; je croise les bras et le cheval se lance au galop au milieu de la cavalerie ennemie et de l'infanterie de Lestocq. Le maréchal Ney envoie vainement à mon secours. Mon cheval traverse les lignes malgré les coups de feu que l'on tire sur moi, et, après bien des circuits, il entre dans un champ entouré de barrières et s'arrête à l'une d'elles. Je me dégage, le renfourche, et, reprenant ma route à travers l'ennemi en désordre, je me sauve de cette épouvantable mêlée sans la moindre blessure. Mes mains croisées avaient ramassé la neige; je glissais sur les blancs tapis étalés sous ma tête. A ce moment, il était près de 4 heures du soir, je regagnai la colonne du maréchal Ney; il avait rejoint dans le village le général Marchand : trois mille prisonniers, commandés par plusieurs généraux, étaient le fruit de cette manœuvre.

Sans plus tarder, le maréchal remit ces prisonniers à un bataillon d'infanterie pour les conduire sur les derrières, et marcha sur Eylau, dont on entendait déjà le canon. Nos troupes, accablées de fatigue, arrivèrent cependant, au jour tombant, sur la droite de l'ennemi, où nous vîmes se croiser les obus.

Le maréchal Ney ordonna l'attaque du village de Schmoditten que tenait l'ennemi, sur sa droite (1).

Il me prescrivit de m'en emparer, à la tête de deux compagnies de voltigeurs. Nous marchions tous en tirailleurs au cri de : « Vive l'Empereur! En avant! » Je devais, comme aide de camp, prendre le devant, et les balles de mes soldats me sifflaient aux oreilles par derrière. Schmoditten fut enlevé; mes soldats, mourant de faim, entrèrent dans les maisons, pour y chercher des vivres, sans prendre les précautions nécessaires pour se garder. Aussi, deux heures après, l'en-

(1) Schmoditten et Schloditten (seul cité dans les rapports du maréchal Ney et de son chef d'état-major, le général Dutaillis), sont deux villages voisins, dont le premier est le plus étendu, et situés respectivement à 3 et à 2 kilomètres d'Eylau, aux abords de la route de Kœnigsberg.

Ce fut de ce côté que Lestocq, vivement poussé par le VIe corps dans la journée, parvint à faire sa jonction avec la droite de Benningsen, aux prises, en arrière d'Eylau, avec le gros des forces de Napoléon (54 000 hommes environ : Garde, Murat, Augereau, Soult et Davout). Se glissant ensuite par derrière les lignes russes, Lestocq put se porter au secours de la gauche, refoulée par Davout. *(Note de l'éditeur.)*

nemi y revint-il et reprit-il le village. Mais le maréchal Ney y envoya le 6e régiment d'infanterie légère et le 39e de ligne, qui l'occupèrent définitivement (1).

Je retournai auprès du maréchal, à Althof : il recevait les officiers de l'Empereur. Là, nous apprîmes qu'une affaire épouvantable avait eu lieu à Eylau; que la moitié de l'armée était gisante sur le champ de bataille; que le corps d'Augereau (VIIe) avait été totalement détruit; que les deux armées s'étaient mutuellement écrasées, sans qu'aucune d'elles pût se flatter d'avoir gagné la victoire; que, le pont de la Vistule étant coupé, nous étions ainsi séparés de notre grand parc d'artillerie placé derrière ce fleuve; que nous n'avions plus de cartouches; et qu'enfin, toute la magnifique armée française n'offrant plus que des débris, il était impossible de résister à une nouvelle attaque, si elle avait lieu le lendemain.

Pendant la nuit, la terreur régnait dans l'armée française : plus de munitions!... Les états-majors étaient dans la stupeur. L'ordre fut donné pour la retraite que, dès les 3 heures du matin, on effectua dans le plus grand silence. Cependant, on multiplia les feux de nos bivouacs, afin de faire croire à l'ennemi que des renforts nous étaient arrivés

(1) Le retour offensif sur Schmoditten, dont il est question ici, fut tenté, la nuit venue, par Benningsen à l'aide des derniers grenadiers de sa réserve, pour dégager la route de Kœnigsberg et faciliter la retraite. *(Note de l'éditeur.)*

et que nous gardions l'offensive (1). Le maréchal Ney, dont le corps était le seul qui fût encore intact, fut chargé de soutenir la retraite que l'on s'attendait à trouver véritablement désastreuse.

Cependant, dès le petit jour, nous remarquons que les bivouacs russes se dégarnissent insensiblement; le maréchal juge que l'ennemi lui-même bat en retraite : la victoire était donc à nous! Cette précieuse nouvelle fut portée à l'Empereur. Toute l'armée n'en continua pas moins son mouvement de retraite, mais il ordonna à Ney de marcher en avant en colonne d'attaque et de poursuivre l'ennemi, en sorte qu'avec 12 000 hommes seulement nous nous mîmes à la poursuite de l'armée russe, dès le point du jour.

Nous traversâmes cet horrible champ de carnage où 80 000 hommes, tant tués que blessés, gémissant, étaient étendus sur la neige (2). Dire le nombre de chevaux, de casques, de fusils, d'armes de toute espèce, de charrettes, de canons, de débris, est impossible. Le sang rougissait la neige; ce champ de bataille est le plus effroyable que l'on ait jamais vu. Sur les 10 heures du matin, nous arrivâmes à Eylau, dont toutes les maisons

(1) De fait, Napoléon, qui s'attendait à être attaqué le lendemain, avait ordonné dans la soirée du 8, aux IVe et VIe corps, d'occuper au jour des positions défensives aux abords d'Eylau. *(Note de l'éditeur.)*

(2) L'auteur se laisse aller ici à une exagération : le chiffre des pertes doit être ramené à 10 000 hommes environ pour les Français et à 30 000 pour les Russes. *(Note de l'éditeur.)*

étaient remplies de blessés russes et français; plusieurs étaient déjà morts et étaient jetés par les croisées. On raconte qu'à la porte du grand quartier général se trouvaient deux monceaux de cadavres qu'on avait été obligé de jeter là pour faire place à l'Empereur. Nous nous emparâmes d'une petite chambre, au rez-de-chaussée. Nous occupions cette pièce depuis quelques instants, lorsque le prince Sapicha, Polonais de la plus haute distinction, qui suivait habituellement l'état-major de l'Empereur, vint frapper aux croisées et nous offrir de partager notre asile et les provisions, dont il était toujours complètement pourvu.

Nous marchions en avant, quoique l'Empereur et l'armée opérassent leur retraite vers Osterode où le quartier général fut établi; l'ennemi se retirait de son côté.

Cependant, à huit lieues de là, les Russes semblèrent vouloir opposer quelque résistance; mais, comme notre corps n'était pas en forces suffisantes pour livrer combat, le maréchal Ney plaça ses divisions sur la défensive en cantonnements espacés vers Mühlhausen.

Huit jours se passèrent dans cette position. Après ce temps, notre cavalerie ayant été attaquée et l'ennemi manœuvrant sur nos ailes, le maréchal ordonna la retraite et nous fûmes contraints de repasser une seconde fois sur l'horrible champ de bataille d'Eylau : les morts occupaient la même place, mais les blessés, qui n'avaient pu rejoindre la ville, s'étaient entassés les uns sur les autres, pour éviter le froid, au nombre de trente à quarante, sur les bords des chemins. Nous passâmes auprès de ces montagnes de mourants, dans les interstices desquelles on voyait des bras se soulever, gratter la neige et la porter à des bouches décolorées et prêtes à exhaler un dernier souffle de vie (1). Nous entrâmes dans la ville, où la mort frappait à grands coups. Toutes les maisons étaient absolument remplies de morts et de blessés russes et français confondus, de sorte que, pour trouver un abri dans cette ville, les vivants étaient obligés de prendre leur place aux morts. Qu'on se figure le spectacle de tous ces cadavres jetés dans les rues, nos convois d'artillerie les écrasant dans la neige, et cette masse de Russes blessés, que notre armée était obligée de mettre dehors pour avoir un abri, pêchant dans la fange des ruisseaux, dévorant sous nos yeux des pieds de bestiaux, tristes débris de nos passages, on n'aura qu'une faible idée de ces horreurs !

Ney, douloureusement affecté et ne voulant point abandonner tant de braves qui pouvaient encore

(1) Cette effroyable vision, qui fait songer au célèbre tableau de Gros *(Musée du Louvre)*, est également rappelée dans les *Souvenirs militaires* de Montesquiou-Fezensac, alors aide de camp du maréchal Ney, souvenirs très intéressants à rapprocher de ceux d'O. Levavasseur. (*Note de l'éditeur.*)

être sauvés, ordonna à tout son corps d'armée de se dévouer; il prescrivit à chacun de nous d'employer tous nos moyens pour transporter le plus de blessés que nous pourrions; sa voiture, ses équipages furent, dès ce moment, affectés à ce service. Dès le lendemain matin, s'établit un long convoi. Je ne puis dire les milliers de blessés qui se trouvaient hissés sur des voitures ou sur des chevaux, mais le convoi formait bien une lieue de longueur. Nous marchions ainsi recevant des flots de neige qui obscurcissaient le jour, et nous suivions des chemins impraticables lorsque, vers midi, nous fûmes attaqués par des milliers de Cosaques. Il fallait résister, et comment le faire et défendre en même temps le convoi? Bientôt, la tête de celui-ci s'arrêta, les soldats du train et les conducteurs des équipages, ne se voyant plus protégés, prirent la fuite; et la file des voitures resta au milieu des champs. Je passais le long de ces braves officiers et soldats; ils me tendaient la main, et, levant les yeux au ciel, ils me disaient : « Vous nous abandonnez donc? Mon Dieu! faut-il mourir ainsi? »

Si l'armée française avait essuyé des pertes cruelles par la bataille d'Eylau, au point qu'il lui était impossible de continuer la campagne, l'Empereur ne s'en affecta point, convaincu que l'armée russe n'avait pas moins souffert et avait également besoin de repos. Il ne crut pas devoir repasser la Vistule et prit avec témérité, en avant de cette rivière, ses quartiers d'hiver. Il s'établit à Osterode, renvoya toute sa cavalerie se remonter dans le beau pays du Holstein et de l'île Nogath; il fit prendre position à l'armée derrière le Passarge et voulut en outre que la ville de Guttstadt, située au centre de cette ligne et placée à quatre lieues en avant de cette rivière, fût occupée par les troupes du maréchal Ney, de telle sorte que le corps du maréchal, appuyé d'une part à droite sur Davout et de l'autre à gauche sur Soult, formât pour ainsi dire, sur la ligne ennemie, la tête menaçante d'un sanglier.

Nous restâmes en position; mais bientôt, attaqués vigoureusement par l'armée russe, nous fûmes repoussés et obligés de nous établir à Deppen, sur la Passarge, derrière laquelle étaient Soult et Davout. L'Empereur vint pour ordonner la reprise et une nouvelle occupation de Guttstadt.

Nous attaquâmes l'ennemi et rentrâmes victorieux dans la ville après un combat meurtrier. Crénelant alors l'église, les maisons avancées, nous nous établîmes dans cette place pour n'en plus sortir. L'ennemi prit position autour de la ville et vis-à-vis nos camps, qui étaient en avant de Wolfesdorf, Amt et Altkirchen : une longue ligne de vedettes s'établit de part et d'autre. Ney espaça ainsi tout son corps sur la gauche, dans la neige, pour se joindre à Soult, mais les camps laissaient encore entre eux de longs intervalles.

La ville était dévastée; trois passages d'armées

victorieuses et vaincues ne lui avaient laissé ni vivres ni fourrages, ni approvisionnements d'aucune espèce. On découvrait parfois dans les églises, dans les caves, dans les champs, dans les bois, des silos contenant quelques pommes de terre et du lard; il fallait enfin trouver des ressources de vive force. Ney ordonna une razzia en avant sur un village occupé par les Russes : 3 ou 4 000 hommes, suivis de 6 000 fourrageurs, avec des voitures, des cordes et tous les moyens de transport possibles, se mirent donc en marche dès le point du jour.

Les combattants attaquent le village; il est pris ; on le dépasse. Nos fourrageurs s'abattent sur les maisons, les démolissent, enlèvent le chaume des toitures, s'emparent des bestiaux et de tout ce qui se trouve dans les habitations. Mais bientôt l'armée russe approche; un combat nouveau s'engage, et nous faisons retraite, gorgés de butin pour six ou huit jours. C'est ainsi que, pendant trois mois, nous vécûmes, dévastant tantôt un village, tantôt un autre.

Des Juifs, qui nous apportaient de fort loin des vivres, nous furent d'un grand secours, mais ils épuisèrent nos bourses; et, chose vraiment surprenante, nos chevaux, qui ne mangeaient que de la paille des toits hachée, se maintinrent en bon état.

Dans les missions que je remplis à cette époque, combien de fois, mourant de faim, me suis-je arrêté auprès d'un bivouac de soldats, qui s'empressaient de me donner la soupe préparée pour eux. Souvent, je mangeais à la gamelle, puis remontant à cheval, je continuais ma route.

J'avais aussi quelquefois recours aux vivandières. C'est une triste conséquence de la guerre d'amener le renchérissement excessif des objets de première nécessité. Alors, tout l'argent acquis ou pillé par les soldats arrivait aux vivandières. Ces femmes, exploitant la pénurie de vivres et l'abondance d'espèces, vendaient quelquefois jusqu'à vingt francs un petit verre d'eau-de-vie. Un bien petit nombre d'entre elles a rapporté quelque fortune, car, dans les batailles, et surtout dans les retraites, c'étaient leurs équipages qui périssaient les premiers.

Indépendamment de la grande difficulté que nous éprouvions pour vivre, nous ne savions souvent comment nous faire comprendre. Par une singularité remarquable, les patois de nos soldats, bas-bretons ou provençaux, se rapportaient assez à l'idiome du pays pour bientôt pouvoir nouer par eux des relations. Un latin corrompu nous servait en outre d'intermédiaire avec les curés.

Je reçus alors l'avis officiel de ma nomination comme chevalier de la Légion d'honneur : elle était datée du quartier général de Finkenstein, 14 avril 1807.

Cependant, la mort décimait notre armée à tel point qu'un régiment nouvellement organisé, le 32e de ligne, composé presque en entier de Piémontais et fort à son arrivée de près de trois mille hommes, n'en avait plus à ce moment que sept cents. Les Russes, connaissant nos misères, envoyaient des affiches sur toute la ligne, pour provoquer par mille avantages les soldats ouvriers à la désertion. Néanmoins, peu de défections se manifestèrent.

Le maréchal Ney avait quelques espions qui l'instruisaient des projets de l'ennemi. Un jour, il fut averti que le camp même où se trouvait le colonel Baptiste, du 25e régiment d'infanterie légère, devait être surpris pendant la nuit; mais on n'indiquait aucune date précise. Ney ordonna au colonel Baptiste de sortir de ses bivouacs, de les laisser allumés et de s'embusquer dans un petit vallon, près d'un défilé qui se trouvait devant lui. Le colonel Baptiste exécuta ce mouvement pénible pendant plusieurs jours, par un très grand froid. Une nuit enfin, il aperçut l'ennemi, lui laissa passer le défilé, puis, faisant un feu roulant, il écrasa les Russes, qui s'enfuirent en déroute, et il en fit un massacre épouvantable. Le lendemain, il vint un parlementaire demander, de la part du général russe Benningsen, le nom du brave colonel français qui l'avait si bien reçu : le sentiment de bravoure, d'honneur et de vaillance régnait dans les deux armées.

Soult occupait la ville de Liebstadt, qui fut comme nous malheureuse; un incendie la détruisit complètement.

Une mortalité effrayante ne tarda pas à se manifester à Guttstadt. Cette ville est catholique et nous avions tous les jours sous nos yeux des convois funèbres. Bientôt, les curés moururent : il fallut que le maréchal Ney se chargeât des enterrements. Chaque jour augmentait cette misère; les horreurs de la peste vinrent se joindre à tous nos maux. On s'était tant de fois battu que les cadavres se corrompaient et empoisonnaient l'air et les fontaines. On creusa un grand trou près des murs de la ville, et chaque jour les morts y étaient enfouis par couches avec un peu de terre par-dessus. En peu de temps, Guttstadt fut dépeuplée. Nous vivions, le général Seroux, Bicqueley, Paixhans, Martin, Colson et moi, chez un riche marchand d'épiceries, dans une chambre basse que nous avions convertie en un vaste étouffoir; on n'y sentait que l'odeur du schnick, on n'y respirait que la fumée du tabac. Notre hôte avait trois filles et un fils. Bientôt, le père, la mère et deux des filles furent atteints par le fléau et portés dans la fosse commune. Je n'oublierai jamais qu'étant monté dans la chambre où gisait la dernière demoiselle malade, je ne pus parvenir jusqu'à elle à cause de l'odeur infecte qui me repoussait.

Martin, l'un des nôtres, fut attaqué. Je fis un traîneau; nous le plaçâmes entre deux matelas, et je le conduisis à l'ambulance, qui était à six lieues de là. Il fallait passer au milieu d'une quantité considérable de cadavres d'hommes et de chevaux qui jetaient d'odieux miasmes. Je ne rencontrai d'autre créature animée qu'un loup qui me barra le passage en me fixant. Je ne pus continuer mon chemin qu'après qu'il fut parti; je déposai Martin à l'ambulance et je ne sais s'il fut sauvé.

Quelques jours après, étant revenu dans notre logement, je vis le fils de la maison, jeune enfant de douze ans, sortir du dessous d'un escalier (j'ignore combien de temps il avait été malade dans ce réduit); enfin, il se traîna vers nous et parut comme un spectre; mes domestiques prirent soin de lui et se l'attachèrent. J'en fis plus tard mon jockey. Je le ramenai en France et le plaçai chez M. Langlès. En 1828, il vint me revoir, portant la livrée du duc d'Orléans, et me demanda des renseignements sur ses père et mère et sur sa famille. Je lui annonçai la mort de ses parents et l'engageai à retourner dans son pays, où j'étais convaincu qu'il serait propriétaire d'une certaine fortune.

Nous étions à Guttstadt dans cette pénible position, lorsqu'une nuit, c'était le 5 juin, vers 3 heures du matin, le canon frappe mon oreille. Je me lève en toute hâte, j'enfourche mon cheval et me précipite vers le camp (1). A la faible lueur

(1) Prévoyant, d'après certains indices, un mouvement des Russes en avant, Ney avait, au milieu de mai, fait camper ses

de l'aurore, je vois les masses russes qui pénètrent dans les intervalles de notre ligne. Déjà l'un des camps bat en retraite sur Guttstadt; je gagne l'autre camp en tournant la colonne ennemie. Le maréchal Ney, seul, à cheval, m'aperçoit : « Ordonnez, s'écrie-t-il, la retraite sur Puffendorf. » (1)

A plusieurs reprises, je rencontre le maréchal Ney qui me donne différents ordres; dans l'une de ces rencontres, il me dit : « Restez avec moi, vous êtes mon aide de camp, je le dirai à Seroux. » (2) Avec la plus grande difficulté, je parviens à toutes les batteries, et, leur communiquant cet ordre, je fais suivre partout la direction indiquée.

A une lieue en arrière de Guttstadt et des camps, notre corps d'armée put enfin se rassembler; nous

troupes dans des baraques élevées sur leurs positions de défense. *(Note de l'éditeur.)*

(1) Puffendorf, petit hameau situé sur une hauteur, entre Guttstadt et Deppen, à une lieue en arrière de Guttstadt, était une position militaire assez forte. *(Note d'O. Levavasseur.)*

Le nom de ce village ne figure pas dans le Rapport du maréchal Ney, mais bien celui d'Ankendorf, indiqué comme position de repli. — Guttstadt, sur l'Alle, et Deppen, sur la Passarge, sont seulement distants de quatre lieues environ. En luttant et en reculant lentement pendant les deux journées des 5 et 6 juin, sur ce faible espace, et en se maintenant les deux jours suivants en arrière de Deppen, Ney allait donner aux divers corps de l'armée le temps de se réunir. *(Note de l'éditeur.)*

(2) L'état-major de Ney avait alors perdu l'aide de camp de Montesquiou-Fezensac, fait prisonnier par les Russes au mois de mars et qui devait se retrouver plus tard, au début de la guerre d'Espagne, avec O. Levavasseur, auprès du maréchal. Colonel en Russie, général en 1813, duc de Fezensac et général de division pendant la Restauration, il prit sa retraite en 1848 et écrivit ses *Souvenirs militaires de 1804 à 1814. (Note de l'éditeur.)*

n'avions perdu que nos équipages, nos chevaux de main et, je crois, un escadron du 15e régiment de chasseurs. Notre parc d'artillerie, commandé par le colonel d'Aboville, se trouvait dans un village, à une lieue en arrière de Guttstadt, dans une vallée profonde. Ney, inquiet du sort de ce parc, m'ordonna de prévenir d'Aboville qu'il eût à se rendre aussi à Puffendorf. Je partis à la tête d'une compagnie de hussards et bientôt des milliers de Cosaques m'entourèrent en criant « *Hurra! Hurra!* » Mes hussards tenant ferme, je continuai ma marche en bataille en servant de guide aux Cosaques, qui, découvrant le parc, y pénétrèrent avant moi et le firent sauter en ma présence. Je retournai à Puffendorf au milieu de cette même nuée d'ennemis, qui tirait mille coups de pistolet mais qui n'osa cependant crever sur moi, quoique supérieure en nombre. De ce point, nous pûmes voir 50 000 Russes s'établir et nous entourer; les bivouacs ennemis s'installèrent à portée de canon des nôtres. Nous n'avions que 12 à 15 000 hommes à leur opposer pour l'attaque du lendemain (1).

(1) Ce chiffre pourrait paraître exagéré; toutefois le maréchal Ney, dans son Rapport du 5 juin au major-général, donne à peu près le même effectif aux colonnes russes aperçues au cours de sa reconnaissance à la fin de la journée, et s'avançant à la suite de l'avant-garde de Bagration.

Benningsen, après avoir réuni le gros de ses forces auprès d'Heilsberg, aux premiers jours de juin, porta le 5 son principal effort contre les positions avancées du VIe corps, tout en faisant attaquer les corps voisins de Bernadotte et de Soult. *(Note de l'éditeur.)*

Il était nuit; le maréchal se coucha à terre et s'endormit, tandis que toute l'armée était remplie d'inquiétude, préoccupée du danger qui la menaçait en présence de 50 000 hommes qui allaient inévitablement nous foudroyer. Nous admirions cette forte organisation que rien ne pouvait ébranler (1).

Le maréchal s'éveilla dès l'aube : « A cheval, dit-il, il fera chaud aujourd'hui. » Nous partîmes : Ney était suivi du général Seroux, de son chef d'état-major, le général Dutaillis, de l'adjudant-commandant Mallerot, sous-chef, et de ses aides de camp et officiers, formant un groupe d'une vingtaine de chevaux. Se dirigeant vers l'extrême gauche, il s'avança vers la première vedette ennemie, qui tira un coup de fusil.

Au même instant, un boulet de canon part sans nous atteindre. « Levavasseur, dit le maréchal, comptez les pièces. » Et nous parcourûmes ainsi toute la ligne, essuyant le feu des vedettes et celui des pièces. Un boulet traversa notre groupe et coupa la queue du cheval du général Seroux; plus loin, un autre boulet atteignit le général Dutaillis au bras droit et le lui emporta. Un chirurgien en-

(1) On sait que Napoléon lui-même dormait, non seulement la veille d'une bataille, mais pendant la bataille même : il dormit dans la plaine de Wagram et à la journée de Bautzen, sous le feu même de l'ennemi, voyant dans ce sommeil « le précieux avantage d'attendre avec calme les rapports et la concordance de toutes ses divisions. » — Voir *Mémorial de Sainte-Hélène*, t. II. — *(Note de l'éditeur.)*

veloppa l'épaule, et nous continuâmes notre route avec ce général que nous remontâmes sur son cheval. Plus loin encore, un autre boulet renversa le colonel Mallerot. Je descendis pour voir où il était blessé, et ne trouvai aucune marque du boulet; cependant le colonel était mort (1).

Le maréchal Ney aimait à faire de pareilles reconnaissances et il n'y manquait jamais. Lorsque des officiers généraux lui étaient envoyés par l'Empereur, il affectait de causer avec eux sous le plus grand feu de l'ennemi et le sifflement des balles, et je l'ai vu, dans ces pénibles circonstances, étendre sa carte sur la terre et expliquer au général de Napoléon (qui ne l'écoutait guère) les mouvements que l'Empereur devait ordonner et la position de l'ennemi.

Revenus au camp, le maréchal m'ordonna de partir avec dix pièces d'artillerie, de gagner Deppen et de placer ces pièces derrière le pont sur la Passarge, pour protéger la retraite. Je quittai le camp avec une compagnie de chasseurs et quatre pièces de 8, et nous fûmes escortés par des milliers de Cosaques qui ne purent nous entamer. Je plaçai mes pièces en batterie derrière la rivière et je pris sous mon feu la cavalerie qui nous avait suivis.

Sur les midi, je commençai à apercevoir l'ennemi, sur lequel nous ouvrîmes le feu. Depuis le

(1) Les soldats appelaient cela *être tué par le vent du boulet*. (*Note d'O. Levavasseur.*)

matin, j'entendais le bruit du combat engagé avec le maréchal, dont j'aperçus bientôt les lignes descendre dans le plus grand ordre vers le vallon de la Passarge. Il avait formé tout son corps d'armée en carré, pour tirer sur les quatre faces, et l'artillerie aux angles. C'était un carré de fer au milieu de l'ennemi et un spectacle magnifique que cette poignée de monde faisant feu des quatre côtés, s'ouvrant un passage et marchant en combattant au milieu de 50 000 Russes.

Le maréchal Ney, dans cette brillante retraite, profitait de tous les obstacles que le terrain pouvait lui offrir pour barrer le passage à l'ennemi. Il ordonnait à des compagnies de voltigeurs de s'embusquer dans les bois ou les ravins; bravement elles se détachaient et, par des feux roulants, elles arrêtaient la marche des Russes, tandis que toute l'armée battait en retraite. Ces compagnies, dont aucune ne reparut plus, se dévouaient avec enthousiasme à la mort pour nous faciliter la retraite.

Nos troupes, protégées par mon artillerie et faisant une belle et vigoureuse défense, passèrent le cours d'eau, et nous prîmes position en arrière. C'est ainsi qu'attaqués à l'improviste à Guttstadt, où nous séjournions depuis trois mois, et sous le feu de toute l'armée russe, forte de plus de 60 000 hommes, Ney mit deux jours pour faire quatre lieues. Par ce moyen, l'Empereur eut le temps de réunir toute son armée. Il vint, le 8 au matin, à la tête de sa Garde, complimenter le maréchal sur cette brillante retraite (1).

Le 9 juin, l'Empereur ordonna de marcher en avant. Il fit traverser la Passarge à Murat, à Soult et aux différents corps qui étaient venus à notre secours. Le maréchal suivit : nous reprîmes ainsi l'offensive. On poursuivit l'ennemi jusqu'à Heilsberg, où nous arrivâmes le 11, sur les 4 heures du soir. L'ennemi avait entouré cette ville de redoutes et s'y était arrêté pour nous combattre. Attaqué le 10 par Soult et Murat qui nous devançaient, il avait fait une vigoureuse résistance, et la ville d'Heilsberg n'avait pu être enlevée (2).

(1) J'avais rempli, comme on vient de le voir, quelques missions importantes, une notamment que je me rappelle avoir été marquée par un incident curieux.

Un jour, Ney m'envoya au quartier général du maréchal Bernadotte, qui m'invita à dîner. Le cours de la conversation conduisit à parler de la nomination du nouveau prince. Un officier, peu versé dans les connaissances héraldiques, demanda à Bernadotte ce que signifiait son nouveau titre de prince de Ponte-Corvo et à quel grade il correspondait, si c'était plus qu'un général, qu'un colonel ou qu'un capitaine. « Je suis prince, répondit Bernadotte, parce que dans une monarchie, il faut des rangs et certaines prééminences sociales; je suis prince dans l'ordre civil, comme vous êtes colonel, capitaine, lieutenant dans l'ordre militaire; mais les dignités civiles n'ont aucun rapport avec les grades militaires. » L'armée vit la nomination de Bernadotte et celle des autres maréchaux avec regret : elle avait accepté avec plaisir l'*Empereur de la République;* elle ne pouvait montrer le même empressement à reconnaître les princes de la nouvelle monarchie. (*Note d'O. Levavasseur.*)

(2) Benningsen, qui s'était replié, dès le 8, sur son camp

Toutes les maisons de la campagne étaient converties en ambulances où les chirurgiens opéraient les blessés. Nous bivouaquâmes sur le champ de bataille et j'appris qu'un grand nombre de mes camarades avaient été tués. Pendant la nuit, je fus pris par le froid et je ne trouvai d'autre moyen pour m'en préserver que de me blottir dans une écorce de sapin qui déjà avait servi de lit à un Russe; mais je pensai périr de froid dans ce frêle abri. Lavillette, aide de camp du général La Riboissière, arrivant de Dantzig, nous apporta d'excellent vin de Bordeaux : nous bûmes tous à la santé de Lavillette. Je ne dois pas oublier de dire que je retrouvais une deuxième fois le brave Heymès, dont j'avais arrêté l'avenir chez le général Seroux; il fut encore obligé, à cause de moi, de quitter l'état-major du maréchal Ney et de reprendre ses fonctions auprès du général Seroux.

Le lendemain de la bataille d'Heilsberg, l'armée française, refaite par les ressources en chevaux que nous offraient le Holstein et le Hanovre, grossie par les nombreuses recrues arrivées de France et qui vinrent se confondre avec nos vieux braves, prit de nouveau l'offensive. L'Empereur envoya le

retranché d'Heilsberg, ne l'abandonna que le 11 au soir et le 12 au matin pour se porter par la rive droite de l'Alle vers Friedland, d'où il pouvait faire sa jonction avec les Prussiens. Napoléon, pour le couper de Kœnigsberg, allait donc porter le gros de l'armée vers le nord par Eylau et pousser Lannes, avec la Réserve d'infanterie, sur la droite vers Friedland. *(Note de l'éditeur.)*

général Gardanne auprès du maréchal Ney pour connaître les dispositions de l'ennemi. Ney monta à cheval et fit avec lui une ronde près de toutes les vedettes, qui nous lancèrent des coups de fusil. C'est en leur présence et au milieu des balles, qui sifflaient à nos oreilles, qu'il mit pied à terre et qu'il expliqua au général Gardanne comment il entendait que les retranchements fussent tournés. Mais nos colonnes marchèrent et l'ennemi se retira.

Tous les jours, vers les 4 heures de l'après-midi, on le retrouve, on le charge. Dans un de ces mouvements, Brunel, gendre du général Seroux et aide de camp comme moi, me dit en me montrant sa bouteille de rhum : « Allons! Levavasseur, les bons enfants ne mourront pas! En avant! » L'un et l'autre, piquant des deux, nous nous lançons dans une charge de cavalerie, mais nous sommes bientôt ramenés au galop. Je courais dans la plaine auprès de Brunel. Mon cheval saute un fossé, le sien s'arrête et le voilà percé de mille coups de lance! Après une séparation de moins de dix minutes, je rejoins le général : « Où est Brunel? » me demande-t-il. Je ne dis rien : tous mes camarades me regardent et comprennent que Brunel est perdu; le général insiste encore; mon silence lui répond. « Levavasseur, reprend Seroux, allez le voir, et tâchez de me rapporter l'anneau de ma fille. » J'exécutai l'ordre, mais je retrouvai mon infortuné camarade entièrement dépouillé : il n'avait plus son anneau!

Nous nous mîmes en route le lendemain 12, en continuant à presser l'ennemi. Enfin nous arrivâmes au centre de la Pologne.

Pendant ces différentes marches, Napoléon passait le long des colonnes d'infanterie : il observait avec le plus grand soin de ne pas gêner le soldat dans sa course pénible, car le soldat, quoique l'aimant beaucoup, ne le ménageait pas par ses propos. Il faisait un temps effroyable, et j'entendis, une fois, dire en présence de l'Empereur : « Il devrait bien prendre des soldats de bonne volonté. » Un autre répondait : « Il n'en aurait guère. » — « Chien de métier, disait un troisième, il lui en faut plus de cent mille par an. » — « Dis donc deux cent mille », reprenait un autre interlocuteur. Des paroles de ce genre frappaient fréquemment l'oreille de l'Empereur qui en riait ainsi que nous.

J'ai souvent remarqué que, dans les grâces qu'il distribuait aux militaires qui s'étaient distingués, l'Empereur récompensait encore plutôt les services que ses officiers devaient lui rendre que les services qu'ils avaient rendus, et qu'il n'avait aucun sentiment d'humanité. Des militaires transportaient un jour devant lui, sur les derrières, leur officier blessé. « Sera-t-il estropié? » demanda-t-il en passant. — « Oui, Sire », lui fut-il répondu. — « Allons, faites rejoindre, faites rejoindre », dit-il aux officiers qui l'entouraient, et ces braves militaires furent contraints de déposer à terre leur blessé et de rejoindre leur compagnie.

Le sentiment d'indifférence s'était communiqué à toute l'armée et au dernier des soldats. La vue des champs de bataille, le spectacle continu des morts et des blessés, couchés sur la terre ou remplissant les abris environnants, finissent par rendre le militaire insensible et inhumain. Tel était ce soldat qui, entendant un de ses camarades pousser des cris d'agonie, lui disait grossièrement : « Veux-tu te taire ! » Un autre, arrachant les souliers d'un moribond, disait en lui caressant ironiquement le visage : « Il faut mourir là, mon ami. » Il est affligeant de dire que cette disposition d'esprit et le mépris de la mort aidaient à remporter la victoire.

Fidèle à l'usage que j'ai adopté de donner quelques détails sur la manière de vivre de l'armée, je joindrai ici des renseignements concernant les subsistances des états-majors.

Dans l'état-major, la vie militaire offre mille avantages. Les officiers de ce corps bivouaquent rarement. Les généraux occupent les meilleurs logements, dans lesquels ils trouvent amplement à se faire servir au moyen des seules ressources de la maison. Si parfois ils tombent sur un point où manquent les provisions, ils emploient celles que contiennent les fourgons; ils ont en outre part aux distributions de viande sur pied que l'armée peut se procurer; les cuisiniers et chefs d'office s'arrangent toujours pour que la bonne chère ne fasse jamais faute.

En mission, l'aide de camp prend place selon les circonstances à la gamelle du soldat ou à la table du général auquel il est adressé. La table du maréchal Ney était sous les ordres de son intendant Rayer. Le personnel de l'office était fort nombreux. Les fourgons contenaient toujours des approvisionnements considérables. M. Auguié, beau-père du maréchal et administrateur des postes, veillait de Paris à ce que rien ne manquât au bien-être de son gendre à l'armée. Aussi, au fond de la Pologne, la table du maréchal était-elle servie comme elle eût pu l'être en France. Son cuisinier, d'ailleurs, avait un talent merveilleux pour faire un dîner de quinze ou vingt plats, sans autres ressources qu'un bœuf qu'il métamorphosait de vingt manières différentes.

Dans ces moments difficiles, où l'on arrivait tard au bivouac, souvent en présence de l'ennemi, ce n'était guère que vers les 2 ou 3 heures du matin que le dîner se trouvait prêt. On s'éveillait alors en sursaut et l'on mangeait. Dans la halte, Rayer faisait arrêter les fourgons pour distribuer les provisions. Nous fûmes rarement privés de café et d'eau-de-vie.

Le maréchal Ney, admettant à sa table un grand nombre d'officiers, mangeait presque toujours seul. Quelquefois, il occupait sa place à la table de ses aides de camp, mais sa présence imposait une certaine retenue. C'est à l'armée surtout qu'est observé le principe qui veut que, pour conserver une autorité et un commandement sur ses semblables, il ne faut pas se familiariser avec eux. Un supérieur se trouve conduit à trop de sévérité ou à trop de bonté quand il partage les repas de ses inférieurs. Aussi, en France, ne souffre-t-on pas que les officiers de différents grades vivent ensemble. Il en est autrement, dit-on, à l'étranger.

L'ennemi avait fait la grande faute de choisir pour champ de bataille la position de Friedland, ayant derrière lui la rivière de l'Alle.

Nous arrivâmes, dès le matin du 14, en vue du clocher de Friedland (1). Toutes les lignes ennemies étaient formées; la Garde impériale russe occupait notre droite, entre l'Alle et un grand ravin qui la séparait entièrement du reste de l'armée

(1) Le maréchal Ney, qui s'était arrêté, le 13, au nord d'Eylau, reçut pendant la nuit l'ordre de se porter sur Domnau, en soutien de Lannes (Grenadiers d'Oudinot et division Verdier), dont la cavalerie avait été chassée de Friedland dans la soirée.

A son arrivée, le 14 dans la matinée, vers Posthenen, Ney massa ses troupes dans le bois de Sortlack (au sud de Friedland et sur la rive gauche de l'Alle), à la droite de Lannes, pendant que Mortier (VIIIe corps) se portait à la gauche.

A midi, l'Empereur atteignait Posthenen (2 kilomètres à l'ouest de Friedland), avec la Garde suivie du Ier corps (Victor). Il envoyait ses ordres pour l'attaque générale qu'il ne voulait lancer qu'avec toutes ses forces réunies et dont le signal ne fut donné qu'à 5 heures du soir : le VIe corps eut mission de se porter sur Friedland, en formant à la droite l'aile marchante de l'armée, le VIIIe corps servant de pivot. *(Note de l'éditeur.)*

commandée par Benningsen, lequel était en face de notre centre et de notre gauche.

Nous prîmes ainsi position : Ney entre le ravin et l'Alle, en présence de la Garde russe, et l'Empereur dans la plaine, vis-à-vis de Benningsen. Nos troupes brûlaient d'entrer à Friedland. En ligne et à portée de fusil de l'ennemi, on les retint, couchées sur leurs sacs, jusqu'à 6 heures du soir. L'Empereur attendait-il l'arrivée de nouvelles forces pour livrer bataille, ou bien était-ce par crainte d'une défaite et pour que l'ennemi ne pût tirer de sa victoire tous les avantages qu'une bataille livrée le matin offre aux vainqueurs? Je ne sais.

Enfin arriva l'ordre d'attaquer. Tous les soldats se levèrent en criant : « Vive l'Empereur! En avant! A Friedland! En avant! »

Notre artillerie commença son feu, et les cent pièces de canon ennemies, vomissant les obus et la mitraille, firent sauter nos caissons; la fumée nous couvrait et masquait à nos yeux les masses déployées. Le maréchal Ney ordonna la marche en avant en bataille, l'arme au bras : les boîtes à mitraille éclataient sur nos têtes et faisaient un cliquetis affreux dans les fusils élevés; les officiers excitaient les soldats et les poussaient en criant : « En avant! en avant! » Dans cette marche et dans cette fumée, la 3e division, commandée par le général Bisson, obliqua trop à droite et laissa ainsi un intervalle dans lequel la cavalerie du grand-duc Constantin pénétra en la sabrant et la mettant en déroute (1). D'autres régiments obliquant aussi trop à droite, le maréchal m'ordonna de les faire appuyer à gauche. Je cours à l'un d'eux : « Appuyez à gauche, dis-je au colonel, faites appuyer à gauche. » Mais pendant que je lui parle, un boulet l'enlève. Un commandant met aussitôt son chapeau au bout de son épée en criant : « Vive l'Empereur! En avant! » Un second coup arrive et le commandant tombe sur les genoux, les deux jambes coupées. Un capitaine lui succède et fait à grand peine exécuter le même mouvement. Enfin, le maréchal Ney, ayant poussé ainsi ces braves jusqu'à vingt pas des canons ennemis, fit faire sur eux un feu nourri, qui tua presque tous les canonniers sur leurs pièces, et, continuant notre marche précipitée, nous refoulâmes l'ennemi dans la ville. Nos soldats y firent une boucherie et culbutèrent l'ennemi dans l'Alle qui se couvrit en un instant de voitures, de chevaux et d'hommes qui s'engloutirent. On ne sait le nombre de nos blessés dans cette affaire : ils jonchaient la plaine. Chacun portait sur soi des marques du feu ennemi; on se retrouvait, on s'embrassait. Cependant, malgré la prise de la ville, la bataille n'était pas gagnée.

(1) Plus exactement la 2e division, ancienne 3e, à la tête de laquelle le général Bisson avait remplacé au mois de mars le général Gardanne, relevé par Ney de son commandement. — Le VIe corps ne comprenait encore à Friedland, outre la brigade de cavalerie légère Colbert, que deux divisions d'infanterie, la 3e, non constituée, n'étant représentée que par la brigade Brun (25e et 31e légers). *(Note de l'éditeur.)*

Benningsen faisait encore résistance vis-à-vis de l'Empereur, séparé de l'ennemi seulement par un ravin, et nous éprouvions des pertes de ce côté. Toutefois, l'Empereur ayant battu l'armée ennemie sur les autres points, elle se retira vers le soir. « Mais, disait l'Empereur, Benningsen est pris; sa retraite n'est possible que par Wehlau, et là, il rencontrera Murat. » L'Empereur vint voir le maréchal, l'embrassa et le complimenta sur le coup de main hardi qu'il avait exécuté. Dans cette affaire, le brave général Marchand se couvrit aussi de gloire.

Le lendemain, nous marchâmes sur Wehlau à la poursuite de Benningsen. Mais Murat, désireux de gagner Kœnigsberg, s'était élancé vers cette capitale, et Benningsen put effectuer sa retraite par le pont que nous trouvâmes coupé à notre arrivée. Ney m'ordonna de chercher un gué dans la rivière. Je suivis le cours pendant quelques instants, et, apercevant quelques petites vagues, je me persuadai qu'elles couvraient un bas-fond où nous pourrions passer. Je fis approcher mon cheval du bord; je le piquai, il se jeta dans l'eau, et bientôt, baigné jusqu'à la ceinture, je fus forcé de l'abandonner au courant; il rejoignit l'autre bord à la nage. Je revins au pont par l'autre rive, convaincu qu'il n'existait aucun gué, et je retournai vers le maréchal par le pont, lorsqu'il fut rétabli. On se remit bientôt en avant à la poursuite de l'ennemi, trop loin de nous pour être atteint.

Nous traversâmes le beau pays de la Lithuanie.

A Gumbinnen, le maréchal Ney vit passer des chasseurs du 10e, qui emmenaient avec eux des chevaux magnifiques, parmi lesquels s'en trouvait un de couleur isabelle qui fixa ses regards. Ces chevaux avaient été pris par Colbert dans un des haras du roi de Prusse. « Levavasseur, me dit le maréchal, allez dire à Colbert de me céder ce cheval; je lui en donnerai en échange un autre de mes écuries. » Colbert s'empressa de se rendre au désir du maréchal, et l'échange fut fait. Le lendemain, le maréchal, au sortir de Gumbinnen, voulut monter ce bel animal. Nous longions une colonne de cavalerie; le cheval du roi de Prusse ne marchait que par bonds et par sauts; le maréchal voulut le maîtriser en le mettant au galop : en une heure, nous fîmes l'étape entière. Au bout de cette course, le maréchal me dit : « Levavasseur, tenez, prenez ce cheval, je vous le donne. »

Enfin, nous apprenons qu'une entrevue doit avoir lieu entre les deux empereurs à Tilsit (1). Nous étions établis dans une des propriétés du prince Sapicha, dont le château est un immense bâtiment n'ayant qu'un rez-de-chaussée, couvert en chaume et construit avec des sapins en grume superposés. Cet extérieur agreste cachait un intérieur des plus riches, où nous trouvâmes toutes

(1) L'entrevue de Tilsit eut lieu le 25 juin et la paix fut signée le 8 juillet. Napoléon partit pour Paris le lendemain et le maréchal Ney le 18. *(Note de l'éditeur.)*

les merveilles de la civilisation moderne. Le maréchal se rendit au quartier général et revint, me rapportant ma commission d'aide de camp; elle était en date du 20 juin (1).

J'entends mystérieusement prononcer le mot Paris par le valet de chambre du maréchal et j'en augure que le maréchal va retourner vers la capitale. J'entre dans son cabinet et lui dis : « Monsieur le maréchal, vous allez vous rendre à Paris sans doute. Permettez-moi d'y aller de mon côté; soyez persuadé que je me trouverai, au premier ordre, partout où ma présence sera nécessaire. » — « Ne parlez, dit-il, à personne de ce secret; faites-vous donner cent louis par mon intendant, et partez sans mot dire. » Je quittai donc l'armée sans même prévenir mes domestiques, et, à l'aide de voitures de réquisition, je me rendis à Varsovie. Arrivé dans cette ville et m'occupant de rechercher des moyens de transport, je rencontrai X....., aide de camp du général Pernety, qui me déclara avoir la même permission que moi. Nous achetâmes immédiatement une de ces petites calèches à barreaux, dont on se sert en Pologne. Nous nous mîmes en route en prenant des chevaux et des

(1) Voir en tête du volume la Commission d'aide de camp, signée du maréchal Berthier et datée de Tilsit le 20 juin 1807. *(Note de l'éditeur.)*

vivres de réquisition que personne ne songeait à refuser à ma qualité d'aide de camp du maréchal Ney.

Cependant, chaque relais demandait une négociation plus ou moins longue; aussi mîmes-nous quinze jours pour traverser la Pologne, la Prusse et tout le pays de Bade. Ma grosse malle devait être restée à Strasbourg; je pouvais revenir par Francfort et Mayence, mais je voulais faire ce détour pour reprendre mes effets. Ils étaient perdus. Chez les selliers de Strasbourg se trouvaient une infinité de voitures, laissées en passant par les généraux qui s'étaient rendus en Allemagne; à chacune de ces voitures était attachée une étiquette portant ces mots : *Voiture de retour*. On nous en confia une et nous voilà en marche sur Paris. Parvenus dans la plaine de Lunéville, un postillon ivre, qui nous avait fait attendre, promit de nous faire regagner le temps perdu. Aussi, prenant le galop dès son départ, au milieu de la nuit et pendant que nous étions endormis, il nous conduisit ventre à terre jusqu'au moment où nous nous réveillâmes en nous sentant culbutés. La voiture brisée, les chevaux et le postillon renversés, nous donnèrent un embarras qui ne se termina que plusieurs heures après. De Lunéville à Paris, point d'accident. Mon compagnon de voyage me quitta à Meaux, ne voulant point avoir de discussion avec le propriétaire de la voiture brisée; je payai grassement le postillon pour qu'il allât dételer ses chevaux sans mot dire dans la cour de ce propriétaire : je n'en entendis plus parler. Accablé de fatigue, je me rendis chez le restaurateur Beauvilliers. Y étant connu, je fus assailli d'une foule de questions sur les événements qui venaient de s'accomplir. Après quinze jours et quinze nuits passés dans un mouvement si précipité, un premier repos fit tant d'effet sur moi qu'après avoir conté nos combats je m'évanouis : on me transporta sur un lit. Bientôt je revins à moi et je fus rendu tout entier aux nombreux plaisirs et aux grands événements qui se passaient à Paris. Alors continuaient avec plus d'éclat que jamais les grands jours de l'Empereur.

CHAPITRE IV

LA GUERRE D'ESPAGNE EN 1808 ET 1809

1808. — Mon séjour à Paris pendant l'hiver 1807-1808. — Splendeur des fêtes de l'époque. — Je suis rappelé par le maréchal Ney. — Entrée en Espagne : combat de Durango (octobre). — Réflexions sur l'Espagne. — Combat sous Bilbao et entrée dans la ville. — Combat de Logrono : j'enlève la place avec deux compagnies de voltigeurs (26 octobre). — Poursuite de Castaños ; marche sur Madrid et séjour dans la capitale. — Marche contre l'armée anglaise de Moore : passage de la Sierra de Guadarrama ; combat de Benavente (29 décembre) ; les transports.

1809. — Séjour à Astorga ; mission auprès du maréchal Soult, en marche sur la Corogne. — La franc-maçonnerie dans les armées. — Départ de l'Empereur. — Séjour du maréchal Ney à la Corogne (février-mars-avril) : mesures contre le pillage. — Occupation de la Galice : notre vie à l'état-major ; nos distractions. — Marche contre La Romana, par Santiago et Banos. — Retour à la Corogne : mission auprès du général M. Mathieu ; animosité des Espagnols. — Nouvelle expédition contre La Romana et prise d'Oviedo (18 mai). — Mission auprès du roi Joseph, à Madrid. — Marche de Ney sur Lugo et entrée dans la ville (30 mai). — Retour à la Corogne. — Évacuation de la Galice et retraite vers Salamanque, puis vers Madrid après la bataille de Talaveyra (28 juillet). — Mon retour en France, en congé.

1808

De 1807 à 1808, nous passâmes un hiver charmant. La reine Hortense, le duc de Feltre, le maréchal Lannes, tous les ministres donnaient à l'envi des fêtes. Le célèbre Garat, les belles cantatrices Colbrand, Catalain et Duchand y apportaient le tribut de leurs ravissantes voix. On se quittait bien avant dans la nuit, et l'on se retrouvait une heure après au bal de l'Opéra. Les princes de Saxe-Cobourg, Czernichew, les aides de camp de l'empereur de Russie, suivaient alors ces réunions avec tout l'empressement d'étrangers sevrés depuis longtemps du plaisir de voir la France. Les hommes se rendaient au bal avec leur costume de ville; les femmes seules étaient vêtues de dominos noirs ou roses. Grâce à ce déguisement, les intrigues les plus graves et les plus folles à la fois trouvaient à se déployer. La diplomatie amoureuse et la diplomatie politique se servaient l'une à l'autre d'auxiliaires. Telle dame, que l'on connaissait à peine de vue dans le grand monde, se faisait un malin plaisir de vous attaquer et le cavalier, sans avoir même le temps de pousser un soupir, se trouvait en bonne fortune. Ces rencontres se terminaient habituellement dans les mystérieux cabinets de l'hôtel d'Archambault.

Pendant le jour, tous les illustres hôtes que j'ai nommés venaient chez le maréchal Ney dont les salons étaient continuellement remplis par les Flahaut, les Canouville, les Colbert, et ornés des plus jolies femmes de la Cour. Nous allions aussi fort souvent aux cercles de l'Empereur. Ils étaient des plus splendides. Je n'oublierai pas le bal où vingt-quatre dames figuraient les vingt-quatre heures de la journée; elles étaient vêtues de couleurs observant les dégradations insensibles de la lumière, selon les heures qu'elles représentaient. Six heures du matin s'empourprait comme l'aurore; six heures du soir se teignait des jaunes clartés du crépuscule; minuit, couvert d'une parure de jais, était noire comme le sommeil, tandis que midi, blanche et lumineuse comme un archange, rayonnait de feux. Mais, plus que les diamants, l'amour de Napoléon faisait resplendir sur son front un éclatant diadème. Les vingt-quatre heures dansèrent seules au même quadrille devant toute la Cour, qui remplissait les loges de la salle de spectacle. Jamais on n'avait vu tant de richesses, de gloire et d'amour (1).

J'allai passer une bonne partie de la belle saison à ma campagne de l'Églantier, me flattant d'avoir trouvé pour quelque temps le repos. C'était une vraie illusion. Pendant que je me livrais aux jouissances les plus paisibles, de nouvelles tempêtes s'amassaient dans le lointain et venaient, par intervalles, retentir jusque dans ma solitude. J'apprenais la catastrophe d'Aranjuez, la chute du Prince de la Paix, le voyage de l'Empereur à Bayonne, la disgrâce de Talleyrand, la double abdication de Charles IV et de Ferdinand, l'élévation de Joseph, roi de Naples, au trône d'Espagne; puis je savais que l'Espagne, indignée, s'était

(1) Au mois de mars de 1808, le lieutenant O. Levavasseur épousa à Paris Mlle Barbe Delorme. *(Note de l'éditeur.)*

levée tout entière comme un seul homme; que des juntes d'insurrection appelaient la population aux armes; que les Anglais, toujours prêts à profiter de nos malheurs, avaient débarqué à Cadix et à Lisbonne; enfin, il me semblait entendre sur tous les points de la Péninsule le tocsin sonner contre les Français. Un courrier ne tarda pas à venir m'apprendre le départ précipité du maréchal Ney pour l'Espagne et à m'apporter l'ordre de me rendre sur la frontière auprès de lui.

Nous étions en août. Le général Dupont venait d'être enveloppé par Castaños dans les défilés de Baylen et la capitulation honteuse du 22 juillet avait suivi cet événement. Le roi Joseph, à peine entré dans sa capitale, s'était vu obligé de la quitter et de se retirer sur Vittoria, où notre armée défaite se replia. Menacé par l'ennemi qui le débordait en manœuvrant sur ses deux ailes, le roi perdait chaque jour quelque partie de son royaume. Ce fut alors que le maréchal Ney entra en Espagne.

Déjà, différents passages dans les Pyrénées avaient été marqués par des assassinats, celui de Mondragon surtout; tout homme isolé qui traversait ces routes périlleuses succombait. Le duc d'Elchingen ayant fait éclairer sa marche par des voltigeurs, ceux-ci ramenèrent des bandits armés que le maréchal fit pendre aux branches des arbres bordant la route. Ainsi, comme pour donner une idée de la guerre acharnée que nous allions entreprendre, cette Espagne, si vantée et si belle, nous apparaissait le front ceint d'une guirlande de cadavres.

Arrivés à Vittoria, nous apprîmes que la division du général espagnol, marquis de La Romana, qui était en Danemark dans nos rangs, avait déserté nos armées pour voler à la défense de son pays et était débarquée sur des vaisseaux anglais, le 30 septembre, à Santander, au nombre de 9 000 hommes. Ce nouveau renfort allait encore accroître dans une proportion redoutable les forces de nos ennemis.

Le maréchal prit le commandement d'un corps d'armée avec lequel nous nous rendîmes en toute hâte vers Durango, où nous trouvâmes l'armée de Galice que nous battîmes et que nous rejetâmes sur Bilbao (1).

Dès lors, tout ce que je vis excita mon intérêt. Dans les pays que j'avais précédemment traversés, la civilisation des habitants m'avait paru différer peu de la civilisation française. L'Allemagne, tou-

(1) Le maréchal Ney allait reprendre en Espagne le commandement du VIe corps, reconstitué avec ses deux anciennes divisions (généraux Bisson, puis Lagrange et Marchand) et la nouvelle division Dessolle. Les troupes, arrivant au mois d'octobre tant de France que d'Allemagne, autour de Vittoria, et celles repliées sur l'Èbre avec le roi Joseph, durent former l'armée d'Espagne : Ier corps (Victor), IIe (Soult), IIIe (Moncey), IVe (Lefebvre), VIIe (G. St-Cyr), Réserve de cavalerie (Bessières), la Garde arrivant en poste, puis V[e] corps (Mortier) et VIIIe (Junot) se réorganisant encore en France.

Le combat de Durango, suivi de la prise de Bilbao, ne fut que le résultat d'une pointe poussée par Ney avec les premières de ses troupes réunies à Vittoria au commencement d'octobre. *(Note de l'éditeur.)*

chant à notre frontière, a dû prendre quelque chose de nos habitudes, et réciproquement. Les mœurs et les manières des peuples gagnent de proche en proche de Paris jusqu'à Varsovie; seulement elles se modifient par le climat, par la religion, par les lois.

Quant à l'Espagne, rien n'est semblable à ce qui se remarque ailleurs. A quatre lieues de Bayonne, on se croirait à mille lieues de la France. Peu de plaines, mais un territoire onduleux et toujours couronné à l'horizon par de hautes montagnes; des ruisseaux aux nombreuses cascades, mais point d'usines pour les utiliser; au sommet, des rochers, des maisons ou plutôt des nids d'aigles, construits du temps des Maures, mais, sur les flancs des coteaux, plus de ces villages ni de ces habitations éparses qui donnent au paysage l'animation et la vie; une terre toujours prête à produire, mais jamais cultivée; les moutons et les taureaux sauvages en foulent seuls la bruyère éternelle; la puissance de la nature partout, la force de l'homme nulle part, excepté aux environs des villes, car la main nonchalante d'un Espagnol ne s'étend pas plus loin, excepté sur quelques routes, ouvrages du Prince de la Paix, véritables allées de jardins bordées par des genêts toujours en fleurs. Dans ces bourgs, espacés à quatre ou cinq lieues de distance, une population, rare et vêtue uniformément d'habits tissés avec la laine brute des troupeaux, s'assemblant régulièrement chaque jour au soleil, au nombre de plusieurs milliers, et attendant le signal de la cloche du couvent voisin, pour aller y chercher dans des écuelles sa subsistance. Sur les places, invariablement entourées de colonnades et de balcons, immenses arènes où se donnent les combats de taureaux et les sérénades, une foule accroupie qui emploie toute son énergie à travailler de toutes ses mains sur toutes les têtes à l'extinction de la vermine, tels furent les contrastes qui m'occupèrent d'abord, et, pour ajouter à l'étrangeté de ce spectacle, le premier général que nous rencontrâmes avait pour uniforme une longue soutane noire et le crucifix à la main.

A Bilbao, un combat acharné s'engagea près de la ville; les moines commandaient les troupes et voulurent en vain se défendre dans leur couvent transformé en citadelle; nous entrâmes dans les remparts. Mais, dès lors, nous vîmes la différence qui existait entre cette invasion et nos invasions précédentes : là, tout nous était offert avec cordialité, ici tout était à enlever de vive force.

D'après les lois de la guerre, toute ville, qui se défend et se laisse prendre sans capitulation, tombe, par le fait, au pouvoir du soldat. Il appartient aux généraux, de concert avec les magistrats, de rétablir l'ordre le plus promptement possible et de régulariser l'impôt frappé sur les habitants; mais, lorsque les magistrats abandonnent la cité, aucune règle ne peut être prescrite pour les besoins de l'armée : chacun pourvoit aux nécessités de sa position; chaque soldat étant obligé de fouiller chaque maison pour trouver sa subsistance, il est impossible d'empêcher les excès qui résultent de ce désordre et ce désordre se manifeste à un plus haut degré encore, lorsqu'on entre dans une ville riche où il n'y a aucun habitant. Quelle situation effrayante pour un vainqueur que celle de se voir dans une ville dont toutes les habitations sont fermées, où il n'y a plus même ni femmes, ni enfants, ni vieillards!

Telle fut notre surprise en entrant dans Bilbao. L'armée resta l'arme au bras dans les rues pendant une demi-heure, attendant une démonstration quelconque de la part d'un représentant de la cité; mais cette attente fut trompée. Alors, il fallut bien donner l'ordre de loger; il fallut enfoncer les portes des maisons; nous en trouvâmes l'intérieur intact; le feu du foyer brûlait encore. Nous mangeâmes le repas préparé pour les maîtres du logis; le lit était prêt à nous recevoir. Le maréchal s'installa chez l'amiral Massaredo, rallié à Joseph et son ministre de la marine.

Nous restâmes ainsi pendant quelques jours, tâchant de ramener les habitants dispersés dans les montagnes; souvent ils envoyaient près de nous des domestiques pour voir ce que devenaient leurs propriétés.

Le 22 octobre, nous étions cantonnés aux environs de la Guardia, faisant face à l'Èbre. Bientôt, nous apprîmes que Castaños manœuvrait par notre gauche et que déjà il s'était emparé de Logrono (1). Nous partîmes et, faisant une marche précipitée, nous arrivâmes, le 25, en vue de cette ville, dont l'Èbre, très large, et un pont nous séparaient. Vingt mille Espagnols bordaient la rive opposée et nous présentaient de nombreuses batteries. Nous nous rangeâmes en bataille : on attaqua; mais ce combat d'artillerie sans engagement d'hommes ne put avoir de résultat. La nuit vint; nos troupes et notre artillerie gardèrent leurs positions. Mais, sur les 3 heures du matin, le maréchal m'appela et me dit : « Je veux enlever la ville de vive force dès le point du jour, la rivière doit être guéable, tâchez de trouver un gué. » Je partis; je fis part de ma mission aux divers généraux et au commandant d'artillerie Boulard. Je priai un colonel d'infanterie de me faire suivre par une compagnie de voltigeurs; plus loin, passant près d'un autre régiment, je demandai de même une seconde compagnie : j'étais donc suivi par 200 hommes.

(1) Les Anglo-Espagnols, forts du souvenir de Baylen, ne songeaient à rien moins qu'à envelopper l'armée française sur la rive gauche de l'Èbre, autour de Vittoria, en avançant leur aile droite (Palafox) sur Pampelune, l'aile gauche (Blake et La Romana) sur Bilbao, le centre (Castaños) marchant par Logrono, sur l'Èbre.

Napoléon, désireux de voir les Alliés s'engager ainsi à fond, avait interdit toute opération avant son arrivée, mais le roi Joseph, inquiet, disséminait ses forces dès la fin d'octobre en les poussant en avant : ainsi se produisirent les affaires de Logrono, conduite par Ney, avec la seule division Dessolle, de Lérin sous Moncey et un nouveau combat à Durango (31 octobre) sous Lefebvre. *(Note de l'éditeur.)*

Favorisé par l'obscurité de la nuit, je pénètre dans une gorge, près du chemin qui longe la rivière. Je descends de cheval, et, apercevant la tête du pont sur ma gauche, je marche silencieusement vers ce point : les deux premières arches sont coupées. A la clarté des bivouacs, j'aperçois une vedette à l'autre extrémité du pont ; le bouillonnement des vagues m'indique que les pierres des arches rompues ont presque entièrement comblé la rivière dans cet endroit. Je marche en me baissant ; mes voltigeurs, défilant par un, descendent comme moi, en silence. En moins de dix minutes, l'intervalle est rempli par ces hommes qui déjà s'y pressent ; de la première arche, nous passons à la seconde, puis, nous aidant les uns les autres, nous nous hissons sur le pont en dérobant notre marche à l'aide des tourelles placées sur chaque pile. Quand tout le monde est monté, je crie « En avant ! » et tous les soldats répètent ce cri ; ils s'élancent à la tête du pont en faisant une fusillade et en poussant des hurras qui réveillent en sursaut l'ennemi et le mettent dans le plus grand désordre. Mes hommes font feu et se lancent sur plusieurs directions dans la ville. Cependant, prévoyant que l'effort des Espagnols pourra se porter sur le pont et voulant d'ailleurs ménager une retraite à mes soldats, j'arrête une vingtaine d'entre eux et je reste quelque temps à attendre, redoutant le massacre des autres voltigeurs dispersés, si l'ennemi se rallie et revient de sa surprise ; mais, aucun mouvement ne se faisant de mon côté, je prends le parti de traverser la ville avec mes vingt soldats, et, parvenu au dehors, j'aperçois l'artillerie fuyant à toute bride et le reste de l'armée gagnant la campagne. Ainsi, 20 000 hommes protégés par une large rivière, dont les bords étaient garnis d'une artillerie nombreuse, surpris au milieu de la nuit, ont fui devant 200 hommes! Dans cette circonstance, j'avais agi par inspiration et sous ma propre responsabilité, sachant qu'un ennemi surpris inopinément est à moitié vaincu.

Au jour, Ney vint au pont : au lieu d'une ville à prendre, il trouva une ville prise et il fit passer sa cavalerie au gué. La découverte d'une traînée de poudre placée dans une petite auge en bois, qui devait être allumée par la vedette et communiquer le feu à des tonneaux placés le long du pont dans les tourelles, nous révéla seulement alors le danger que nous avions couru!

Ney, après avoir poursuivi l'ennemi à plusieurs lieues et fait un grand nombre de prisonniers, s'établit à Logrono : nous y restâmes quelque temps et y apprîmes qu'un corps d'armée anglais, commandé par le général sir John Moore et débarqué à la Corogne, marchait à notre rencontre.

L'Empereur, sa Garde et l'élite de l'armée française entrèrent alors en Espagne, gagnèrent Vittoria, le 5 novembre, et l'ordre fut donné de se porter en avant. Ney reçut celui de se diriger vers Madrid par la route de Calatayud et les gorges du Jalon, en appuyant l'extrémité de notre aile gauche aux montagnes de l'Aragon vers Tudela. Nous avions en présence les généraux Castaños et Palafox à Logrono et sur les frontières de l'Aragon.

Après une longue marche, nous enlevâmes à Castaños, Soria, l'ancienne Numance; nous ne parvînmes que le 25 à Tudela, où l'armée française venait de battre Palafox. Puis nous nous portâmes d'Agreda sur Tarazona, pour faire notre jonction à Borja avec le général Maurice Mathieu. De là, nous suivîmes à marches forcées les colonnes de Castaños qui se retiraient sur Valence; nous franchîmes Calatayud et ses gorges; nous nous emparâmes de Medina-Celi et enfin, nous parvînmes à huit lieues de Madrid, dans la jolie ville de Ponte-Vedra.

Là, je trouvai une fabrique de drap fin, appartenant au duc de l'Infantado, l'un des grands qui cherchaient à faire sortir le royaume de sa torpeur, en lui imprimant un mouvement industriel. Nous profitâmes de cette circonstance pour renouveler notre équipement, et nous adoptâmes comme uniforme un pantalon de drap rouge magnifique, taillé à la façon des Mameloucks. Plus tard, les officiers de l'état-major de l'Empereur, jaloux de ce beau vêtement, le prirent pour eux et l'on nous donna l'ordre de le quitter.

Le 1er décembre, le corps entier du maréchal Ney fit sa jonction avec l'armée du centre par Guadalaxara et Alcala. Le lendemain, jour anniversaire d'Austerlitz et du couronnement, nous arrivâmes avec l'Empereur en vue de Madrid; 6 000 hommes de troupes régulières occupaient cette capitale avec 50 000 paysans armés. Napoléon voulut sommer la ville de se rendre ; mais nos parlementaires furent repoussés à coups de baïonnette. Aussi, le 3, l'Empereur fit attaquer le Retiro et s'en empara. Là, nouvelle sommation, et nouveau refus. Cependant, Napoléon, voulant ménager la ville où devait régner son frère, attendit que l'émotion causée par son approche pût être apaisée. Madrid enfin se rendit et nous y fîmes notre entrée : quelques jours après, des députés de tous les corps constitués vinrent au quartier général de Chamartin, où l'Empereur était resté avec son frère, prêter au roi Joseph serment de fidélité (1).

(1) L'Empereur, dès son arrivée à Vittoria, voulut faire assurer les ailes par Victor et Lefebvre à la droite, Moncey à la gauche sur l'Èbre, et déboucher au centre avec Soult, Ney, la Garde et la majeure partie de la cavalerie pour se porter sur Madrid. Le 10 novembre, Soult, poussé en avant, enlevait Burgos, puis il remontait vers les Asturies à la poursuite de Blake, rejeté, les 11 et 12, d'Espinosa par Victor.

Ney, aussitôt appelé à Burgos, avec les divisions Marchand et Dessolle, fut, dès le 14, envoyé sur Soria, pour de là couper et poursuivre Castaños. Mais le maréchal, « craignant cette fois d'être trop téméraire », resta trois jours à Soria (22, 23, 24 novembre), laissa échapper l'Espagnol, battu le 24 à Tudela par Lannes avec Moncey, et alla se joindre à la division M. Mathieu et au corps de Moncey pour investir Saragosse, où s'enfermait Palafox.

L'Empereur donna pour garde au roi les ducs de Bellune, de Dantzig, et la cavalerie de Lasalle, Milhaud et Latour-Maubourg. Jourdan fut nommé major-général et le général Dessolle commandait l'infanterie de la Garde. A Madrid, nous apprîmes toutes les victoires remportées par l'armée impériale. Bessières, Soult, Victor, Lefebvre et Lannes avaient, ainsi que Ney, culbuté les armées espagnoles maintenant dispersées dans les montagnes; les Anglais opéraient leur retraite.

Nous étions vus d'un fort mauvais œil par la population; chaque Espagnol ruminait des projets de vengeance. Ils ne doutaient pas de nos revers à venir : « Les Arabes, disaient-ils, sont restés chez nous six cents ans : ils ont été chassés. Vous serez chassés comme eux, et comme eux vous périrez tous. » Puis, s'adressant à moi : « Quant à vous, monsieur, ajoutaient-ils, vous éprouverez le

Le maréchal fut alors rappelé par l'Empereur en hâte sur Madrid; Victor, la Garde, avec la cavalerie de Lasalle, les dragons de Lahoussaye et de Latour-Maubourg, arrivaient devant la capitale, après le brillant combat de Somo-Sierra (30 novembre).

On voit par cet exposé que Ney, quittant seulement le 2 décembre les environs de Saragosse, poussant devant lui les débris de Castaños et passant par Calatayud et Guadalaxara, ne put être à Madrid avant le 14 et n'y entra pas avec l'armée de l'Empereur, le 4, comme le dit O. Levavasseur.

Est-ce oubli ou erreur de l'auteur? Ou plutôt n'a-t-il pas voulu passer sous silence la faute de son chef vénéré, s'attardant à Soria pour marcher à tort sur Saragosse? Faute que Napoléon lui-même ne reprocha que doucement à Ney, en lui faisant écrire qu'il le mettrait bientôt « *à même de réparer tout cela* ». — (Voir lettre du major-général à Ney à Guadalaxara, 8 décembre.) *(Note de l'éditeur.)*

même sort que les autres et nous vous plaignons ». Telle a toujours été l'opinion de ce peuple pendant notre occupation.

Quant aux femmes, lorsqu'on les rencontrait hors de la présence d'un de leurs compatriotes, elles répondaient et souriaient à nos regards, et, pourvu qu'on leur évitât d'être le moins du monde soupçonnées, elles laissaient voir qu'elles restaient étrangères aux répugnances politiques; autrement le poignard faisait justice de nos témérités.

Cependant les Anglais, sous la conduite de John Moore, s'avancent sur la Castille; ils sont en force et déjà leur avant-garde a dépassé Astorga et se porte sur Valladolid. Le maréchal Soult se dirigeait pendant ce temps vers la Galice, en marchant par les Asturies. L'Empereur, voulant couper la retraite de l'armée anglaise, partit le 22 décembre du quartier impérial de Chamartin, près de Madrid; il ordonna au duc d'Istrie et au maréchal Ney de traverser la chaîne du Guadarrama et de se diriger par Villa-Castina sur Benavente et Astorga (1).

(1) Ney quitta Madrid le 20 décembre avec les divisions Marchand et M. Mathieu : les dragons de Lahoussaye devaient le suivre, puis les divisions Dessolle, Lapisse et la Garde. L'Empereur espérait lancer cette masse contre le flanc des Anglais, engagés de front avec Soult, mais dès le 23, à Sahagun, Moore fut averti par les Espagnols et se décida à la retraite vers l'Océan. *(Note de l'éditeur.)*

Déjà notre tête de colonne avait dépassé la montagne et était descendue à Villa-Castina. Ney m'envoya porter un ordre; j'arrivai au pied de la côte par un temps effroyable; une neige et un vent terribles s'opposaient à notre passage. Toute la colonne, enlevée et coupée par un coup de vent, redescendait en désordre la montagne et chacun m'arrêtait en disant : « On ne passe pas! » Je continuai néanmoins ma route, et, malgré les cris des soldats et des officiers, j'arrivai à l'extrémité de la colonne. Devant moi s'ouvrait un étroit passage, entre des rochers où s'engouffrait le vent le plus brutal que j'aie jamais eu à combattre. Comment braver cette tourmente? Pour mieux résister au froid, je prends un verre d'eau-de-vie avec mon chasseur; j'ordonne à cet homme de se mettre à la tête de mon cheval, et, m'attachant d'une main à la queue de l'animal, je le force, par mille coups, à se porter en avant. Tandis que je le suis, courbé sur la terre, j'aperçois sur ma gauche, dans un précipice, des chevaux, des voitures, des hommes renversés par le vent et roulés dans la neige. Le même sort m'était réservé peut-être...; encore quelques pas... Pourtant le passage est franchi et j'éprouve un calme parfait. Mais voilà qu'en descendant la montagne, la chaleur factice, que m'avait procurée l'eau-de-vie, se transforma en un froid mortel qui me pénétra dans les entrailles, au point que je pus à peine gagner la ville, et, s'il avait fallu faire une lieue de plus, j'aurais succombé.

Je remis au général l'ordre dont j'étais porteur, et, le lendemain, l'Empereur et son armée, passant par le Guadarrama, vinrent nous rejoindre. C'est sur les cimes neigeuses du Guadarrama que se trouve un château où le roi d'Espagne vient prendre le frais pendant les grandes chaleurs de l'été (1). Ce passage dangereux, où j'avais failli périr, s'appelle le passage du Lion et prend son nom d'une statue colossale de ce quadrupède que l'on voit en haut de la gorge : ce nouveau sphinx défie les voyageurs.

Nous continuâmes notre route sur Benavente, où nous devions passer l'Esla, pour prendre en flanc droit l'armée anglaise et espagnole, tandis que le maréchal Soult allait l'attaquer en tête sur la route de la province de Galice. Parvenus le 29 décembre au pont de Benavente, nous vîmes qu'il était coupé, et que la cavalerie anglaise, aux ordres des lords Page et Hewart, était en bataille derrière la rivière. On ordonna à Lefebvre-Desnouettes de passer cet obstacle, avec trois escadrons de chasseurs de la Garde, et d'attaquer l'ennemi. Ce brave général lança sa troupe à la nage dans le courant rapide; un grand nombre de chasseurs furent entraînés et noyés, mais enfin la plupart d'entre eux, parvenus à l'autre rive, se remirent en bataille, et nous les vîmes charger avec intrépidité les Anglais qui prirent d'abord la fuite. Mais bien-

(1) Le fameux palais de l'Escurial. *(Note de l'éditeur.)*

tôt leur cavalerie ramenait la nôtre au galop, et précipita sous nos yeux les chasseurs dans la rivière. Dans cette malheureuse affaire, Lefebvre-Desnouettes fut fait prisonnier; nous recueillîmes à notre état-major, pour en partager le périlleux service, ses deux aides de camp. Le pont étant rétabli, on continua la marche en avant sans rencontrer l'ennemi.

Le retard éprouvé au Guadarrama pendant deux jours, le temps qu'il fallut pour le rétablissement du pont de Benavente, firent échouer la manœuvre ordonnée par l'Empereur. Arrivé à Benavente le 30, il dépassait ce point et suivait le général Moore, dont nous ne vîmes que l'arrière-garde. Notre brave général Colbert, en tête avec ses chasseurs et ses hussards, était déjà sur la grande route de Galice; nous arrivâmes non loin d'Astorga à un embranchement dont la colonne du maréchal Soult interceptait l'entrée à notre infanterie. Le maréchal Ney m'envoya prier Soult d'arrêter la colonne, afin de pouvoir prendre la tête, selon le rang qui lui avait été assigné; mais le duc de Dalmatie refusa d'obtempérer à cette invitation et continua sa marche. Par suite de ce mouvement, notre avant-garde, commandée par Colbert, devint la sienne. Le maréchal Ney, mécontent, séjourna dans Astorga et cessa d'appuyer son collègue.

Pendant ce voyage, nous éprouvâmes combien les transports sont difficiles en Espagne : on employait tour à tour des charrettes, des mulets et des ânes. Les charrettes étaient attelées de bœufs et les roues de ces voitures tournaient avec l'essieu qui, par son contact avec le corps de la voiture, produisait un son semblable au braiment de l'âne. Qu'on se figure l'agréable symphonie résultant du passage d'un convoi pareil! Les animaux étaient tellement habitués au cri de leurs essieux qu'il n'était plus possible de les faire marcher s'ils cessaient de l'entendre. Le maréchal, ayant pitié de nos oreilles, ordonna qu'on graissât les voitures : aussitôt tous les bœufs s'arrêtèrent. Les mulets servaient à la généralité des transports. Presque tous les bagages prenaient place sur le dos de ces animaux. Le vin même, qui s'entonne dans des peaux de bouc dont on a imprégné la partie poilue dans du goudron, et que l'on a retournées après avoir noué les quatre pieds, voyageait de cette manière. Les muletiers désignaient leurs mulets par des noms et des grades militaires, tels que *la colonella, la capitanna, la lieutenanna, la généralla;* ils en avaient grand soin et les paraient de plumets, de grelots et d'une foule d'ornements. Ils grondaient ces mulets comme ils eussent fait d'un palefrenier et les menaçaient en disant : « La colonella, je te retirerai ton grand plumet et tes grelots; je t'attacherai derrière la voiture et tu resteras là comme un poltron, comme un grand lâche devant tout le monde. » Et la colonella, pour éviter cette humiliation, se mettait à marcher de plus belle. Quant aux ânes, ils se comportaient avec leur docilité et leur intelligence ordinaires.

La Garde impériale exerçait dans les logements une prépondérance marquée. Il était fort désagréable de se trouver en contact avec elle. Tout semblait devoir lui être dévolu; partout, les soldats se faisaient donner double ration. Il en était de même à l'égard des divers services qui dépendaient d'elle. Un jour, un convoi d'ânes fut présenté à l'intendant militaire, et les conducteurs demandèrent leur ration. L'intendant leur délivra des bons de simple ration; alors les conducteurs s'écrièrent : « Nous sommes les ânes de la Garde! » — « C'est différent, dit l'intendant, ânes de la Garde, rations de mulets. » — Le mulet, par son grade supérieur parmi les animaux de bât, était à l'âne ce que la Garde était à la ligne. Ce mot fit fortune dans l'armée de ligne qui répétait, toutes les fois qu'elle se retrouvait avec la Garde impériale : *Anes de la Garde, rations de mulets.*

1809

L'Empereur, arrivé à Astorga, le 2 janvier 1809, y donna au maréchal Soult l'ordre de poursuivre l'armée anglaise dans sa retraite sur la Galice et d'empêcher, s'il était possible, son embarquement à la Corogne. Le duc de Dalmatie se mit sur-le-champ en mouvement pendant que nous restions à Astorga.

Le 3 janvier, le maréchal m'appela le soir et me dit : « Levavasseur, allez auprès du maréchal Soult; voyez ce qui se passe dans son corps, et, si vous jugez que ma présence lui devienne nécessaire, venez m'avertir. »

Le maréchal envoya de suite chercher un guide : cet homme sortit avec moi d'Astorga; je marchais derrière lui. Il me fit prendre le chemin des montagnes, et nous cheminâmes ainsi pendant quatre ou cinq heures au milieu de l'obscurité profonde. Après cet intervalle, un convoi de voitures vient à passer : je ne fais aucun doute qu'il n'appartienne au maréchal Soult. Bientôt après j'aperçois la lueur d'un camp; ce fait confirme ma première observation.

En ce moment et, sans que cela excite mon attention, mon guide s'échappe; je continue ma route et m'approche d'un village rempli de feux de bivouac; là seulement, je reconnais des Espagnols, et je m'aperçois de la trahison de mon guide. En maudissant ce traître, je mets pied à terre, et, tenant mon cheval par la bride, je passe près d'un groupe de paysans ameutés contre des soldats qui s'étaient emparés de leurs moutons. Je rends grâce à cette bagarre, et m'adressant à un paysan : « *De undé el camino del Villa-Franca, signor?* (Où est le chemin de Villa-Franca, monsieur?) » lui dis-je. Le paysan, trop occupé dans ses affaires pour seulement me regarder : « *Pourraï, pourraï* (Par ici, par ici), » me répond-il en m'indiquant une direction avec la main. Je répétai cette demande plusieurs fois à d'autres paysans qui me répondirent par les mêmes paroles et les mêmes signes. Enfin je m'échappai de ce camp; ce n'était rien moins que celui de La Romana qui, ne voulant point faire retraite sur la Galice, s'était séparé du corps anglais. Qu'allais-je devenir, tout à fait égaré et ne pouvant risquer une question sans me faire connaître? Je prends au hasard le premier sentier tortueux qui se présente... Mon cheval s'arrête tout à coup, immobile, en regardant une masse informe, couverte de neige. Je descends : quelle est mon horreur et ma pitié en découvrant, sous une couche épaisse, un hussard français enveloppé dans sa couverte et placé sous sa selle. J'essaie de relever ce malheureux, mais il ne peut ni se soutenir ni me parler. Me trouvant hors d'état de le secourir, je ne puis que le replacer sous l'abri qu'il avait choisi. Ensuite, je reprends ma marche...

A peu de distance, je trouve un cheval embarrassé de sa bride : c'est celui du pauvre hussard. Plus loin je rencontre une maison; je m'arrête, laisse mon cheval à la porte, et, décidé à tout, j'entre. J'entends des cris et le choc des bouteilles; j'ouvre la porte d'une chambre; j'aperçois dix ou douze dragons ou hussards espagnols attablés et buvant; parmi eux, se trouvaient quelques uniformes français. Me croyant suivi d'une nombreuse troupe, tous ces soldats se levèrent effrayés; je disparais, aussi effrayé qu'eux, et, convaincu que j'étais tombé dans une embuscade de *guérillas*, je remonte à cheval et m'éloigne précipitamment. Les rebuts des deux armées se réunissaient ainsi quelquefois pour faire la guerre aux deux partis et les piller pour leur propre compte.

Enfin, le jour étant venu, et guidé par plusieurs renseignements que me donnèrent les paysans, je parvins jusqu'à une ville que je crus reconnaître pour celle de Ponte-Ferrada. Appréhendant d'y trouver les troupes de La Romana ou de Moore, je tournai sur ma droite, et enfin, après bien des obstacles, j'arrivai sur une grand'route où je rencontrai des traînards du maréchal Soult. Je parvins à Villa-Franca vers les 10 heures du matin, le 4. Là, j'appris la mort de notre brave général Colbert, tué la veille sur la grand'route, en dehors de la ville. Atteint d'une balle au front par des tirailleurs anglais, Colbert fut renversé au moment où il allait mettre son régiment en bataille. Son brave aide de camp Latour-Maubourg reçut dans le dos une balle; on le porta de suite à un logement où il resta plus de trois semaines sans faire de mouvements; il mourut dans nos bras au moment où nous voulions le relever.

Le maréchal Soult, qui m'accueillit, me fit déjeuner avec lui et à côté de mon ancien camarade Lecaron de Troussures; le lendemain, il se remit en marche et je cherchai à rejoindre le maréchal Ney.

Pendant ce temps, l'armée anglaise, poursuivie par le duc de Dalmatie, opérait à marches forcées sa retraite sur la Corogne. Soult, serrant de près cette armée, la chassa vers Lugo, vers Castraburgo, et l'accula enfin à la Corogne, où aucun bâtiment n'était arrivé pour la recevoir (1). Le 16 janvier, le duc de Dalmatie fit une attaque dans laquelle le général sir John Moore fut tué. Les vaisseaux anglais parurent enfin et reçurent, les 17 et 18, les débris de cette brillante armée. Soult n'entra que le 20, et après plusieurs sommations, dans les murs de la Corogne.

Cependant, j'étais retourné de Villa-Franca auprès du maréchal Ney, qui était resté en arrière, par ordre de l'Empereur, pour contenir avec son corps d'armée les troupes espagnoles dispersées dans les Asturies. Je le rencontrai en route. Dans Cacabellos, où nous entrâmes, pas un habitant ne parut : les hangars, les écuries, les maisons étaient remplis de chevaux anglais tués à coups de pistolet ou ayant les jarrets coupés à coups de sabre. Nous marchâmes et gagnâmes Villa-Franca, Lugo et enfin la Corogne. Dans l'une de ces marches, nous rencontrâmes quelques troupes espagnoles que nous chargeâmes avec impétuosité.

Une fois, ces troupes se retirèrent sur le village

(1) De fait, Soult n'opéra cette poursuite qu'avec une certaine lenteur par suite de l'état des chemins et sans jamais demander l'appui de Ney; John Moore, après l'avoir attendu trois jours à Lugo (6, 7 et 8 janvier), se replia sur la Corogne, où il arriva le 11 et se prépara à la bataille. *(Note de l'éditeur.)*

de *** à travers lequel nous les poursuivîmes. Un officier du génie espagnol était placé dans un clocher d'où, avec une longue-vue, il cherchait à reconnaître au loin les positions. Au moment où nous arrivâmes, il descendait et me rencontra le premier. Aussitôt, il se mit à genou, faisant une foule de gestes franc-maçonniques. Je dois saisir cette occasion pour parler de la franc-maçonnerie à l'armée. A mon entrée au régiment, on m'avait demandé si j'étais franc-maçon. Presque tous mes camarades étaient pourvus de grades dans l'institution; les jeunes officiers s'empressaient de se faire recevoir et ils subissaient des épreuves très rigoureuses, dont le récit faisait souvent les frais de nos conversations de table. Comme le but réel de la franc-maçonnerie était caché aux nouveaux initiés et qu'aucun n'était indiqué, seul, peut-être, de tous les officiers du régiment, j'avais cru devoir m'abstenir : je narguais même mes camarades au point que si, plus tard, j'eusse voulu me faire recevoir, j'aurais été signalé au corps entier et soumis à des épreuves redoutables. La franc-maçonnerie n'était pourtant pas sans utilité. On sait que les rois et les princes, ne pouvant détruire cette organisation puissante, avaient pris le parti de s'y faire affilier, ainsi que leur famille. A l'armée, la promesse de se porter assistance et secours devenait très utile à l'occasion : entre ennemis même, on fraternisait. La franc-maçonnerie était vivement poursuivie par les inquisiteurs espagnols, qui ne parvinrent jamais à la détruire entièrement. Elle existait aussi en Portugal avec plus de développement.

Nous avons laissé l'Empereur à Astorga. Ce fut dans cette ville que Napoléon apprit qu'une nouvelle coalition, tramée entre la Russie et l'Autriche depuis nos premiers revers en Espagne, et achetée par l'or de l'Angleterre, venait d'éclater. L'Empereur, qui avait rétrogradé vers Valladolid, était parti précipitamment de cette ville, le 17 janvier, pour la France. Lannes, Bessières, Lefebvre, et beaucoup d'autres ne tardèrent pas à le suivre. Il laissait en Espagne Soult, Ney et Masséna, privés dès lors de combattre sous ses yeux (1).

L'Empereur veillait à ce que chacun de ses maréchaux n'eût aux yeux du soldat et de la France une réputation qui pût lui porter ombrage. Aussi, lorsqu'un maréchal s'était couvert de gloire et que le mérite du succès semblait lui être acquis, ce maréchal était-il tenu à l'écart pendant les affaires qui allaient suivre. C'est ainsi que Soult pour Austerlitz, Lannes pour Iéna, et Ney pour Friedland furent successivement éloignés de lui jusqu'à ce

(1) Avant de quitter l'Espagne, Napoléon avait prescrit un repos à l'armée, en attendant la fin du siège de Saragosse, et avait préparé l'entrée solennelle de Joseph à Madrid (22 janvier). Ney devait cependant rester en Galice pour en achever la soumission. *(Note de l'éditeur.)*

que d'autres, ayant acquis une égale part de gloire, eussent des droits à un égal éloignement. Il pratiquait Machiavel; il avait tué moralement Moreau.

Le maréchal Soult, après l'embarquement des Anglais, s'était dirigé vers le port du Ferrol qu'il prit le 27 janvier; de là, il se rendit en Portugal, où il avait l'ordre d'entrer. Quel était le sens caché de la mission qu'il allait accomplir? On pourra l'apprécier plus tard. Le maréchal passa à Santiago, traversa le Douro à Orenza, entra en Portugal, et établit son corps d'armée à Porto, seconde capitale du royaume. Quant au maréchal Ney, il s'établit à la Corogne.

Pendant les longues marches qui avaient précédé, la discipline s'était gravement altérée; les soldats avaient pris des habitudes de pillage fort difficiles à extirper. Peu de jours après notre arrivée, le maréchal donna à tous les généraux l'avis que des distributions de vivres seraient faites désormais régulièrement et qu'en conséquence tout pillard serait fusillé; ces ordres furent publiés. Le surlendemain, on m'amena deux grenadiers qui avaient enlevé dans une église une de ces petites écuelles d'argent destinées à recevoir les offrandes. Je demandai aux grenadiers ce qu'ils avaient prétendu faire de cette écuelle. « Aplati, me dirent-ils, cela vaut encore six francs... Après cela, crever aujourd'hui ou demain, n'est-ce pas la même chose? » Et ils marchèrent avec insouciance à la mort. Le passage subit du désordre à la discipline paraissait à nos soldats hérissé de difficultés; ils avaient mille peines à se persuader que ce qui était encore permis la veille ne l'était plus le lendemain.

Ney, voulant occuper toute la Galice, divisa son corps d'armée entre les villes de Mondoñedo (Maurice Mathieu), Lugo (Fournier-Sarlovèze), Santiago (Maucune). Bientôt toutes les communications entre ces différents points et notre quartier général de la Corogne furent interceptées, tant par la population insurgée que par La Romana. La correspondance avec Madrid fut même interrompue. Plusieurs officiers étaient envoyés au roi Joseph : ils ne revenaient pas. Nous restâmes six mois dans cette fâcheuse situation d'isolement, sans aucune nouvelle de la France, ni de Madrid.

A la Corogne, du moins, la population n'avait pas abandonné ses foyers; mais elle n'était pas, pour cela, plus favorable aux Français. Le maréchal Ney, installé dans l'hôtel du Gouvernement, bâtiment magnifique faisant face à la mer, s'efforçait de réunir aux soirées du palais les principaux habitants, employant tous les moyens pour attirer et compromettre dans notre cause des personnes marquantes. Il leur disait qu'il fallait se montrer à lui comme ami ou comme ennemi. Il obtint ainsi l'adhésion du duc de ***, grand d'Espagne, et de plusieurs notabilités de la ville.

J'étais logé chez la marquise de Belesta, dont le

mari était général au service de La Romana. La marquise recevait une brillante société, au milieu de laquelle je me plaisais On jouait le soir au *bassiga,* sorte de jeu de cartes du genre de l'impériale. J'avais remarqué, dans cette maison, une jeune Américaine dont le mari paraissait fort jaloux. Toute entreprise galante ou même de simple courtoisie nous semblait pourtant interdite par les événements tragiques qui se passaient chaque jour : on trouvait fréquemment des officiers français assassinés dans les rues. Il n'en coûtait qu'une piastre, donnée à un matelot espagnol sur le port, et qu'un geste désignant la victime, pour que, le soir, elle reçût, sans savoir même d'où il était lancé, un poignard dans le cœur. Notre camarade Duhamel périt de cette manière. Mme de Belesta, voulant m'épargner le même sort, me prévint que le mari de ma jeune Américaine avait dit qu'on se débarrasserait de moi; elle me conseilla, en conséquence, de ne plus m'occuper de la belle étrangère et de supprimer même mes sorties du soir.

Le maréchal aimait peu le jeu; cependant il passait pour fort aux échecs, à tel point que le fameux Deschapelles, le premier des joueurs de notre époque, crut devoir venir de France se mesurer avec lui. Notre temps se passait à des parties d'écarté. Il y avait plus de 40 000 francs en or dans notre état-major; cet or passait tour à tour dans chaque main. On empruntait au gagnant qui, deux jours après, était réduit à emprunter lui-même à son débiteur de la veille. Ce ne fut qu'au moment du départ de la Corogne que l'on connut les véritables victimes.

Le colonel Jomini, notre chef d'état-major, avait auprès de lui son frère, attaché comme capitaine (1). Un jour, dans une querelle de jeu, ce jeune homme se permit de donner un soufflet au capitaine de La Chasse de Vérigny, qui voulut tirer raison de cette insulte. Nous nous opposâmes à une rencontre, à cause de l'estime que de Vérigny nous inspirait, et nous chassâmes ignominieusement le capitaine Jomini, de la Corogne (2).

Clouet, peu de temps après notre arrivée, s'était brouillé avec le maréchal : il partit pour la France avec vingt chasseurs de Berg. Arrivé près des Pyrénées, il changea d'avis, et, deux mois après, il était revenu, ayant parcouru l'Espagne en partie avec ses vingt chasseurs. Le maréchal, ayant tout oublié, lui avait dit de reprendre son service.

(1) Jomini, d'origine suisse, était entré en 1804 à l'état-major de Ney, mais avait été souvent au cours des campagnes détaché auprès de l'Empereur. A la suite de difficultés avec Ney en Espagne, il se retira, fut nommé aide de camp d'Alexandre mais bientôt rappelé par Napoléon. Il quitta définitivement l'armée française en 1813 et fit, en 1815, d'inutiles efforts pour sauver Ney. Voir sur Jomini la fin du chap. V. *(Note de l'éditeur.)*

(2) Le capitaine de La Chasse de Vérigny avait été aide de camp de Moreau. Mis en non-activité lors de la disgrâce de son général, il rentra au service dans l'état-major de Ney, lors du départ pour l'Espagne. Il y remplissait les fonctions de sous-chef; c'était un officier de grand mérite. Il périt en 1835 par la machine de Fieschi. *(Note d'O. Levavasseur.)*

Clouet avait un talent de chanteur hors ligne; le maréchal, à sa prière, fit venir les castrats et les musiciens de Santiago, dont la réputation était fort grande. Grâce à la réunion de ces artistes, nous eûmes des soirées de musique sacrée fort remarquables (1).

Nous avions spectacle trois fois par semaine. On jouait des opéras; les entr'actes étaient remplis par des danses espagnoles accompagnées de castagnettes. Le *fandango* surtout nous frappa par

(1) A notre état-major se trouvaient en outre deux officiers, qui y avaient été envoyés par l'Empereur. L'un était Esménard, frère de l'auteur du poème sur *la Navigation*; l'autre, Bory de Saint-Vincent. Ces deux officiers avaient chacun une mission particulière en dehors du service actif, auquel ils n'étaient pas assujettis. Esménard, qui avait précédemment habité l'Espagne, communiquait avec les habitants et éclairait le maréchal sur tout ce qui se passait en dehors des mouvements militaires. Ses connaissances locales, ses notions sur les mœurs espagnoles, le mettaient en rapport avec une foule de personnes qui pouvaient renseigner le duc d'Elchingen et l'aider à prendre une direction.

Bory de Saint-Vincent avait une facilité merveilleuse pour la levée à vue des plans. Dans un territoire aussi ondulé que celui de l'Espagne et où les positions étaient si difficiles à déterminer, cette faculté était bien précieuse. Souvent Bory montait à cheval et parcourait un rayon de deux ou trois lieues; il dressait un plan avec une telle perfection qu'on aurait cru que son travail était gravé. Bory savait en outre se faire remarquer par son patriotisme et son esprit. Dans nos soirées, il se plaisait à attirer notre attention sur un sujet sérieux; il entamait un discours sur la matière, puis, quand il avait captivé ses auditeurs, il aimait à les égarer dans des digressions qu'il parsemait de traits et de récits incohérents, sachant allier les mots, les lieux, les choses les plus contraires, sans jamais cesser de se faire écouter. C'était une sorte d'éloquence dans laquelle il excellait; c'était, si je puis m'exprimer ainsi, l'éloquence de la *blague*. Bory, en quittant l'état-major du maréchal Ney, fut attaché à celui de Soult et là il devint colonel. (*Note d'O. Levavasseur.*)

l'extrême liberté des attitudes, et peut-être parce que les danseuses outraient leurs rôles. Un jour, nous apprîmes qu'il existait une autre danse plus singulière encore, appelée le *sorongo*, et nous la demandâmes. Toute la salle appuya la proposition et retentit d'applaudissements. A la vue des pas et des gestes des danseuses, nous fûmes vraiment surpris qu'on pût permettre de pareilles danses en public. A la représentation suivante, il y eut foule; et les jeunes officiers demandèrent de nouveau le *sorongo*. Le général Marcognet, qui commandait la place, assistait au spectacle; il crut devoir prendre la parole et défendre aux danseuses de commencer le pas. Un tumulte effroyable suivit et force fut au général Marcognet de céder aux tapageurs. Le lendemain, nouvelle scène, jusqu'à ce que, enfin, le maréchal se crut obligé d'interposer son autorité et de décider que cette danse serait donnée une dernière fois.

Nous étions tellement bloqués, que nos hommes ne pouvaient s'écarter de la ville à une portée de fusil sans courir les plus grands dangers; toute correspondance était interceptée.

Un jour, Mme de Belesta me dit, sous le sceau du secret, qu'une personne avec laquelle je m'étais entretenu la veille dans son salon, était un aide de camp de La Romana, déguisé et venu pour lever une contribution d'hommes et d'argent. Cet officier ne tarda pas à se présenter; je l'appelai dans l'embrasure d'une fenêtre. « Monsieur, lui dis-je, je sais qui vous êtes et ce que vous faites ici. Sortez immédiatement de la ville, je vous épargnerai; mais je mets à mon silence une condition, c'est de me faire parvenir une lettre en France. » Étonné et tremblant, l'aide de camp me promit tout. J'écrivis de suite, en sa présence, une lettre qu'il prit, puis il s'enfuit. Je sus, de la personne à qui j'avais adressé ma lettre, que cet officier lui en avait écrit une pour lui dire que les circonstances l'avaient forcé de déchirer ma missive, mais il donnait de mes nouvelles. Cette lettre, remise à Bordeaux par un parlementaire anglais, était parvenue décachetée par l'entremise du préfet de police de Paris.

Sur ces entrefaites, Maucune prévient que La Romana, en forces, manœuvre sur la rive droite du Douro, entre le maréchal Soult et nous. Le maréchal Ney ordonne une sortie : mais quelle est la terreur des amis que nous avons faits parmi les habitants! Plusieurs d'entre eux, redoutant les vengeances populaires, se décident à nous suivre.

Nous marchons sur Santiago et nous entrons dans cette ville, où les pèlerins de tous les pays ont coutume de se rendre (1). Je visitai la cathédrale, dont l'autel et les colonnes qui le décorent sont en argent massif. Des candélabres de sept à huit pieds de hauteur, en même métal, forment dans la nef une avenue éclatante qui conduit au

(1) Santiago ou Saint-Jacques de Compostelle en Galice. *(Note de l'éditeur.)*

sanctuaire, où se trouve la statue colossale de saint Jacques, énorme masse d'argent. Le saint, qui lançait naguère par ses yeux les feux du diamant, est aveugle aujourd'hui.

Nous continuâmes notre route sur Toui et arrivâmes à Banos, ville célèbre autrefois par les bains d'eau chaude que les Romains fréquentaient : à notre passage, la ville regorgeait de vin dont nos troupes s'emparèrent. Comme aux noces de Gamache, on en vit couler des ruisseaux dans les rues.

Pendant ce voyage, le maréchal s'occupait avec un tendre intérêt de la duchesse; un de mes camarades s'était déclaré le chevalier de la fille aînée, et je protégeais moi-même la cadette, belle grande fille de dix-sept ans, aux longs yeux noirs, à la taille svelte, dont le teint cuivré laissait voir couler dans ses veines le sang des Maures, et qu'à cause de cela mes camarades appelaient du surnom moqueur et gracieux à la fois de *bâton d'ébène*.

Nous nous efforçâmes, à Banos, d'égayer ces dames et notre état-major. Le soir, après que la chaleur était passée, on commençait les rondes nationales, et elles duraient longtemps dans la nuit.

Ce fut à Banos que je vis une Française arriver à cheval et demander le maréchal Ney. C'était celle qui, depuis, s'est nommée *la Contemporaine*. Cette femme disparut bientôt; ce qu'elle dit du maréchal dans ses Mémoires est de pure invention.

En avant de Banos, je fis, avec le général Digeon, une reconnaissance. Nous arrivâmes sur l'un des côtés d'une anse formée par la mer. Là, étant près d'une maison, nous essuyâmes les bordées des canons anglais placés sur des vaisseaux qui, pour arrêter le passage de nos troupes, s'étaient placés dans l'anse; à partir de la maison, la route suivait exactement les sinuosités de la mer, en contournant l'anse. Je crus devoir aller chercher une position pour notre artillerie de l'autre côté de l'anse, afin de pouvoir, par des feux croisés, éloigner les bâtiments anglais. Je me portai donc seul au galop vers cette position malgré le feu des vaisseaux ennemis, et je revins de la même manière. C'est dans ce passage périlleux et dans cette reconnaissance que le général Digeon me vit pour la première fois sous le feu : son intérêt pour moi date de cette époque.

L'ennemi ne put tenir devant nous; il s'enfuit, et nous rentrâmes à la Corogne après cinq à six jours d'absence.

Vers le mois de mars, j'étais le quatrième officier à marcher; le colonel Fontaine, l'un des aides de camp de Lefebvre-Desnouettes, et d'Albignac, me précédaient. Sur les 8 heures du soir, le maréchal appelle le colonel Fontaine; il lui donne un ordre pour sortir de la ville. Une demi-heure s'écoule, le maréchal mande le second officier : il a une mission semblable. Je voyais arriver avec inquiétude mon tour de marche; je n'étais plus que le second. Le maréchal appelle l'officier à marcher : d'Albignac se présente et a aussi une mission au dehors. Le maréchal se couche, et, vers minuit, il demande encore son officier à marcher : « C'est moi, monsieur le maréchal. » — « Levavasseur, me dit Ney, je suis informé par un prêtre espagnol, entretenu à ma solde, que La Romana et tout son corps d'armée sont en marche sur Mondoñedo; que déjà il approche de cette ville. Maurice Mathieu y commande, mais il a toute sa division répartie par bataillons dans les villes environnantes; les bataillons seront infailliblement pris si le général Mathieu n'est pas averti assez à temps pour pouvoir les réunir et faire face à l'ennemi. Déjà, j'ai envoyé trois officiers mais je ne puis dormir en repos. Partez vous-même et tâchez de vous rendre à Mondoñedo; prenez avec vous les troupes dont vous croyez avoir besoin. »

Je sortis, et, ne voulant pas embarrasser ma course par une suite trop nombreuse, je me bornai à prendre avec moi un vieux hussard de l'escorte bien monté; puis, afin de n'avoir point à me garer sur mes deux flancs, je me décidai à longer la mer par le chemin du Ferrol. J'avais ainsi à parcourir plus de quinze lieues.

Monté sur ma mule, je chemine; mais à trois lieues de distance, mon hussard me fait observer que son cheval est déferré, qu'il boite et ne peut plus suivre... Je lui ordonne de retourner et je continue seul. Cependant, à six lieues de là, il faut passer une rivière; j'appuie vers Villalba et j'y entre; mais une division de La Romana occupe la ville : plus de 3 000 hommes encombrent la place. Enveloppé soigneusement dans mon manteau, monté sur ma mule, je traverse sans m'arrêter cette foule de soldats; je gagne la plaine, et, après mille dangers, j'arrive à Mondoñedo chez le général Maurice Mathieu qui déjeune tranquillement. Aucun des trois officiers envoyés avant moi n'était parvenu. Le général donne sur-le-champ les ordres nécessaires pour la réunion de ses troupes et, dès qu'elle sont réunies, on se met en marche sur l'ennemi.

C'est dans cette marche avec Maurice Mathieu que je fus témoin d'un de ces faits qui montrent à quel point était parvenue l'animosité de nos soldats contre les Espagnols.

Le succès d'une guerre d'invasion dépend souvent du motif qui la fait entreprendre. Si la nation s'associe à la lutte de son gouvernement, elle est invincible, car que sont les armées auprès d'un peuple entier, lorsque chaque habitant croit devoir à sa patrie la mort d'un ennemi? Tel est le sentiment qui animait contre nous la nation que nous avions à combattre. Nos soldats, de leur côté, saisissaient toutes les occasions de rendre guerre pour guerre : à défaut de prétexte pour faire fusiller les habitants, ils en inventaient. Leur mettant des cartouches dans la poche, leur frottant les mains de poudre, ils en faisaient des coupables et les fusillaient eux-mêmes pour punir ces crimes de leur propre invention.

Arrivés dans les montagnes qui séparent Mondoñedo des Asturies, nous fûmes surpris de voir venir au-devant de nous un vieillard vénérable, qui nous offrit, dans la chaumière qu'il habitait, le gîte de la nuit. C'était un savant d'une réputation européenne et qui nous charma par l'étendue d'une érudition immense, puisée dans plusieurs voyages autour du monde. Il avait près de lui un de ses neveux qui connaissait la France et montrait déjà qu'il suivrait les traces de son oncle. Le lendemain matin, à notre départ, nous insistâmes pour que ce jeune homme vînt nous servir de guide. On le fit marcher à vingt pas en avant sous l'escorte de deux grenadiers. Tout à coup, une explosion se fit entendre, et notre guide tomba : il avait été tué à bout portant. « Que faites-vous? s'écria le général Maurice Mathieu, malheureux, qu'avez-vous fait? » — « Général, répondirent les grenadiers, voici un autre guide que l'on ramène; nous n'en avons pas besoin de deux. »

La Romana ne voulut pas se mesurer avec nous; il disparut, et nous retournâmes dans les cantonnements à Mondoñedo.

Huit jours après mon arrivée auprès de lui, Maurice Mathieu m'engagea à rejoindre le maréchal Ney. Je me mis en route à la tête d'une compagnie de voltigeurs, mais, à deux ou trois lieues, impatienté de cette marche lente, je renvoyai cette compagnie et me décidai à rejoindre seul la Corogne, en appuyant à gauche pour éviter Villalba.

Je gagne la grand'route de France, je la suis, et, m'arrêtant à une maison de poste, j'appelle : un homme se présente, je lui demande de l'orge pour ma mule. « Vous êtes Français, me dit-il, retirez-vous. Voyez ces feux, il n'y a pas deux heures que les troupes espagnoles les occupaient; fuyez! » A son langage, je reconnais un Français; il m'explique qu'il a été laissé dans cette maison par le maréchal Ney, comme sauvegarde; qu'il a rendu des services au maître de poste, qui l'a déguisé en Espagnol pour répondre en espagnol aux Espagnols, et en français aux Français. Il me rapporte de l'orge et, cinq minutes après, je reprends la marche sur la Corogne, en évitant les bivouacs ennemis abandonnés. J'avais pris d'abord cette maison pour une de ces *ventas* ou prétendues auberges, caravansérails misérables, appartenant au domaine royal, dans lesquelles on ne trouve que le couvert et point de vivres. C'est dans ces *ventas* que les muletiers conduisent les voyageurs par étapes de douze à quinze lieues. Quant aux postes, on ne pouvait s'y procurer, à cette époque, que des chevaux de selle, la plupart andalous.

Les sauvegardes, comme celle que je venais de rencontrer, étaient une sage précaution prise par les généraux commandant en chef pour faire respecter par l'armée française les lieux où elles étaient placées. Combien de fois m'est-il arrivé dans les guerres, à la sollicitation de mes hôtes, d'écrire sur une feuille de papier qu'on affichait à la porte ces mots : *Sauvegarde par ordre du maréchal Ney. — Signé :* O. LEVAVASSEUR. — Si cette carte était regardée comme non avenue par les officiers supérieurs du corps d'armée qui suivait, du moins produisait-elle son effet sur les masses de traînards et de militaires isolés, troupe la plus dévastatrice de toutes.

Je ne fis aucune mauvaise rencontre pendant le reste du chemin qui me restait à parcourir avant d'arriver auprès du maréchal Ney, à qui je rendis compte de ma mission. Je lui appris qu'aucun des trois officiers, qui m'avaient précédé vers Maurice Mathieu, n'avait paru près de ce général.

Le maréchal, inquiet du sort de Fontaine et de X... (1), ordonna à l'aide de camp Regnard de prendre un régiment pour aller à la recherche de ces officiers, et c'est à son retour que nous apprîmes que Fontaine avait été tué à deux lieues de la Corogne par des paysans, auxquels il avait demandé son chemin.

(1) En blanc dans le texte original. Il s'agit sans doute d'un des deux aides de camp du général Lefebvre-Desnouettes, rattachés à l'état-major du maréchal Ney. *(Note de l'éditeur.)*

L'aide de camp de Lefebvre-Desnouettes avait été arrêté dans Villalba. Comme il parlait parfaitement l'espagnol en sa qualité d'ancien garde wallonne au service du roi d'Espagne, il avait cru pouvoir entamer une conversation, mais, bientôt entouré et questionné, il fut reconnu pour un des nôtres; on le tira par les jambes à bas de son cheval; il fut massacré sur la place et jeté dans la rivière. Quant à d'Albignac, il avait fait quelques lieues en avant de la Corogne; il prétendit, en rentrant en ville, avoir rencontré des bivouacs ennemis qui l'avaient empêché d'avancer.

Le duc d'Elchingen, apprenant de moi que La Romana s'était retiré vers le 20 avril dans les Asturies, combina un mouvement avec le général Kellermann pour cerner La Romana. Il rassembla ses divisions, en laissant toutefois les villes occupées. Le général Fournier resta à Lugo, et nous mettant en marche au commencement de mai, nous nous dirigeâmes sur Oviedo. Entrés dans les montagnes asturiennes, nous les traversâmes et rencontrâmes près de la ville l'ennemi, qui avait essayé vainement d'arrêter notre marche dans les défilés ou passages de ponts; ces obstacles ne purent compter devant nous.

Arrivés le 18 mai sous les murs d'Oviedo, que La Romana voulut en vain défendre, nous les emportâmes de vive force. Les soldats étaient animés d'une telle fureur qu'ils tuaient les Espagnols prisonniers à coups de crosse de fusil sur la tête.

L'évêque seul vint au-devant du maréchal pour lui demander sa protection. Le maréchal Ney m'ordonna d'escorter le prélat et de l'accompagner jusqu'au palais épiscopal, où je devais l'attendre, J'entrai dans les rues barrées par des murs construits pour la défense et ne laissant entre eux qu'un petit passage. Ma protection, au lieu de couvrir Monseigneur, lui valut quelques coups de fusil, car en tirant sur moi, on faillit le toucher : nous arrivâmes au palais, où le maréchal ne tarda pas à me rejoindre.

Les maisons étaient fermées, et, comme à Bilbao, on n'apercevait dans les rues aucun habitant. Nos troupes enfoncèrent les portes et se logèrent. Le maréchal me prescrivit de me rendre, avec son interprète, au bureau de la poste, pour y saisir tous les papiers et dépêches qui s'y trouvaient. Cette mesure était l'une des premières que l'on prenait en s'emparant des villes. Un laquais de l'évêque nous conduisit à ce bureau, accompagné de deux hussards. J'entrai; la maison était remplie de caisses et de malles que je fis enfoncer les unes après les autres; elles ne contenaient que des vêtements et une grande quantité d'argenterie. « Il n'y a aucun papier, dis-je, laissons cela. » Je découvris enfin des dépêches que je fis emporter, et j'abandonnai la maison. On pense bien qu'il n'y eut aucun moyen de retenir l'avidité du soldat et on devine ce que put devenir cette ville où ne se montrait aucun habitant.

Pendant ce temps, notre camarade Clouet se rendait à la bibliothèque, où il s'emparait des collections de médailles. Il les entassa dans des sacs, et ne sachant comment les transporter, il les chargea sur une forge d'artillerie. Deux mois après, comme il n'y pensait plus, il eut la chance de retrouver ses sacs à la place où il les avait déposés : les canonniers ignoraient certainement la valeur de cette prise.

Je ne fis réellement de butin que dans le port de Gijon où je fus envoyé; là, se trouvait un bâtiment chargé de quinquina, qui fut saisi; chacun put en prendre pour guérir ses fièvres présentes et à venir. La Romana avait disparu.

J'étais logé, à Oviedo, dans le palais épiscopal et je voyais quelquefois l'évêque. Comme tous les prélats de son rang, ce personnage tenait le sceptre de sa province. Le peuple espagnol, formé à l'obéissance par les curés, professait pour le haut clergé la plus respectueuse vénération. Un grand nombre de prêtres français, que notre Révolution avait contraints de passer les Pyrénées, occupaient les plus belles cures : livrés à leurs propres sentiments, ces prêtres nous eussent été favorables; mais, dominés par le sentiment national, ils étaient dans une position fausse entre leur ancienne et leur nouvelle patrie. Je fus plusieurs fois à même de faire cette observation dans nos haltes, où j'avais soin de prendre mon logement chez ces curés.

Tous ce clergé constituait l'aristocratie cléricale qui, à l'imitation des autres, dédaignait la démocratie ecclésiastique. Celle-ci, composée de trois cent mille moines, vivait au milieu de la populace qu'elle nourrissait et qu'elle menait au combat. Un grand nombre de couvents, dont plusieurs servirent de forteresses contre nous, occupaient toute l'enceinte des villes et leur donnaient en apparence une immense étendue. Otez cent couvents de Salamanque, de Tolosa et de trente autres villes, ces grandes cités ne seront plus que de petites bourgades.

Bientôt, le maréchal m'ordonna de me rendre auprès du roi pour lui porter des nouvelles de notre corps d'armée et pour recevoir ses ordres. L'évêque avait deux mules magnifiques, rasées selon l'usage et portant sur leur pelure des arabesques dessinées avec la plus grande perfection. Mon domestique Joseph, au moment du départ, crut devoir détacher ces mules du service du prélat, pour les attacher au mien. J'en pris une et me lançai par le royaume de Léon dans la Castille, évitant autant que possible de m'arrêter au milieu des grosses populations. Quelquefois cependant j'y étais contraint pour prendre ma subsistance. « Où est l'alcade? » demandais-je aux paysans. — « Point d'alcade, » disaient-ils, et bientôt quinze ou vingt d'entre eux me suivaient; alors j'entrais dans une maison dont le propriétaire me disait de sortir en m'assurant que j'allais être assassiné si je restais. Une fois, mes agresseurs s'attroupèrent à la porte. Je donnai l'ordre qu'on la laissât ouverte : « De l'orge pour ma mule et à manger pour moi ! » m'écriai-je. Le propriétaire était aussi tremblant pour lui que pour moi-même, car il ne se dissimulait pas les vengeances que ma mort pouvait attirer sur sa maison : en présence du groupe prononçant avec fureur le juron *Caraco ! Caraco !* il me fournit ce que je demandai. En sortant, je saisis ma mule par la bride, et, passant près du groupe, je marchai fièrement devant lui, à pied, en montrant mon uniforme, sans recevoir d'autres insultes que le mot que je viens de citer. En pareille circonstance, monter à cheval et fuir, c'est perdre la vie; le maréchal m'avait appris cette manière d'agir. Ney ne manquait jamais, lorsqu'il quittait une ville, d'y rester toujours le dernier; un quart d'heure après le départ des troupes, il traversait les rues à pied, et, toisant la populace assemblée, il la pétrifiait par son regard. Dire combien de fois se sont renouvelées de pareilles scènes et les angoisses de la nuit, où il fallait reposer le sabre au côté et les portes ouvertes, est impossible.

Dans une autre occasion du même genre, mais cette fois isolé, accompagné d'un hussard d'escorte, je traversai un pays devenu célèbre par les assassinats des officiers. Faisant connaître ma qualité d'aide de camp du maréchal Ney, je me fis donner tout ce dont j'avais besoin, en ordonnant à mon hussard de rester sur la place. Je prescrivis en même temps qu'on apportât des vivres pour lui et pour son cheval, menaçant de détruire les habitations et de passer les habitants au fil de l'épée, si je ne trouvais pas le hussard à mon retour. Trois jours après, je revins et retrouvai cet homme auquel rien n'avait manqué. Tel est le peuple espagnol : la crainte seule peut le dompter.

Mais revenons à ma mission sur Madrid.

Un jour, dans une plaine, près Villadiego, je vois fuir devant moi des soldats qui gagnent une église isolée. Je crois reconnaître l'uniforme français; je m'approche et crie : « Qui vive? » — « France! » Aussitôt se présente un officier d'infanterie que j'interroge et qui me dit que, dernièrement, lors de la reprise de l'île de Walcheren, il avait été rappelé de la retraite et envoyé en Espagne, où on l'avait nommé commandant de place à Villadiego; que, l'ennemi s'étant approché, il s'était retiré dans cette église, recueillant tous les traînards qu'il avait pu arrêter. Pendant qu'il parlait, ma mule prenait sa ration d'orge et moi mon repas. Je vis que l'église était crénelée et que ces braves militaires s'y défendraient vaillamment lorsqu'on les attaquerait. Le commandant faisait, avec sa troupe, des sorties dans les villages et se procurait ainsi tout ce dont il avait besoin. A son accent, je crus reconnaître un Picard. Il me dit qu'en effet il était de Sougeon et qu'il s'appelait Delannoy : « Nous sommes du même pays, lui dis-je, et la propriété de Lannoy m'appartient. » Surpris de ma présence et ne doutant pas de sa perte, il me supplia de me charger de son petit trésor, qui consistait en dix-neuf quadruples d'Espagne, formant ensemble une somme de 1 600 francs; ces quadruples étaient contenus dans un gant long de femme. Je voulais refuser cette commission; mais Delannoy insista, en disant qu'il était sans doute destiné à périr et que, puisque j'étais parvenu sain et sauf jusqu'à lui, je me tirerais de même d'affaire pour le reste du chemin. J'acceptai et pris congé de lui. J'arrivai enfin à Ségovie, où j'admirai le célébre aqueduc, construit par les Romains, et dont les arches gigantesques donnent la plus haute idée de la puissance de cette nation. De Ségovie à Madrid, la route n'offrait plus de dangers.

Je rendis compte au roi Joseph et au maréchal Jourdan de notre position en Galice; je fis connaître qu'aucun de leurs officiers n'était parvenu auprès du maréchal Ney depuis six mois, et que, depuis le même temps, nous étions privés de nouvelles de la France. Le roi me dit qu'aucun aide de camp envoyé de la Corogne n'était non plus arrivé dans sa capitale. Je fus autorisé par lui à rester quelques jours à Madrid et son major-général Jourdan me prévint qu'il me donnerait des ordres pour mon départ.

La Garde et d'autres troupes françaises remplissaient la ville. Je profitai de l'argent que Delannoy venait de me remettre pour me faire équiper à neuf; six mois après, à ma rentrée en France, j'eus le bonheur de rendre au frère de ce malheureux la somme que je lui devais et dont je conserve le reçu. C'était le dernier adieu de cet officier, car sa famille ne le revit jamais.

Pendant ce second séjour dans la capitale de l'Espagne, je cherchai à reconnaître si l'esprit public était changé et si nous avions fait quelques progrès dans l'estime des habitants. J'acquis la pénible conviction que tous nos efforts pour conquérir des amis restaient inutiles : on me tint le même langage que six mois auparavant. Cependant, les Espagnols éclairés disaient que notre apparition produirait un grand bien dans l'avenir et qu'elle les soustrairait au tribunal de l'Inquisition, qui les faisait tous trembler. Mais c'était la seule concession que voulussent bien me faire mes interlocuteurs.

Rien ne pouvait tirer de son apathie ce peuple, qui se croyait encore aussi riche qu'au moment où le Pérou lui donnait à la fois et l'or et la misère, enlevait sa population, détruisait les impôts et, par suite, le travail qui doit les produire. Vainement le roi déployait un grand luxe dans ses palais; vainement ses huit mules caparaçonnées d'or, sa livrée étincelante de broderies, le promenaient chaque jour dans les rues de Madrid : le peuple ne voulait pas croire au bonheur sous la domination étrangère.

Jourdan me fit partir avec un ordre cacheté. Je repris la route en tâchant d'abréger ma marche et en traversant de nouveau ces pays insurgés et désolés par la guerre. Je rejoignis le maréchal Ney pendant qu'il se dirigeait sur Lugo.

Arrivés près de cette ville, nous apprîmes que pendant notre excursion sur Oviedo, Sarlovèze avait été attaqué et sommé de se rendre; qu'avec sa seule cavalerie il avait vigoureusement défendu la place et refusé de capituler. Nous entrâmes à Lugo le 30 mai, et nous trouvâmes la ville remplie des débris de l'armée de Soult, qui, attaqué à l'improviste dans Porto par les Anglais, avait fui dans le plus grand désordre par Orenza, abandonnant tout son matériel de guerre : une terreur mêlée d'indignation régnait parmi les officiers et soldats revenant de Portugal.

Le maréchal Ney, entré dans son logement, fut entouré par les généraux de Soult, qui lui rapportèrent que, depuis longtemps, des officiers du duc de Dalmatie se rendaient en rade de Porto sur les vaisseaux anglais; que des correspondances étaient échangées entre le maréchal et le commandant des forces britanniques; que l'armée française voyait avec plaisir ces rapports qui semblaient être des préliminaires de paix entre le Portugal et la France; que, de concert avec les premières autorités de Lisbonne et les Anglais, le duc de Dalmatie avait pris le titre de roi de la Lusitanie Septentrionale et le nom de Nicolas Ier; que des actes publics, revêtus de cette signature, avaient été apposés sur les murs de Porto. Ils ajoutèrent qu'un jour, le 11 mai, le maréchal Soult étant à table, on vint l'avertir que les Anglais débarquaient leurs troupes; qu'il fit d'abord peu d'attention à cette nouvelle; qu'on vint de nouveau lui dire que le débarquement continuait et qu'alors seulement il envoya un aide de camp pour reconnaître ce qui se passait, mais que bientôt une fusillade se fit entendre dans les rues de Porto; que la ville se souleva et que les soldats, abandonnés à eux-mêmes, ne purent que fuir devant la multitude qui les poursuivait. Traversant les broussailles et les bruyères, afin d'éviter les chemins devenus mortels pour eux, ils étaient parvenus à grande peine à la frontière, et c'est dans cette situation épouvantable qu'ils étaient arrivés à Orenza, d'où ils avaient gagné Lugo, le 22, sans être ralliés par personne.

Plusieurs chefs de cette armée en déroute mettaient en question que Soult, en prenant la détermination de se déclarer prince indépendant, eût suivi les ordres de l'Empereur; ils parlaient tout bas de faire arrêter ce maréchal; mais Soult, ayant dépêché son aide de camp Brun de Villeret auprès de Napoléon, et le maréchal Ney, de son côté, ayant envoyé l'officier à marcher vers l'Empereur, les bruits relatifs à cette affaire s'apaisèrent aussitôt. Le lendemain, Soult, ralliant les restes de son armée, se dirigea vers Madrid par Salamanque. Il est donc permis de penser que l'Empereur avait dit à Soult, au moment de son entrée en Portugal, que, s'il parvenait à faire la conquête de ce royaume, il en serait nommé le vice-roi, et que le maréchal fut trompé à la fois par les Anglais et par les Portugais, avec lesquels il se croyait en bonne intelligence.

Nous rentrâmes bientôt à la Corogne pour y reprendre nos dispositions.

Un jour, la marquise de Belesta me confia que, lors de l'embarquement de l'armée du général Moore, elle avait recueilli et caché dans sa maison deux officiers anglais, et elle me pria de leur être utile si l'occasion se présentait. Je lui promis tout mon empressement et la priai de me faire voir ses protégés. Ces officiers descendirent, un soir, chez elle, où je les vis, mais sans lier de conversation avec eux. Quelque temps après, un bâtiment anglais s'étant présenté devant le port en parlementaire, Ney m'envoya pour le recevoir : ce bâtiment apportait un officier français dont la jambe avait été amputée à Lisbonne; le capitaine demandait en outre à faire du sable. Je courus chez le maréchal Ney pour le prévenir; il me donna les instructions nécessaires. A mon retour vers le port, je passai chez la marquise de Belesta et me fis suivre des deux officiers anglais, qui montèrent à bord du bâtiment : c'étaient les fils de deux membres du Parlement. Parmi les étrangers qui fréquentaient à cette époque les salons du maréchal, se trouvait un jeune Américain de fort bonne mine et propriétaire de deux bâtiments de commerce alors en relâche à Vigo. La neutralité de ces navires avait été respectée par les Anglais et par les Français. Tout, dans les manières de ce jeune homme, dans son langage et dans ses sympathies politiques, indiquait la France; aussi se fit-il connaître : il se nommait Périer (1).

Le maréchal Ney eut la pensée de faire battre monnaie pour payer la troupe. Il s'empara des candélabres des églises, les fit fondre en lingots; puis, il forma un convoi de mulets sous l'escorte de l'officier d'état-major Bonami, pour être dirigé vers la France. Ce convoi avait déjà parcouru une longue route et était parvenu près de la frontière, lorsqu'un officier d'infanterie, commandant d'une petite place, s'opposa à son passage. L'ordre, signé par le maréchal Ney, ne lui parut pas admissible; c'était l'ordre du maréchal Jourdan qu'il exigeait. Rien ne put faire fléchir la détermination de cet officier; il saisit le convoi et l'envoya à Jourdan qui le jugea de bonne prise.

Cependant Ney entrevoyait de plus en plus l'impossibilité de réduire l'insurrection dans cette province de Galice, dont le territoire isolé du centre de l'Espagne, coupé de bois et de torrents, offrait tant de ressources aux habitants du pays. Il

(1) On m'a dit depuis que c'était Casimir Périer de glorieuse mémoire, né à Grenoble en 1777, mort en 1832 (*Note de l'éditeur.*)

tenta de faire une pointe sur Vigo et de passer le Soto-Mayor au pont de Pago, mais une division du corps de La Romana, aux ordres du général Morillo, le repoussa. Il sentit que le moment d'évacuer cette province était venu. En vue des Anglais, prêts à descendre à terre, nous quittâmes la Corogne, au milieu des larmes de tous les habitants compromis et dont le massacre était inévitable. Suivant sa coutume, le maréchal Ney resta en ville le dernier. Plusieurs notables nous suivirent, entre autres le grand d'Espagne et sa famille.

Cette retraite continua par Lugo jusqu'à Salamanque, d'où nous nous rendîmes en toute hâte vers Plasencia, pour manœuvrer sur les derrières de l'armée anglaise, qui déjà s'avançait du côté de Madrid : nous devions ainsi lui couper toute retraite. Le roi Joseph, parti le 23 juillet de Madrid, marcha au-devant d'elle et lui livra, le 28, dans les champs de Talaveyra, cette bataille fameuse où Wellington fut vaincu. Ney arriva malheureusement trop tard pour l'atteindre; notre artillerie ne put donner que sur la queue d'une colonne en fuite sur Badajoz. Notre marche sur Palencia avait été très pénible; on était dans le fort de l'été; la grande chaleur et le manque d'eau nous firent éprouver de cruelles souffrances; les soldats, pour se désaltérer, se jetaient sur de petits ruisseaux d'eau bourbeuse et remplie de sangsues.

Nous arrivâmes à Madrid, où des places de sous-intendants militaires nous furent offertes. Notre camarade Regnard en accepta une. Clouet nous quitta aussi et fut attaché à la maison militaire du roi Joseph. Pour moi, j'obtins du maréchal un congé pour la France.

CHAPITRE V

LA CAMPAGNE DE RUSSIE

(1812)

Après ma démission, je vis à Paris. — Débuts de la campagne de Russie. — Conspiration du général Malet. — Résumé de la campagne et rôle du maréchal Ney (*d'après l'ouvrage de M. le colonel de Chambray*). — Coup d'œil sur la campagne de 1813.

1810-1812

Rentré d'Espagne au mois de février 1810, vivement sollicité par ma famille, marié et père d'un jeune enfant, je cédai avec chagrin et, malgré les conseils du maréchal Ney, je me décidai à demander ma démission. J'avais le projet de me faire nommer auditeur au Conseil d'État. Le maréchal, voyant qu'il ne pouvait me décider à rester auprès de lui, m'avait promis de me continuer sa haute protection. Cependant, j'étais à peine rentré en France qu'il me fit encore écrire à la date du 15 mai 1810 par mon camarade Laboissière, pour me prévenir que ma place était réservée : j'étais encore considéré comme faisant partie de l'état-major du maréchal; je n'obtins ma démission que le 10 juillet.

La victoire de Wagram avait enfin cimenté à toujours, aux yeux des peuples peu clairvoyants, l'alliance de la France et de l'Autriche : une archiduchesse avait été jetée dans les bras de Napoléon.

J'assistai à la cérémonie du mariage qui fut célébré dans la grande galerie du Louvre, où se trouvaient six mille personnes, choisies dans l'élite de toutes les nations. Quel beau spectacle que celui de Napoléon traversant cette galerie, donnant la main à Marie-Louise et suivi des rois, des princes, des grands dignitaires de l'Empire et de toutes les puissances. Paris et la France étaient dans le ravissement.

Cependant les hommes sages, devenant cette fois superstitieux, se rappelaient les malheurs que les alliances avec la maison d'Autriche avaient attirés sur la France, et présageaient des calamités nouvelles. Au milieu de toutes les réjouissances publiques et privées, l'incendie de la salle de bal du prince de Schwarzenberg vint entretenir ces sombres pressentiments. Jamais Paris ne fut plus brillant que pendant les années 1810 et 1811 ; les grands de l'Europe et de notre armée affluaient dans la capitale, dans les bals des ministres et de la reine Hortense, ainsi qu'à celui de l'Opéra, car alors ce bal continuait à être fréquenté par cette haute société (1).

(1) On parlait beaucoup alors à Paris, dans les salons, des saillies burlesques de Mme la maréchale Lefebvre. Chaque fois

Je voyais aussi beaucoup à cette époque M. le comte de Belderbusch, ancien préfet de l'Oise, récemment nommé sénateur. Parent de la plupart des vieilles familles princières de l'Allemagne, il avait conservé dans ses manières le cachet d'aristocratie propre à ces contrés; fort libéral d'opinions, fort généreux de caractère, il faisait un noble usage de ses richesses. Il attirait chez lui tous les hommes de talent et d'énergie. Au nombre des principaux habitués se trouvaient Michaud, Van Praët, Mercier, l'auteur des *Tableaux de Paris*, esprit original, étincelant de saillies. Un jour, M. de Belderbusch montrait sa bibliothèque, où se trouvait à remplir une case : « Qu'y mettrai-je? demanda-t-il à ceux qui l'écoutaient. » — « Cette place, dirent les uns, doit recevoir une statue de l'Empereur. » Les autres choisirent Homère, César, ou le silence. « Mon avis est, dit Mercier, ennemi de l'Empereur, que ne voulant pas y mettre Alexandre, c'est la place de Diogène. » Mercier, d'un

qu'elle paraissait aux Tuileries, des curieux se pressaient, guettant au passage un propos comme « *Ah! te voilà, mon b...* » ou quelque aménité de ce genre. Je connais un de ces curieux qui fut bien attrapé. Il était déjà depuis longtemps à la piste et s'ennuyait de ne rien entendre, lorsque le fils de la maréchale, jeune sous-lieutenant de hussards, portant l'uniforme exigé pour l'étiquette de la Cour impériale, s'approcha de sa mère; il avait quitté son sabre pour danser, et se présentait devant une dame pour faire son invitation; la maréchale l'arrêta. « Mon fils, lui dit-elle, ne déposez jamais votre arme au moment où vous allez parler à une dame, ne l'oubliez pas. » Assurément le courtisan le plus raffiné n'aurait pas mieux dit. Notre curieux emporta de la maréchale une tout autre idée que celle qu'on avait cherché à lui inspirer. *(Note d'O. Levavasseur.)*

extérieur peu agréable, ne tenait aucun compte de l'élégance; il riait beaucoup des bibliothèques modernes, où les livres sont mis sous verre et reliés si magnifiquement qu'on n'ose les toucher.

La maison de M. Langlès, membre de l'Institut, savant orientaliste, né à Breteuil et mon parent, recueillait aussi tous les savants de l'Europe. J'y voyais, comme chez le comte de Belderbusch, les Humboldt, les Lacépède, les Cuvier. Langlès était aussi lié avec Talma et les grands artistes de cette époque. Talma donnait, de son côté, des soirées magnifiques, où Mlle Duchamps et Garat chantaient avec tant d'âme les duos à la mode. La rue Caumartin avait encore sa renommée : les Lavollée, les Fruchard réunissaient chez eux les plus jolies femmes et les plus brillants cavaliers. On y jouait des jeux énormes.

Le maréchal Ney, en mon absence, fit une nouvelle invasion en Portugal avec Masséna; mais il paraît que ce vieux maréchal n'avait plus ce coup d'œil et cette énergie qui avaient fait jadis sa réputation : il se fit battre et repousser. Quant à Ney, à qui était remis le soin de couvrir la retraite, il montra dans cette circonstance par ses marches en arrière et ses attaques en avant, qu'il pouvait acquérir de nouveaux droits à l'estime de l'Empereur et de la France. Il ne reculait de quatre pas que pour avancer de deux; il n'abandonnait une ville que pour la reprendre puis la quitter ensuite. Brouillé avec Masséna, il revint à Paris où je le vis. Afin de favoriser mon projet d'être nommé auditeur, il me présenta chez MM. les ducs de Bassano, de Cadore et de Gaëte, qui me firent les promesses les plus formelles de leur protection (1).

Cette position d'expectative se prolongea par suite du défaut de promotion d'auditeurs, et je vis avec regret partir l'Empereur pour combattre Alexandre qui, nouvel allié de l'Angleterre, n'observait plus le blocus continental. L'armée française, que dix-huit mois de paix avaient recomplétée et nouvellement équipée, rivalisait de tenue avec les Autrichiens, les Bavarois, les Wurtembergeois, etc..., devenus nos alliés. Toutes ces troupes formaient une masse de 800 000 hommes. Jamais, dit-on, il ne fut donné de voir un plus magnifique spectacle que celui de cette immense armée marchant sur Vilna et Smolensk.

Mais je n'assistai pas à cette mémorable campagne où Ney fut, de tous les maréchaux, celui qui acquit le plus de gloire. On rapporte qu'à Smolensk, Napoléon appela les maréchaux et tint conseil; qu'il fut délibéré sur les suites probables de l'invasion en hiver; que le maréchal Ney opina pour que l'armée prît ses cantonnements sur le Niémen, afin d'y séjourner et de rouvrir la campagne au printemps, mais que, malgré cet avis, on marcha en avant. Le maréchal se souvint plus tard

(1) Maret, ministre des affaires étrangères; de Champagny, ministre des relations extérieures; Gaudin, ministre des finances, (*Note de l'éditeur.*)

de l'échec qu'il avait éprouvé dans le conseil. Aussi assure-t-on que, sur le champ de bataille de Moskowa, l'Empereur, voyant le maréchal Ney s'obstiner à enlever des redoutes hérissées de canons et qu'il jugeait imprenables, lui envoya dire de montrer de la prudence dans son attaque. Le maréchal, dans le feu de l'action, répondit vertement à l'aide de camp de Napoléon : « Dites à l'Empereur que quand on est assez imprudent pour venir livrer bataille ici, ce n'est pas aujourd'hui qu'il faut montrer de la prudence. » Et, redoublant d'ardeur, il enleva à la baïonnette les redoutes ennemies et fit un carnage effroyable des troupes qui y étaient renfermées. Ce fait valut au duc d'Elchingen le titre de prince de la Moskowa.

L'Empereur ne tarda pas à entrer dans Moscou en flammes. La France était dans le ravissement de ce beau triomphe. Mais bientôt les bulletins de la Grande Armée cessèrent d'arriver : on devint inquiet. Enfin paraît le bulletin célèbre qui annonce la retraite. Qu'on juge de la consternation qui règne à Paris, quand la ville s'éveille pour apprendre qu'après trois jours de marche dans la gelée, hommes, chevaux, artillerie, bagages, tout est perdu, perdu par un ennemi que les Français ne connaissaient pas! On apprend qu'au milieu de ce désastre épouvantable, le maréchal Ney, par sa marche héroïque dans les glaces et les neiges, a encore fait briller l'étoile de la France.

Tout à coup, la nouvelle de la mort de l'Empereur circule. Le général Malet donne des ordres aux troupes, qui, aveuglément, obéissent : il arrête les ministres et proclame un nouveau gouvernement. Au premier bruit parvenu jusqu'à moi, me réunissant à plusieurs officiers, qui se trouvaient à Paris, je courus chez l'archichancelier Cambacérès, qui nous retint pour prendre ses ordres jusqu'à ce que le mystère fût éclairci.

---

(1) Nous savons que Ney avait formé l'avant-garde de l'armée depuis Wiasma; que, le 12 novembre, il avait soutenu un combat sanglant à Trughinowo et que, le 13, il était encore en position à quatre lieues de Smolensk. Le 15, dans l'après-midi, il entra dans cette ville : Davout y était depuis le matin. Les troupes du Ier corps s'étant tout d'abord livrées au pillage des magasins, Ney n'y trouva point la quantité de vivres, qui lui avait été assignée, et s'en plaignit à Davout. Il en résulta une altercation très vive entre ces deux maréchaux, qui se séparèrent très mécontents.

Pendant la journée du 16, le feu éclata dans plusieurs endroits; les malades et blessés, fuyant les maisons embrasées, augmentaient le désordre qui régnait dans Smolensk. Cette ville, indépendamment des troupes réunies sous le commandement de Ney, contenait un grand nombre de militaires isolés et environ cinq mille blessés ou malades; partout on ren-

(1) L'auteur a intercalé ici dans son récit quelques pages sur la campagne de 1812 et le beau rôle que joua le maréchal Ney pendant la retraite, pages empruntées à l'*Histoire de l'expédition de Russie par M. de Chambray, colonel d'artillerie* (Paris, 1823), et qu'il a paru intéressant de reproduire. *(Note de l'éditeur.)*

contrait des cadavres, partout de l'artillerie et des bagages abandonnés, et la terre était couverte d'armes et d'effets militaires. A 8 heures du soir, Ney reçut la dépêche de Davout, qui l'instruisait du désastre d'Eugène et de la nécessité d'accélérer la marche.

Les instructions de Ney lui laissaient la latitude de ne partir que le 17, s'il n'avait pas tout préparé pour la destruction des murailles de Smolensk et de l'artillerie qu'on était obligé d'abandonner. Ce général ne supposait point qu'il pût être coupé par la totalité de l'armée russe, événement dont Napoléon n'avait pas même soupçonné la possibilité. Aussi, en recevant cette dépêche, il dit que tous les Cosaques de la Russie ne l'intimideraient point et qu'il remplirait ses instructions. Le 17, à 2 heures du matin, il quittait Smolensk : son corps était composé de 6 000 hommes d'infanterie, de 300 de cavalerie et de 12 bouches à feu; 7 000 traînards environ le suivaient et embarrassaient la marche de ses colonnes. Son arrière-garde n'était encore qu'à une demi-lieue de Smolensk, lorsqu'on entendit l'explosion des mines; elle eut lieu successivement; la terre en fut ébranlée au loin; des tourbillons de flammes éclairèrent soudainement l'horizon et montrèrent pour la dernière fois Smolensk en ruines aux regards des Français. Il ne restait pas de chirurgien avec les 5 000 malades et blessés, que l'on abandonnait et qui ne furent point recommandés à l'humanité des Russes; on les laissa là comme de vils instruments devenus désormais inutiles. Que dis-je! Ils furent les victimes d'une vengeance insensée et brutale; car la destruction des murailles du Kremlin et l'explosion des mines renversèrent plusieurs bâtiments, dans lesquels étaient ces malheureux, et les ensevelirent sous leurs ruines.

Pendant cette journée, des Cosaques furent seuls en présence; Ney vint bivouaquer à Koritnia; le lendemain, il se remit en marche. Les Cosaques se montrèrent en plus grand nombre et avec du canon, ce qui forçait à marcher plus réuni. Sur les 3 heures, l'avant-garde atteignit Katowa et s'arrêta à la vue du corps de Miloradowitch, qui était en position au delà d'un ravin. Du point où elle se trouvait, l'on découvrait toute la plaine dans laquelle est située la petite ville de Krasnoï; mais le temps, qui annonçait un dégel, était brumeux et ne permettait à la vue de s'étendre que jusqu'à une très petite distance, ce qui empêchait de découvrir la force du corps ennemi.

Aussitôt que Ney eut été instruit de cet événement, il se transporta à son avant-garde. Très irrésolu dans le cabinet, il était, au contraire, plein de résolution sur le champ de bataille. Deux de ses divisions avaient déjà atteint le ravin; il leur ordonna de le franchir et d'aborder l'ennemi : il dirigea lui-même cette attaque. Au moment où l'infanterie française déboucha du ravin, elle essuya le feu de la nombreuse artillerie des Russes, n'en fut point ébranlée et se précipita sur l'ennemi avec une telle impétuosité qu'elle renversa sa première et sa seconde ligne; mais bientôt, entourée de tous côtés, chargée par la cavalerie, ayant déjà perdu la moitié des siens, elle fut repoussée et repassa le ravin dans le plus grand désordre. Si Miloradowitch l'eût poursuivie, rien ne pouvait sauver Ney; mais, étonné sans doute de la vigueur avec laquelle il avait été attaqué, il se contenta de faire suivre les Français par les Cosaques. Ney parvint à rallier ce qui lui restait des deux divisions, qui avaient été engagées, en arrière de celle qui n'avait point combattu. Convaincu qu'une nouvelle tentative contre des forces tellement supérieures aux siennes consommerait sa ruine, il se retira dans la direction de Smolensk, résolu à tenter de passer le Dnieper, pour mettre ce fleuve entre lui et l'armée russe. La nuit, qui survint bientôt, favorisa sa retraite. Un officier lui fut envoyé, à deux reprises différentes, par Miloradowitch, pour lui faire connaître que les corps d'Eugène et de Davout avaient été anéantis; que l'armée russe tout entière occupait Krasnoï et qu'ainsi une plus longue résistance devenait inutile. Non seulement Ney repoussa ces propositions, mais, cet officier lui ayant été envoyé une troisième fois, il le fit prisonnier, prétendant qu'il ne pouvait le considérer comme parlementaire, parce que l'ennemi venait de tirer quelques coups de canon. Le lendemain, Ney appuyait à droite, pour se rapprocher du Dnieper, et s'arrêtait le soir au village de Danikowo; il y fit allumer des feux de bivouacs, comme s'il eût voulu y passer la nuit; les Russes, ne croyant pas qu'il pût leur échapper, en firent autant.

Après quelques heures de repos, Ney partit dans le plus grand silence et gagna le Dnieper; puis il côtoya ce fleuve dans le sens de son cours, jusqu'à ce qu'il eût trouvé un endroit dont les rives fussent peu escarpées et où la glace eût quelque consistance. Rien n'était plus incertain que la réussite de ce passage, parce que, le froid n'ayant pas été excessif pendant deux jours et le temps se mettant au dégel, l'on ignorait si l'on pourrait passer sur la glace, qui recouvrait le fleuve. Ney se décida à effectuer son passage dans un endroit situé entre les villages de Syrokorenie et Gusinoc. La glace y portait à peine; elle fut bientôt rompue à l'entrée et à la sortie du fleuve; il fallut abandonner ce qu'on avait conservé d'artillerie, de bagages et de chevaux, et les fantassins, qui seuls purent passer, furent obligés de se mettre dans l'eau jusqu'à la ceinture, pour atteindre et quitter la glace. Ce passage extraordinaire s'effectua pendant la nuit du 18 au 19 novembre : l'ennemi ne le contraria point. Le corps français parvint ainsi à mettre le fleuve entre lui et l'armée russe, mais il se trouvait réduit à trois mille hommes, qui étaient suivis d'un nombre à peu près égal de militaires isolés. Ney atteignit au point du jour le village de Gusinoc, dans lequel il surprit, à son grand étonnement, quelques Cosaques qu'il fit prisonniers; il en apprit que Platow, ayant continué à marcher par la rive droite du Dnieper, était avec son corps à une petite distance de Gusinoc. Ainsi, de nouveaux périls succédaient à ceux auxquels on venait d'échapper. L'on devait, d'ailleurs, craindre que Kutuzow ne fît passer un corps d'infanterie à Khomino ou à Rasasno, ce qui aurait replacé le IIIe corps dans une position non moins critique que celle de laquelle il venait de se tirer. Aussi, quoique les troupes fussent accablées de fatigue, Ney ne leur accorda que le temps nécessaire pour prendre quelque nourriture, et repartit aussitôt : il se proposait de rejoindre Napoléon à Orsza.

Cependant, dès que Platow eut été averti de la présence des Français, il se mit à leur poursuite et cette journée les aurait vus tomber au pouvoir des Russes, sans l'énergie extraordinaire que déploya leur maréchal. Les Cosaques s'étaient déjà montrés, mais en petit nombre, lorsqu'au sortir d'un bois, il fallut traverser une plaine assez étendue que côtoyait le fleuve. Platow en personne l'occupait avec ses Cosaques. Ney, craignant de voir paraître de l'infanterie et de l'artillerie, s'y engagea sur-le-champ. Les divisions, ployées en colonnes serrées, appuyaient leur gauche au Dnieper et des tirailleurs, placés sur leur flanc droit, éloignaient les Cosaques. Dès que l'on fut engagé dans cette plaine, une nombreuse artillerie, paraissant tout à coup sur la droite de la colonne, la canonna vivement. Dans cette extrémité, Ney pressa la marche pour gagner un bois qui était devant lui; il était sur le point de l'atteindre, lorsqu'une batterie, embusquée dans ce bois, tira à mitraille sur la tête de colonne, où il se trouvait alors, et y porta la destruction et le désordre. Un découragement spontané s'empare du soldat; il jette ses armes, s'écriant pour la première fois qu'il fallait se rendre. Ney reste presque seul à cheval, écumant de rage; il parcourt la colonne, anime les soldats d'une voix terrible, leur montre la France d'un côté, de l'autre la captivité la plus affreuse, et parvient ainsi à leur communiquer son audace. Ils reprennent leurs armes et, poussant des cris épouvantables, se précipitent sur la batterie, qui n'a que le temps de fuir. Ney atteignit ainsi le bois : il n'y trouva aucun chemin frayé, traversa un ravin, dont le passage offrait tant de difficultés qu'il fut obligé d'abandonner les chevaux, qu'il s'était procurés depuis qu'il était sur la rive droite du Dnieper, et arriva pendant la nuit à un village, où il s'arrêta pour prendre quelque repos. Au point du jour, le 20 novembre, il se remit en marche; les Cosaques, obligés de faire un long détour pour le rejoindre, ne parurent que vers le milieu de la journée, pendant que l'on traversait un terrain découvert; leur artillerie n'étant point encore arrivée, des tirailleurs suffirent pour les écarter. A la chute du jour, l'on s'arrêta au village de Jacupowo, situé près d'un bois, et l'on établit des feux de bivouacs autour de ce village et sur la lisière des bois.

N'étant plus éloigné d'Orsza que d'une journée, Ney y envoya deux officiers qu'il chargea d'instruire Napoléon de son extrême détresse; puis, vers 9 heures du soir, il partit dans le plus grand silence, afin de devancer l'ennemi. Il espérait enfin atteindre Orsza, lorsqu'en débouchant d'un bois, l'on aperçut des feux de bivouacs, qui semblaient indiquer la présence d'une armée forte de 20000 hommes. Etaient-ce des Français? étaient-ce des Russes? Ney, pour s'en assurer, envoya une reconnaissance, qui fut reçue à coups de fusil, et l'on entendit un grand bruit de tambours : ainsi, c'était un corps d'infanterie ennemie. Ne consultant alors que son désespoir, Ney ordonna la charge et se précipita sur les feux ennemis pour se frayer un passage. Quel fut son étonnement de les trouver déserts! L'on n'aperçut que quelques Cosaques qui s'enfuyaient. Ce fut ainsi que l'intrépidité du général français déjoua un stratagème, que Platow avait imaginé pour faire croire à la présence d'un corps d'infanterie.

Cependant, Ney continuait sa marche sur Orsza, ignorant encore si cette ville n'était point déjà au pouvoir des Russes : le pays était couvert et les Cosaques n'inquiétaient que son arrière-garde. Il atteignit ainsi la grande route de Witepsk à Orsza, le 21 novembre à minuit, à environ trois lieues de cette dernière ville; il y trouva enfin des vedettes françaises du IVe corps et, bientôt après, il opéra sa jonction avec Eugène, qui avait été envoyé au-devant de lui.

Ainsi se termina cette retraite mémorable. Ney semblait être arrivé au port, mais des maux sans cesse renaissants attendaient ses infortunés guerriers et presque aucun d'eux ne devait revoir sa patrie.

(*Histoire de l'expédition de Russie,* par M. DE CHAMBRAY, colonel d'artillerie, 1823.)

1813.

Après nos désastres de Moscou et la défection de tous nos alliés, l'Empereur, réunissant tout ce qui, dans la marine, pouvait porter des armes, tout ce que pouvaient produire les conscriptions arriérées et les conscriptions nouvelles, marcha au-devant des troupes anglaises, russes, bavaroises, prussiennes et autres, et de nouvelles victoires à

Lutzen et à Bautzen vinrent encore jeter sur nous des rayons de gloire et d'espérance.

Il semblait que les places, que nous occupions sur les bords de la Vistule, allaient être débloquées et rendues à la France; mais ce n'était qu'un éclair précurseur de l'orage!

Cependant, la France et l'armée virent avec chagrin que le brave général Moreau, exilé depuis si longtemps pour n'avoir pas dénoncé des conspirateurs, ses anciens frères d'armes, parut en tête des ennemis de la France; il expia bientôt cette trahison : il fut atteint d'un des premiers boulets (1).

Le général Jomini, dont j'ai parlé, trahit Napoléon pour Alexandre et il ajouta à la grandeur de nos désastres en livrant à l'ennemi nos plans de campagne et les secrets de nos armées (2).

(1) Moreau fut tué devant Dresde, le 27 août. *(Note de l'éditeur.)*

(2) C'est une singularité de ma destinée d'avoir connu, auprès du maréchal Ney, les trois hommes dont la trahison a été citée tant de fois dans nos fastes militaires, Jomini, Bourmont et Clouet. Je ne veux pas me livrer aux réflexions que me suggère ce rapprochement pénible pour un cœur français. Jomini donna le premier ce fatal exemple. Né en Suisse, il n'appartenait à la France que par ses services militaires. C'était un homme d'un esprit fier, compassé, subtil; ses paroles substantielles donnaient beaucoup à penser. Sa perspicacité était grande et ses connaissances dans l'art de la guerre dénotaient une grande supériorité. On assure que Jomini, ayant été envoyé en mission auprès de l'Empereur après la bataille de..., Napoléon l'interrogea sur le mouvement qu'il venait d'ordonner. Jomini discuta, puis il dit : « Votre Majesté a eu sans doute de graves motifs pour se départir du plan qu'elle avait précédemment conçu, mais j'aurais préféré l'exécution de sa première idée. » — « Qui a pu, reprit l'Empereur, vous la faire connaître? » — « Sire, il m'a été donné de la deviner, » répondit Jomini et il

A Dresde, l'Empereur, cerné de toutes parts, fut obligé d'évacuer cette ville et de soutenir en avant de Leipsick le choc de toutes les armées réunies. Contrairement à sa tactique ordinaire, il avait permis à ces vieilles troupes, aguerries par leurs longues luttes, de combiner les forces de cinq

déduisit les motifs qui l'avaient conduit sur la trace de la pensée de Napoléon. L'Empereur fut étonné de la sagacité de cet esprit ingénieux. A partir de cette époque, Jomini, lorsqu'il rencontrait l'Empereur, était l'objet de ses prévenances et de ses questions. L'état-major de Napoléon comptait plusieurs chefs qui auraient vu avec peine arriver Jomini parmi eux. On prétend même que le prince Berthier n'était pas étranger à ce sentiment de répulsion et que chaque fois que le maréchal Ney citait le nom de Jomini dans un rapport, ce nom était biffé impitoyablement. Jomini avait le grade de général de brigade; Ney le proposait depuis longtemps pour le grade de général de division. Des propositions ayant eu lieu plusieurs fois sans que son nom fût sorti, Jomini en conçut une amère douleur. La veille de la bataille de Lutzen, le corps du maréchal Ney était cantonné en face des Russes. A minuit, Jomini, après avoir écrit une lettre au maréchal, chargea l'un des officiers d'état-major de la porter, puis, ayant fait seller un cheval, il partit suivi d'un vieux hussard qui ne l'avait pas quitté depuis quinze ans. Il traversa silencieusement les lignes françaises, marquées par les feux mourants des bivouacs. Ayant dépassé les dernières vedettes, le vieux hussard demanda à son général où il allait. « Chez les Russes! » répondit Jomini. — « Je vous suivrai en enfer si vous voulez, dit le vieux soldat, mais jamais là. Mon général, qu'allez-vous faire! » Jomini piqua des deux et se perdit dans l'éloignement. Il a dit depuis qu'à ce moment terrible, où il trahissait la France et son serment, la parole du vieux hussard avait fait vibrer en lui les cordes les plus sensibles et qu'il serait retourné sur ses pas s'il n'avait écrit au maréchal pour lui annoncer sa détermination. La fin de Jomini fut triste : sans cesse préoccupé de sa honteuse action, il ne pouvait l'oublier qu'en buvant. (*Note d'O. Levavasseur.*)

— Il y a lieu de reporter à un peu plus tard, au mois d'août, après Bautzen, le départ de Jomini qui n'emporta, dit Sainte-Beuve, *ni plans à communiquer, ni secrets militaires* et arriva au quartier général des Alliés avec Moreau. (*Note de l'éditeur.*)

nations contre la nôtre. La bataille de Leipsick coûta la vie à mon brave camarade Laboissière.

Notre dernière ressource était anéantie; la consternation régnait. Partout, personne ne doutait de l'arrivée des Alliés et nous n'avions rien à leur opposer. La France, indifférente, pour ainsi dire, à tant de pertes, sentait que ce n'était plus pour elle ni pour la liberté qu'elle combattait, mais pour Napoléon.

Désormais, il fallait se défendre au lieu d'attaquer; nous ne pouvions même choisir le moment d'entrer en campagne; l'hiver et ses rigueurs ajoutaient encore à nos besoins.

Le temps ne permit pas de mettre à exécution le projet qui consistait à couronner la frontière d'une redoutable ligne de défense. Ney devait avoir le 3e commandement, qui se serait étendu sur tous les débouchés du Morvan jusqu'à la Saône. Une forte division aurait occupé le pont de Gray, point d'où l'on pouvait à volonté prendre l'offensive sur Besançon et Vesoul, ou soutenir la défensive vers les débouchés qui mènent du bassin de la Saône dans ceux de l'Yonne et de l'Armançon.

CHAPITRE VI

1814

LA CAMPAGNE DE FRANCE. — L'ABDICATION
LA PREMIÈRE RESTAURATION

Je reprends du service et rejoins le maréchal Ney à Toul. — Retraite sur la Marne. — Premières opérations de Napoléon : offensive contre Blücher; je surprends à Saint-Dizier des négociations avec les Bourbons. — Combat de Brienne (29 janvier). Mon entrevue avec l'Empereur; je suis nommé capitaine. — Jonction des armées de Silésie et de Bohême : bataille de la Rothière (1er février); combat de Lesmont. — Nouvelle offensive contre Blücher : combats de Champaubert, de Montmirail et de Vauchamps. — Descente sur la Seine contre Schwarzenberg : bataille de Montereau (18 février). — Nommé chef de bataillon, je retrouve ma batterie d'Austerlitz ! — Poursuite des Alliés : combats de Méry et de Troyes. — Retour sur la Marne : engagement près de Château-Thierry. — Poursuite de Blücher au delà de l'Aisne : bataille de Craonne (7 mars). — Les deux journées des 9 et 10 sous Laon. — Reprise de Reims (13 mars). — Descente vers la Seine contre Schwarzenberg : bataille d'Arcis-sur-Aube (21 mars). — Nouveau plan d'opérations de Napoléon sur les derrières de l'ennemi : combat de Saint-Dizier (26 mars). — Rapide retour vers Paris. — Napoléon à Fontainebleau : l'abdication. Le maréchal Ney à Paris : dîner chez Talleyrand et défection de Marmont. — Adieux de Fontainebleau. — Proclamation de Louis XVIII. — Entrée du comte d'Artois à Paris (12 avril). — Entrée de Louis XVIII (3 mai) : la Charte. — Réceptions chez le maréchal Ney et chez Talleyrand. — La Cour et les

Tuileries. — Chasses du duc de Bourbon à Chantilly. — Le maréchal Ney est fait gouverneur de Besançon; ma nomination de chevalier de Saint-Louis.

J'aurais rougi d'attendre les Alliés dans mes foyers; je saisis de nouveau mon sabre et, mon maréchal étant revenu à Paris, j'allai lui offrir de l'assister dans cette dernière lutte, devenue vraiment inégale (1). Le duc d'Elchingen était depuis peu prince de la Moskowa; en le voyant, je le saluai de son nouveau titre qui lui rappela des souvenirs douloureux. « Ah! me dit-il, vous avez bien fait de ne pas venir avec moi en Russie; car, pour cette fois, je vous aurais fait tuer. »

Le maréchal ne tarda pas à recevoir l'ordre de prendre le commandement d'une division d'infanterie de la Jeune Garde, composée de quatre régiments de voltigeurs, de deux batteries et de quatre cents chevaux pour défendre les Vosges. Il se rendit à Nancy, mais cette ville fut bientôt débordée et au pouvoir de l'ennemi, le 18 janvier. J'avais été remis en activité comme lieutenant, le 17 du même mois. Je rejoignis le maréchal à Toul et repris auprès de lui mon service

(1) Dès le mois de novembre, O. Levavasseur avait demandé à reprendre du service. Dans une lettre à Clarke, ministre de la guerre, datée du 23 novembre 1813, Ney écrivit :

Il répond à l'appel fait aux braves et demande à rentrer dans une armée où il s'est toujours distingué.

(Archives de la guerre : dossier O. Levavasseur.) *(Note de l'éditeur.)*

d'aide de camp (1). A mon passage à Bar, j'étais descendu chez le comte de Saint-Aulaire, alors préfet de la Meuse, cet homme d'une réputation d'esprit déjà si grande et d'un caractère si éminemment français.

Après avoir évacué Toul, le maréchal se retira à Ligny et à Bar-le-Duc ; de là, il m'envoya en reconnaissance à Saint-Mihiel, pour savoir si l'ennemi ne se dirigeait pas vers Châlons par Verdun. Arrivé au milieu de la nuit à Saint-Mihiel, j'appris qu'une reconnaissance ennemie venait de quitter la ville ; les habitants étaient encore en émoi de cette visite inattendue. Continuellement débordés et n'ayant que peu ou point de troupes, nous fûmes obligés de nous replier sur Saint-Dizier dans les plaines de la Champagne. Quel sentiment pénible agitait nos cœurs ! Nous qui avions porté les horreurs de la

(1) Extrait des minutes de la Secrétairerie d'Etat du 17 janvier 1814 : *O. Levavasseur est remis en activité de service dans le grade de lieutenant pour être employé comme aide de camp près le maréchal Ney.*

— Note du prince de Neufchâtel datée de Bar-sur-Ornain, 22 janvier 1814, donnant à O. Levavasseur *l'autorisation provisoire d'être aide de camp.*

— Lettre du maréchal Ney, du 22 janvier 1814, pour faire expédier des lettres de service de capitaine aide de camp à M. Levavasseur : ..... *Cet officier a déjà été mon aide de camp. Sa santé, qui l'a forcé il y a quelques années à se retirer du service, lui ayant permis d'en reprendre, il a voulu m'accompagner dans cette campagne, uniquement par zèle et par dévouement. C'est l'un des meilleurs officiers de l'armée et il est lieutenant depuis douze ans.*

Signé : Maréchal Prince de la Moskowa.

(Archives de la guerre : dossier O. Levavasseur.) *(Note de l'éditeur.)*

guerre chez les peuples étrangers, il fallait nous résoudre à la faire sur notre territoire, dans ces mêmes champs où la terre sert de linceul aux ossements des guerriers de tous les âges de notre histoire!

Vers le 24 janvier, le corps d'armée du prince de la Moskowa occupait les environs de Vitry. L'armée française était forte de 70 000 hommes, dont les corps, presque entièrement formés de nouvelles recrues, à peine organisées, avaient devant eux les Alliés victorieux, entrés en France au nombre de 300 000 combattants (1).

L'Empereur, revenant cette fois à sa stratégie habituelle, et sachant que le général autrichien

(1) Ces chiffres, quelque peu forcés, représentent les effectifs des combattants tant du côté français que du côté des Alliés, entrés en France au commencement de janvier.

Armée de Napoléon : Corps de Marmont, de Macdonald, de Victor, de Ney, de Mortier et Ier, IIe, Ve corps de cavalerie.

Alliés : *Grande armée, dite de Bohême,* sous le prince de Schwarzenberg, en route par Langres vers la Seine : 1er corps Colloredo, 2e A. Lichtenstein, 3e Giulay, 4e prince de Wurtemberg, 5e de Wrède, 6e Wiggenstein; divisions légères Bubna et M. Lichtenstein; 6e corps d'Allemagne (hessois). Réserves autrichiennes du prince de Hesse-Hombourg. Grandes réserves russes et prussiennes de Barclay de Tolly. Cosaques de Platow, puis. plus tard, 8e corps d'Allemagne et divisions Prohaska et wurtembergeoise.

Armée de Silésie, sous le feld-maréchal Blücher, se dirigeant vers la Marne à la suite de Ney : corps prussien d'York, corps russe de Sacken, corps russe d'Alsufjew détaché avec la cavalerie de Korff du corps de Langeron, suivis du corps de Kleizt, puis plus tard de celui de Langeron.

De l'*armée du Nord,* sous Bernadotte, seuls les corps de Bülow et de Winzingerode devaient entrer en France et se joindre à Blücher, après la reddition de Soissons. *(Note de l'éditeur.)*

Schwarzenberg n'avait pas encore fait sa jonction avec le feld-maréchal prussien Blücher, dont les avant-postes étaient déjà à Saint-Dizier, marcha, attaqua et repoussa l'ennemi, qui se dirigea sur Brienne (1).

Napoléon s'établit le 27 janvier à Saint-Dizier; la ville était encombrée de troupes. On me donna un billet pour un logement chez la comtesse Clermont de Mont-Saint-Jean et je me présentai avec mes trois domestiques et mes sept chevaux. Ce nombreux équipage effraya sans doute, car on me reçut avec beaucoup moins d'empressement qu'on ne l'eût fait en Autriche et en Pologne, au point qu'il me parut préférable de me retirer et de m'installer à mes frais dans une auberge. Ainsi déjà en France même on nous traitait en ennemis! Néanmoins, je crus devoir, dans la journée, faire une visite à la comtesse, qui me reçut dans son boudoir; là, après mille plaintes contre l'aide de camp de l'Empereur F..., qui, moins discret ou plus entreprenant que moi, s'était emparé de tout son appartement, de sa propre chambre même, et ne lui avait laissé que ce petit cabinet, Mme de Mont-Saint-Jean me fit connaître les craintes que lui inspirait l'arrivée de l'Empereur, et, fondant en larmes, elle témoigna une si vive douleur que je sollicitai d'en connaître les causes. Je réussis sans doute à lui inspirer

(1) Blücher avait laissé à Saint-Dizier le détachement russe de Landskoï pour masquer son mouvement sur Brienne, destiné à couper Mortier isolé. (*Note de l'éditeur.*)

quelque confiance, car elle me dit que le général russe Langeron était descendu la veille chez elle; que, de concert avec son mari, il avait proclamé Louis XVIII roi de France, que Napoléon allait sans doute découvrir ce fait et qu'elle appréhendait les plus grands dangers pour M. de Mont-Saint-Jean, qui était caché dans sa maison. Cette nouvelle me causa la plus grande surprise : homme de la Révolution, j'avais oublié les Bourbons, et leur nom, frappant en quelque sorte pour la première fois mon oreille, avait pour moi une singularité sans exemple. Mme de Mont-Saint-Jean poussait des sanglots; elle implora mes conseils et se mit sous ma sauvegarde. Elle me parla d'une proclamation qui avait paru : je fis tant d'instance pour la connaître qu'elle me la remit. Il est inutile de dire que je promis de ne point divulguer le secret de la comtesse, ni de l'asile de son mari. Cependant, comme je ne pouvais me dispenser de porter un fait aussi grave que celui de la proclamation à la connaissance du maréchal, je courus chez lui et lui montrai cet écrit : il était daté d'Hartwell et signé Louis (1).

(1) *Louis XVIII aux Français :* — Le moment est enfin arrivé où la divine Providence semble prête à briser l'instrument de sa colère ! L'usurpateur du trône de saint Louis, le dévastateur de l'Europe éprouve, à son tour, des revers. Ne feront-ils qu'aggraver les maux de la France, et n'osera-t-elle renverser un pouvoir odieux que ne protègent plus les prestiges de la victoire? Quelles préventions ou quelles craintes pourraient aujourd'hui l'empêcher de se jeter dans les bras de son roi et le reconnaître dans le rétablissement de sa légitime autorité, le

Ney insista pour savoir de quelle personne je tenais ce document; mais, fidèle à ma promesse,

seul gage de l'union, de la paix et du bonheur, que ses promesses ont tant de fois garantis à ses sujets opprimés? Ne voulant, ne pouvant tenir que de leurs efforts le trône, que ses droits et leur amour peuvent seuls affermir, quels vœux seraient contraires à ceux qu'il ne cesse de former? Quel doute pourrait-on élever sur ses intentions paternelles?

Le Roi a dit dans ses déclarations précédentes et il réitère l'assurance que les corps administratifs et judiciaires seront maintenus, dans la plénitude de leurs attributions : qu'il conservera leurs places à ceux qui en seront pourvus et qui lui prêteront serment de fidélité; que les tribunaux, dépositaires des lois, s'interdiront toutes poursuites relatives à ces temps malheureux, dont son retour aura scellé pour jamais l'oubli; qu'enfin, le code souillé du nom de Napoléon, mais qui ne renferme en grande partie que les anciennes ordonnances et coutumes du royaume, restera en vigueur, si l'on en excepte les dispositions contraires aux dogmes religieux, assujettis longtemps, ainsi que la liberté du peuple, aux caprices du tyran.

Le Sénat, où siègent des hommes, que leurs talents distinguent à un si juste titre, et que tant de services peuvent illustrer aux yeux de la France et de la postérité, ce corps dont l'utilité et l'importance ne seront bien reconnues qu'après la Restauration, peut-il manquer d'apercevoir la destinée glorieuse qui l'appelle à être l'instrument du grand bienfait, qui deviendra la plus solide comme la plus honorable garantie de son existence et de ses prérogatives?

A l'égard des propriétés, le Roi, qui a déjà annoncé l'intention d'employer les moyens à concilier les droits et les intérêts de tous, voit les nombreuses transactions, qui ont eu lieu entre les anciens et les nouveaux propriétaires, rendre ce soin presque superflu. Il s'engage maintenant à interdire aux tribunaux toutes procédures contraires auxdites transactions, à encourager les arrangements volontaires et à donner lui-même, ainsi que sa famille, l'exemple de tous les sacrifices qui pourront contribuer au repos de la France et à l'union sincère des Français.

Le Roi a garanti à l'armée la conservation des grades, emplois, solde et appointements, dont elle jouit à présent; il promet aussi aux généraux, officiers et soldats, qui se signaleront en faveur de sa cause, inséparable des intérêts du peuple français, des récompenses plus réelles, des distinctions plus je résistai avec fermeté. Le maréchal se rendit aussitôt chez l'Empereur et revint quelques instants après, me témoignant son mécontentement de ce que je m'obstinais à ne pas révéler le nom du coupable.

Le lendemain, l'Empereur se mit en route pour se diriger sur Brienne; le maréchal et moi nous marchions à sa suite, avec son état-major. Chemin faisant, je fus de nouveau interpellé par M. Lelorgne d'Ideville et par M. de Montesquiou, sur mon obstination à ne pas vouloir désigner la personne qui m'avait confié la proclamation. Je persistai dans mon silence.

Par une pluie et des chemins effroyables, l'Empereur porta, le 28 janvier, son quartier général à Montiérender. L'armée y arriva la nuit; rien n'était

honorables que celles qu'ils ont pu recevoir d'un usurpateur toujours prêt à méconnaître ou même à redouter leurs services. Le Roi prend de nouveau l'engagement d'abolir cette conscription funeste, qui détruit le bonheur des familles et l'espérance de la Patrie.

Telles ont toujours été, telles sont encore les intentions du Roi. Son rétablissement sur le trône de ses ancêtres ne sera pour la France que l'heureuse transition des calamités d'une guerre, que perpétue la tyrannie, aux bienfaits d'une paix solide dont les puissances étrangères ne peuvent trouver la garantie que dans la parole du souverain légitime.

Hartwell, comté de Buckingham, ce 1er janvier 1814.

Signé : Louis.

(*Note d'Octave Levavasseur.*)

préparé pour la faire vivre. Les états-majors s'emparèrent des maisons. Quant au reste de l'armée, qu'on se figure des multitudes de jeunes conscrits, mouillés jusqu'aux os, errant dans les rues, frappant aux portes qu'on ne veut pas leur ouvrir et mendiant une pomme de terre qu'on ne peut pas leur donner !

Le lendemain, 29, nous marchâmes sur Brienne ; Blücher l'occupait et avait pris position en avant ; le maréchal commandait les réserves. L'armée française, se disposant en ligne de bataille, attaqua Blücher ; une affaire des plus meurtrières s'engagea mais la résistance fut si vive et notre attaque faite avec des troupes si peu aguerries, qu'on ne put prendre la ville. Cependant, à la chute du jour, l'Empereur fit porter au prince de la Moskowa l'ordre de presser sa marche, en lui prescrivant de s'avancer sur Brienne par le chemin de Maizières. Pendant que la division... (1) était ramenée en désordre, le prince fut obligé de ralentir sa marche.

Bientôt des paquets entiers de cartouches sont jetés à terre ; nos soldats, malgré l'ardeur des officiers, ne répondent point au commandement de « En avant ! » Un grand nombre d'entre eux se cache derrière les arbres ; d'autres se retirent blessés ou prétextant qu'ils n'ont plus de cartouches. Cependant, les généraux tenaient ferme à peu de

(1) En blanc dans le manuscrit. Il s'agit de la division du général Decouz (Jeune-Garde), mis sous les ordres de Ney et qui fut mortellement blessé dans cette journée. *(Note de l'éditeur.)*

distance de la ville, dans laquelle ils étaient parvenus à repousser l'ennemi, qui s'y défendait vigoureusement; mais ils ne pouvaient ou ne voulaient pas exécuter l'ordre d'y entrer.

L'Empereur, placé près de la ville, faillit être pris par un parti de Cosaques qui manœuvrait sur ses derrières. L'un de ces Cosaques allait frapper Napoléon de sa lance, lorsque le chef d'escadron d'ordonnance Gourgaud prévint le coup en tuant l'agresseur; la division Meunier dégagea l'Empereur.

Suivant son usage et voyant qu'il fallait rendre du cœur à ses troupes, Napoléon donna l'ordre d'aller préparer son logement dans Brienne. Le maréchal se tournant aussitôt vers moi : « Levavasseur, me dit-il, allez faire le logement de l'Empereur à Brienne. » En me rendant dans cette ville, je rencontrai une forte colonne de blessés et de fuyards, qui couvrait la route et qui se dirigeait en arrière : « Où allez-vous? leur dis-je; retournez : l'Empereur couche à Brienne : retournez sur vos pas! » Ils rebroussèrent chemin sur-le-champ. Je galopai vers les comtes Reille et d'Erlon pour leur intimer l'ordre de pénétrer dans la ville; ces généraux s'y refusèrent. Pendant que j'insistais auprès d'eux, je m'aperçus que la colonne des blessés, que j'avais fait retourner, entrait dans Brienne sans opposition. Je montai avec elle au château qui domine la ville; mais, tandis que, sans descendre de cheval, je frappais aux persiennes pour me faire ouvrir les portes, l'ennemi attaquait nos blessés et les achevait; les coups de feu retentissaient dans les rues. Étonné et surpris, je m'échappai et gagnai la plaine non sans dangers, indigné du peu de courage de nos troupes, car deux compagnies placées au château auraient pu prendre la ville et la défendre contre toute attaque ultérieure. J'arrivai auprès du maréchal, auquel je témoignai toute mon indignation : « Allez auprès de l'Empereur, me dit-il, et faites vous-même le rapport. » Je courus de suite au quartier général, qui était au village de Maizières, à une lieue en arrière. Il faisait nuit : ma route était éclairée par les flammes de l'incendie, allumé dans les rues de Brienne après mon départ : spectacle plein de grandeur et de désolation !

J'arrive à Maizières vers minuit, tout couvert de boue; je vais auprès du major-général Berthier et lui rends compte de l'attaque infructueuse du château, du découragement des troupes, de l'incertitude des généraux eux-mêmes, des chances que nous avons perdues pour emporter la position de Brienne. J'ajoute que la situation de l'esprit public est telle que nous ne pouvons combattre les Alliés avec succès, que véritablement la France et l'armée ne veulent plus de guerre; que, avec des troupes telles que les nôtres, nous ne pouvons qu'essuyer des revers, et qu'il faut faire la paix, car tel est le vœu bien prononcé de toute la France; que nous sommes mal reçus dans nos logements; que la ville de Paris, d'où je viens, attend l'ennemi et le désire pour en finir; que le prestige, qui, jusqu'alors, suivait l'Empereur, est détruit.

Le maréchal Berthier m'écouta avec attention; il me prit sous le bras et me dit : « Mon ami, venez avec moi voir l'Empereur; dites-lui bien tout ce que vous avez vu, tout ce que vous savez et parlez avec confiance. » Tout en cheminant, le prince de Neuchâtel m'encourageait encore. L'Empereur était logé dans une maison voisine. Berthier, me conduisant toujours, me fit traverser une salle dont le plancher servait de lit de camp à tous les officiers d'ordonnance, au point que nous eûmes peine à poser le pied par terre.

On ouvre la porte; la voix de l'Empereur se fait entendre : « Qui est là? » — « Sire, répond Berthier, c'est l'aide de camp du maréchal Ney qui revient de Brienne. » L'Empereur était couché tout habillé sur un canapé.

Il se leva et vint s'asseoir auprès de la table, recouverte d'un tapis vert, qui se trouvait au milieu de l'appartement; cette table supportait deux bougies. Drouot était assis tout pensif dans un coin, en face de l'entrée, et Bertrand occupait la droite : « D'où venez-vous? Qu'y a-t-il de nouveau? » — « Sire, Votre Majesté a ordonné de faire son logement à Brienne. Aussi en m'y rendant, j'ai cru devoir faire rétrograder une forte colonne de blessés, qui couvraient la route et qui retournaient, en les assurant que vous alliez coucher ce soir à Brienne et qu'il était inutile de revenir sur leurs pas; que cette ville allait être occupée et qu'elle serait à notre disposition. Je galopais, criant « A Brienne! à Brienne! » et me présentant à tous les généraux en leur disant que l'Empereur coucherait à Brienne et qu'il fallait y entrer; mais je n'étais pas écouté. »

Je répétai à Napoléon ce que j'avais déjà dit à Berthier et au maréchal Ney, et, mettant à mon langage toute l'animation possible : « Sire, ajoutai-je, on cache la vérité à Votre Majesté. Je crois devoir la lui dire : la France et l'armée demandent la paix; on veut la paix, et, si Votre Majesté n'a pas d'autres troupes que ces nouvelles recrues à opposer aux vieux soldats des Alliés, nous ne pouvons espérer aucune victoire. » L'Empereur semblait m'écouter avec calme et intérêt et même, par son attitude, il paraissait m'engager à continuer. Fort de tout ce que j'avais vu et entendu, tant à Paris que dans les campagnes, fort surtout de l'approbation des deux maréchaux Ney et Berthier, je me hasardai à parler des mauvaises dispositions manifestées de toutes parts et de l'altération de l'esprit public : « Sire, dis-je à Napoléon, les Français attendent les Alliés avec plaisir. Pour eux, recevoir les Alliés est un mal moindre que la continuation de la guerre. » A ces mots, Bertrand se leva avec vivacité : « Qu'avez-vous dit, monsieur? Vous trompez l'Empereur. Rien de ce que vous venez de dire n'est exact. » — « Sire, repris-je, ce que j'avance est vrai, veuillez le croire : j'ajouterai même que Votre Majesté n'a pas le prestige qui l'environnait et qu'elle a perdu de l'amour des Français. »

La discussion s'anima entre Bertrand et moi, à tel point que l'Empereur, me regardant fixement : « C'est assez, dit-il, qui êtes-vous? » Ce ton sévère, qui contrastait avec l'appui que je croyais avoir obtenu de l'Empereur, me fit tout à coup rentrer en moi-même; il fallait éviter de prononcer mon nom : « Sire, dis-je à Napoléon, je sers Votre Majesté par zèle, par dévouement... Après avoir été six ans aide de camp du maréchal Ney, j'ai quitté le service en donnant ma démission; mais, voyant l'ennemi marcher vers la France, j'ai cru devoir reprendre mon vieil uniforme et rejoindre mon maréchal. » — « Je ne demande pas cela, reprit l'Empereur, comment vous appelez-vous? » — « Sire, sorti de l'artillerie légère, j'ai été nommé à Guttstadt aide de camp... » — « Votre nom? » — « Octave Levavasseur. » Et, saluant de la main, je me retirai.

Ma fatigue était extrême : avant de retourner auprès du maréchal, je crus devoir me reposer pendant quelques heures. Il paraît que, pendant cet intervalle, le prince de Neuchâtel avait envoyé au maréchal un rapport sur cette scène, car, à mon retour, vers 6 heures du matin, elle était la nouvelle de tout l'état-major. Le maréchal, lorsque je l'abordai, me reçut vertement en me disant :

« Vous m'avez compromis! » — « Non, monsieur le maréchal, vous n'êtes pour rien dans cette affaire; j'entends en supporter seul les conséquences. » Déjà même, on avait tronqué mes paroles; on avait prétendu que dans le feu de la conversation, j'avais dit à l'Empereur qu'il était exécré. Ce fait était de toute fausseté.

En même temps que cela se passait, l'ennemi évacuait Brienne. Le matin, nos troupes y entrèrent, et l'Empereur établit son quartier général au château. Quel fut l'étonnement de notre état-major, quand, à 10 heures le 30 janvier, arriva un officier d'ordonnance de Napoléon, apportant pour moi un brevet de capitaine aide de camp du maréchal, prince de la Moskowa. On pense bien qu'après cette faveur non sollicitée, tous les commentaires, dont ma conduite avait été l'objet, prirent une autre direction (1).

Il avait fait froid pendant la nuit; les blessés étaient restés sur le champ de bataille, attachés à la terre par la gelée, en sorte que la plaine offrait l'aspect le plus horrible; les blessés poussaient des

(1) Extrait des Minutes de la Secrétairerie d'Etat :

Au quartier général de Brienne, 31 janvier 1814.

Napoléon, Empereur des Français, roi d'Italie, protecteur de la Confédération du Rhin, médiateur de la Confédération Suisse : Le Lieutenant Levavasseur, aide de camp du Maréchal Prince de la Moskowa, est nommé capitaine. — (Pièce du dossier d'O. Levavasseur, Archives de la Guerre.) (*Note de l'éditeur.*)

plaintes affreuses. L'Empereur ordonna une revue sur ce même terrain; les soldats, pour garder leurs lignes, avaient entre les rangs leurs camarades gisant morts sur le sol ou jetant des râles d'agonie. Impression ineffaçable pour de jeunes combattants! Cette revue fut morne et silencieuse.

A dater de l'entrevue de Maizières, l'Empereur, chaque fois qu'il me voyait courir sur le champ de bataille, m'appelait auprès de lui, pour lui rendre compte de ma mission, et je marchais à ses côtés, en répondant à ses questions jusqu'au moment où il me congédiait.

Cependant, l'Empereur avait fait suivre par la cavalerie avec une partie de l'infanterie Blücher, retiré sur la route de Bar. Mais le feld-maréchal, se sentant fort de l'appui du prince de Schwarzenberg, s'arrêta, le 30, à Trannes, y resta le 31, puis se reporta sur la Rothière. Là, eut lieu le lendemain, 1er février, un nouveau combat fort meurtrier. Le ciel était obscurci par la neige qui tombait à gros flocons; nous fîmes d'abord un mouvement vers Lesmont, mais l'Empereur nous rappela.

La division Meunier chercha vainement à s'emparer du bois d'Agou, et la division Rothembourg de la Rothière (1). Les réserves, toujours sous le

(1) Les divisions Meunier, Rothembourg et Decouz (blessé à Brienne, remplacé plus tard par Curial) formaient l'infanterie de la Jeune Garde. *(Note de l'éditeur.)*

commandement du prince de la Moskowa, se composaient de quatre divisions : celle du général Rothembourg, en bataille à gauche et à hauteur de Brienne-la-Vieille; celles des généraux Decouz et Meunier, en marche de Lesmont sur la ferme de Beugné; celle du général Defrance, gardant le pont de Lesmont. Notre armée fut battue et la Garde abandonna toute son artillerie. C'est dans cette bataille que j'eus la douleur de voir des officiers d'artillerie de la Garde de l'Empereur quitter des pièces que nous fîmes nous-mêmes relever et que nous emmenâmes. L'esprit de cette époque était bien différent de celui d'Austerlitz, car, alors, les officiers périssaient plutôt que d'abandonner leurs canons; le personnel et le matériel ne formaient qu'un tout inséparable.

On se retira en désordre sur l'Aube, vers Lesmont; le maréchal, à la tête de la réserve, fut chargé de soutenir ce mouvement en arrière.

A partir de ce moment, grâce au prince de la Moskowa, la retraite s'opéra régulièrement; plusieurs combats partiels furent livrés, à la suite desquels nous passâmes le pont.

Le prince de la Moskowa, quoique vivement pressé par les corps de Giulay et de Wurtemberg, établit le soir son quartier dans Lesmont même et mit une garde au pont, mais sans le faire couper. Au milieu de la nuit, une fusillade se fait entendre; l'ennemi a franchi le pont de vive force; il est dans le village. Le maréchal se jette à bas de son lit, traverse la cour, le jardin, arrête les soldats qui fuient, en forme un peloton, se met à sa tête, s'avance précipitamment vers le pont et engage à l'entrée une fusillade nourrie. Chacun de nous, réveillé en sursaut, court à ses armes, à ses chevaux, marche au feu : le pont est repris, et ceux des attaquants, qui ont causé cette alerte et sont restés dans le village, périssent ou se rendent prisonniers.

Tel était le maréchal dont les inspirations en pareille circonstance dénotaient une présence d'esprit étonnante : la réflexion la plus approfondie, après l'événement, n'aurait pu trouver mieux que ce qu'il avait conçu spontanément et exécuté de même. On demandera pourquoi le maréchal, qui fit couper le pont le lendemain, n'avait pas ordonné cette opération la veille. Tel n'était pas son caractère : il ne voulait jamais faire voir à l'ennemi, ni à ses propres troupes, qu'il y avait du danger.

Nous entrâmes à Troyes, le 3 février, et y trouvâmes un esprit public peu disposé en notre faveur; l'attitude des habitants de Troyes était une triste confirmation des paroles que j'avais dites à l'Empereur.

Cependant, le prince de Schwarzenberg marchait vers nous, tandis que Blücher prenait le chemin de Paris. L'Empereur conçut l'idée de retenir le plus longtemps possible Schwarzenberg à Troyes, tandis qu'il méditait une attaque sur Blücher, vis-à-vis duquel le duc de Tarente battait en retraite par la route de Paris. Il laissa donc le duc de Trévise à Troyes, en face de Schwarzenberg, marcha avec rapidité sur Nogent, où nous arrivâmes le 7. Ce mouvement continua vers Sézanne, point vers lequel Blücher rétrogradait pour prendre position un peu en arrière sur le chemin de Villenoxe et Barbonne à Sézanne. L'Empereur y rejoignit le prince de la Moskowa dans la nuit du 9 au 10. Le 10, toute l'armée marchait en avant de Sézanne, lorsqu'elle rencontra un corps russe commandé par Alsufjew. C'était un corps isolé, qui venait se joindre à la grande armée des Alliés. L'Empereur le fit vigoureusement attaquer par toute sa cavalerie et par l'infanterie du prince de la Moskowa, déployée dans la plaine; vainement ce corps voulut résister; nous le culbutâmes : le général Alsufjew lui-même fut fait prisonnier avec deux autres généraux et une nombreuse artillerie. Nous couchâmes à Champaubert, qui donna son nom au combat de cette journée. On remarquera, dans ce récit, que l'Empereur composa et décomposa ses corps d'armée à plusieurs reprises. Par ce système, il voulait laisser ignorer à l'ennemi la composition réelle de ses différents corps et en cacher la faiblesse. Tel maréchal qui, la veille, avait 20 000 hommes sous son commandement, n'en avait plus le lendemain que 3 000, et l'ennemi le croyait toujours en possession du même nombre. L'ennemi grossissait donc notre armée au delà de ses proportions réelles, et les renseignements qu'il pouvait prendre étaient tout à notre avantage. Cette tactique fut fréquemment employée pendant cette campagne.

Napoléon avait recueilli à Champaubert le fruit de la combinaison qui consistait à battre les corps ennemis les uns après les autres. Il s'empressa le lendemain, 11 février, de marcher sur Montmirail, où il pensait trouver le corps de Sacken avant sa jonction avec York. Effectivement, ce corps occupait une position formidable, sur le bord de la route de Châlons vers la Ferté-sous-Jouarre. Un grand ravin couvrait son front de bataille : il fallait l'en débusquer. Le prince de la Moskowa, établi à Marchais avec ses divisions, se mit en mouvement avec la Vieille Garde, marcha droit au ravin dans lequel s'abritaient les bataillons ennemis (1). Nous n'apercevions que les têtes des hommes qui, couverts par les flancs du ravin, tiraient sans danger sur nos grenadiers présentant leurs belles poitrines sans défense. Le maréchal criait « En avant! » et la Vieille Garde le suivait, marchant intrépidement sous un feu qu'elle ne pouvait éteindre. Un sentiment pénible m'agitait à la vue de l'élite de l'armée française périssant ainsi assassinée. Un grand nombre de ces braves succombèrent : cependant, le prince de la Moskowa, à leur tête, parvint à s'em-

(1) La Vieille Garde comprenait les divisions Friant et Mortier. *(Note de l'éditeur.)*

parer de la ferme de la Haute-Épine; cette prise décida du succès de cette bataille mémorable.

Nous marchions sur la Ferté; mais, apprenant en route que le corps d'York se rapprochait de Montmirail, et rencontrant une colonne que le duc de Tarente avait détachée pour observer Sacken, l'Empereur laissa cette colonne à Vieux-Maisons et retourna au-devant d'York, que nous rencontrâmes, le 12 février, sur la route de Montmirail à Château-Thierry.

Là, 3 000 chevaux étaient en présence de part et d'autre. Notre cavalerie, sous les ordres du prince de la Moskowa, fit différentes charges qui eurent le plus grand succès (1).

L'ennemi, voyant qu'il ne pouvait résister, opéra sa retraite; nos escadrons, pleins d'ardeur, le pressèrent jusque dans la vallée de la Marne. Arrivés sur la crête, nous aperçûmes une masse énorme d'infanterie et de cavalerie, qui avait un pont à passer derrière elle. Encore un dernier élan et toute cette troupe allait être culbutée dans la Marne ou faite prisonnière. Mais, à cet instant, l'Empereur parut; le maréchal Ney fut paralysé par sa présence. L'Empereur, au lieu d'ordonner la continuation du mouvement, se contenta d'examiner le défilé de l'ennemi sur le pont et nous perdîmes ainsi le fruit de notre victoire.

(1) Divisions de cavalerie Lefebvre-Desnouettes, Laferrière, Colbert et Defrance. En attendant l'arrivée de l'Empereur, Ney avait le commandement des troupes. *(Note de l'éditeur.)*

Dans cette belle charge de cavalerie, il m'arriva un fait que je dois mentionner. Seul en avant, je poursuivais un officier de cavalerie prussienne que j'étais sur le point de toucher; tout à coup cet officier fait volte-face et oppose la pointe de son sabre au mien que je lui présente. Ayant mes yeux dans les siens, je poussais des hourras, auxquels il ne répondait que par des signes d'inquiétude, car il apercevait nos troupes venir derrière moi. Nous restâmes ainsi pendant quelques minutes; les troupes allaient nous joindre. Tout à coup, cet officier fit de nouveau volte-face, et, piquant des deux, il s'enfuit sans que je pusse l'atteindre, car ce fut à ce moment que la charge générale s'arrêta.

C'est dans cette circonstance, spécialement, que je remarquai l'impression que produisait la présence de l'Empereur sur ses maréchaux. Assurément, le mouvement ordonné par le prince de la Moskowa était bien conçu, et il fallait le poursuivre, mais le maréchal n'osa plus rien ordonner. Tel était l'ascendant de Napoléon que son aspect seul ôtait tout esprit d'initiative à son meilleur lieutenant. Le maréchal Ney était, pour ainsi dire, tremblant à l'approche de Napoléon, non de ce sentiment qui préoccupe le courtisan, mais de ce respect qui anime l'homme de guerre, devant celui en qui il reconnaît la supériorité. Les autres maréchaux étaient comme le prince de la Moskowa : Lannes seul avait su conserver son ancienne fierté.

Le lendemain, 13 février, l'Empereur, informé que Blücher marchait sur Montmirail et repoussait Marmont qui lui était opposé, se dirigea en toute hâte vers ce point; il arriva, le 14, à Vauxchamps à la tête de toute sa cavalerie et de l'artillerie, qui se mirent en bataille en face de Blücher, alors plein de son succès.

Arrivé auprès de Janvilliers, village voisin de Vauxchamps, le maréchal pénétra seul, avec son état-major, dans les rues, qui venaient d'être occupées par l'ennemi, sans savoir si le village était évacué. Parvenu au milieu des habitations, le maréchal s'achemina vers une petite ruelle très étroite qu'il pensait devoir le conduire vers notre armée; le croyant en danger, je m'élançai pour marcher devant lui : tout son état-major le suivait. A un détour, je vis venir à moi un lancier que je pris pour un ennemi. Étonné, j'arrêtai mon cheval : « Auriez-vous peur, Levavasseur? » cria le maréchal. » — « Non, répondis-je, c'est mon cheval. » Ayant reconnu que ce lancier était des nôtres, et, piqué du propos du prince qui avait été entendu par mes camarades, je sentis se gonfler ma poitrine. J'arrivai en maugréant sur le champ de bataille : à quelque distance devant le maréchal, se trouvait une vedette ennemie. Je m'élançai : la vedette lâcha son coup de fusil sur moi; je fondis au galop sur elle et, l'attaquant vigoureusement à coups de sabre, je la ramenai prisonnière aux pieds de Ney. Je prouvai par là au prince et à mes camarades que le propos, qui avait été tenu, ne m'était pas applicable.

Pendant ce temps, Blücher avait jugé, à nos dispositions et à celles de la cavalerie, qu'un renfort était arrivé à Raguse et le soutenait. Une canonnade s'engage et bientôt les lignes de Blücher sont rejetées en arrière. Notre armée prend place successivement sur les plateaux; notre cavalerie, soutenue vigoureusement par l'artillerie, attaque Blücher par sa droite, par sa gauche, et le force à concentrer ses troupes.

L'Empereur, voyant son hésitation, ordonne une charge de cavalerie de la Garde par notre droite, et en peu d'instants toute l'armée ennemie, forte de 30 000 hommes, se trouve rassemblée et bat en retraite en colonne, par gros pelotons. Cette masse de troupes marche ainsi en colonnes serrées, et toute notre cavalerie, comme un essaim d'abeilles autour d'elle, la harcèle et l'aiguillonne avec la lance. Le mouvement continue de cette manière pendant une demi-heure, sans que nous puissions rien entamer. Cependant, un de nos officiers supérieurs, rassemblant les troupes polonaises, commande une charge en travers et coupe en écharpe cette ligne épaisse, qui se divise en deux parties à peu près égales : la première continue sa marche; la seconde s'arrête. Toute notre cavalerie dans ce moment fond sur elle; les 15 000 soldats se couchent à terre aussitôt. Nos cavaliers piétinent sur les hommes prosternés et sabrent ceux qui ont le malheur de lever la tête. Quelques coups de fusil seulement se font entendre dans cette mêlée et on fait nombre de prisonniers. En même temps, la masse en avant poursuit sa marche; je marche derrière elle pendant plus de deux heures avec un petit nombre de cavaliers, en continuant nos cris autour d'elle. Cependant la nuit arrive : à la faible lueur du crépuscule, j'aperçois cette colonne s'arrêtant auprès d'un bois.

Une idée singulière me traverse alors l'esprit; je demande un trompette et m'avance en lui ordonnant de sonner en parlementaire. A chaque appel, je m'arrête et j'écoute; j'avance toujours en gardant le plus profond silence. Enfin, arrivé à une faible distance, j'entends que l'on crie : « Qui vive? Que demandez-vous? » — « De par l'Empereur, répondis-je en élevant la voix, je vous somme de vous rendre; vous êtes enveloppés par 20 000 hommes d'infanterie et de cavalerie. » — « Va dire à ton Empereur, crie alors une voix, que nous avons encore vingt bataillons d'infanterie et que nous sommes prêts à lui répondre. » A ces paroles, je vis que la pensée que j'avais eu de faire à moi seul 15 000 prisonniers ne pouvait réussir. Je fis volte-face et rentrai à l'état-major du maréchal, à qui je racontai le fait. Il était déjà 11 heures du soir.

L'Empereur, poursuivant son mouvement, s'établit, le 15, à la Ferté-sous-Jouarre et, le 16, à Guignes, où il réorganisa différents corps : il se voyait dès lors en état de reprendre l'offensive. Il se disposa à marcher sur Reims, qui avait été pris et qu'il ne pouvait laisser dans la possession de l'ennemi (1).

Je crus pouvoir profiter de cet instant pour demander au maréchal la permission d'aller passer vingt-quatre heures à Paris. Ney me permit d'exécuter ce projet, mais je pus à peine mettre le pied dans la capitale, car j'y sus qu'un nouvel engagement se préparait. Je rejoignis le prince de la Moskowa, le 18, au commencement de l'attaque de Montereau : l'affaire était engagée depuis le matin. Il était 2 heures de l'après-midi et nos troupes n'avaient pas encore obtenu de succès remarquable. L'Empereur arriva à la tête du principal corps d'armée et il ordonna aussitôt l'attaque de vive force du plateau de Surville sur lequel l'ennemi était en position.

Tout se porta en avant; une vigoureuse fusillade s'engagea; l'artillerie, commandée par le général Digeon, appuyait l'infanterie, qui continuait à se porter en avant. Les batteries s'étaient élancées vers la droite et faisaient un feu qui prenait l'ennemi en flanc.

Je fus envoyé plusieurs fois par le maréchal

(1) Napoléon, ayant alors rejeté Blücher sur la Marne, allait se retourner contre Schwarzenberg qui avançait par la vallée de la Seine, en refoulant Victor et Oudinot. *(Note de l'éditeur.)*

pour faire occuper à ces batteries les positions qu'indiquait l'Empereur. A cette attaque, conduite avec impétuosité, l'ennemi ne put rien opposer. Il plia, quitta le plateau et descendit dans la ville, où de nouvelles batteries vomirent sur lui une grêle de mitraille. Nous poursuivîmes hardiment l'ennemi, qui descendit dans Montereau et fit sa retraite. Le mouvement du voyage, la précipitation que j'avais mise à parcourir la distance qui sépare Montereau de Paris, le bruit du canon, que j'entendais bien avant d'arriver sur le champ de bataille, la vue du champ de bataille lui-même, où se livrait un combat acharné, les ordres qu'il me fallut recevoir et transmettre dans la mêlée, imprimèrent à mon sang une telle animation, qu'aujourd'hui encore je me rappelle à peine et l'action générale et les actions particulières dans lesquelles je fus engagé. La seule chose dont je puisse me souvenir, c'est que je rencontrai plusieurs fois l'Empereur et que le lendemain de l'affaire, 19 février, Alexandre de Girardin, aide de camp de Berthier, arriva à l'état-major de Ney, m'apportant un brevet de chef d'escadron : trois semaines s'étaient à peine écoulées depuis ma nomination de capitaine (1).

(1) Plus exactement *chef de bataillon*, d'après l'appellation de l'époque. — Note datée du 18 mars 1814 et conservée aux Archives de la guerre (dossier Levavasseur) : *Par décret du 19 février, O. Levavasseur a été nommé chef de bataillon et autorisé à porter les marques distinctives de ce grade.* En marge : *Ne pas parler du traitement. — (Note de l'éditeur.)*

Le même jour, je retrouvai ma batterie d'artillerie légère d'Austerlitz, et je reconnus le canonnier Lapostalet, de Belfort : « Comment? te voilà! toi! ..... mon vieux brave! Tu n'as pas la croix d'honneur? Qui commande la batterie? » — « C'est le capitaine Lebeau. » — « Y a-t-il encore des canonniers d'Austerlitz? » — « Oui, il y en a encore six. » Il me les désigna. « Pars, lui dis-je, va prier Lebeau de faire à l'instant une demande de croix pour ces six canonniers, et reviens immédiatement. » Lapostalet partit et revint au moment où j'étais à table avec le maréchal; il me remit le papier que j'ouvris. Le capitaine Lebeau, pensant que la part du lion lui appartenait, se portait comme officier, en désignant pour la croix Lapostalet et plusieurs autres canonniers, qui n'étaient pas ceux d'Austerlitz. Je me lève en disant à Lapostalet : « Ce n'est pas ainsi que cette proposition doit être conçue; va dire à Lebeau que j'insiste pour qu'il porte ceux que j'ai commandés autrefois. »

Lapostalet partit de nouveau et revint bientôt avec une nouvelle proposition, sur laquelle Lebeau était toujours en tête comme officier; les noms voulus suivaient le sien. Après le dîner, le maréchal se rendit chez l'Empereur; je l'accompagnai. Chemin faisant, je lui dis que je venais de rencontrer mon ancienne batterie d'artillerie d'Austerlitz; qu'elle était commandée par un officier, qui n'avait jamais rien demandé, et qu'aucun de mes braves canonniers n'avait la croix. Je le priai de vouloir bien remettre à l'Empereur ma demande, en faisant observer que les batteries isolées étaient toujours oubliées et n'obtenaient aucune récompense. « Donnez », répondit le maréchal; et, une heure après, à la sortie du cabinet, il me dit : « Votre demande est accordée. » C'est ainsi que Lebeau et les canonniers furent décorés de la croix des braves.

Nous marchâmes vers Troyes en poursuivant l'ennemi sur deux colonnes : la première occupait la rive droite et la deuxième la rive gauche de la Seine. L'Empereur et le maréchal Ney, à la tête de la première colonne, se dirigèrent par Nogent; l'autre corps d'armée passa par Provins et Méry, d'où il repoussa l'ennemi vers Troyes. Un combat sanglant fut livré à Méry, le 22 février.

Le 23, nous arrivâmes en vue de la ville de Troyes, occupée par les souverains alliés. Notre armée se mit en bataille près de la ville, à droite et à gauche de la grande route; on engagea la fusillade; le canon attaqua. J'étais à l'extrême droite, lorsqu'un trompette s'avança en parlementaire : je m'approchai. Il précédait Venceslas de Lichtenstein, qui s'écria : « Où est l'Empereur? » Je priai le prince de me suivre et nous galopâmes ensemble jusqu'auprès du maréchal : « Monsieur le maréchal, dit-il, je vous apporte la paix; où est l'Empereur? »

Le maréchal partit avec Lichtenstein et je les suivis tous deux.

L'Empereur était seul près d'un feu de bivouac, sur la grande route, à un quart de lieue de Troyes; à trente pas en arrière, se trouvait un autre feu, autour duquel étaient les aides de camp et officiers d'ordonnance, Gourgaud, Drouot, d'Hautpoul entre autres. Nous mîmes pied à terre; le maréchal Ney prit la droite de l'Empereur, le prince de Lichtenstein sa gauche, et je m'arrêtai au centre, presque en face de Napoléon : « Sire, dit le prince, j'apporte à Votre Majesté la paix aux conditions qu'elle a elle-même dictées à Châtillon-sur-Seine; ainsi, dès ce moment, que toute hostilité cesse : les souverains alliés vous demandent à vivre désormais en frères avec Votre Majesté (1). »

Dans ce moment solennel, je regardais cet homme, qui tenait le sort du monde entre ses deux mains; la flamme du bivouac s'élevait entre nous deux, et la figure de Napoléon brillait au milieu d'elle comme s'il eût été le génie du feu.

L'Empereur se retournait, les mains derrière le dos; il marchait, piétinait en pivotant sur lui-même; levant enfin les yeux vers le ciel, il réfléchit pendant quelque temps, puis, fixant le maréchal Ney, il dit : « Eh bien! Ney, nous sommes

(1) Le congrès de Châtillon était ouvert depuis le 4 février et les conférences allaient se succéder jusqu'au 18 mars, sans résultat d'ailleurs. Seul le traité de Chaumont, signé le 1er mars, resserrait l'alliance des souverains alliés. *(Note de l'éditeur.)*

plus près de Munich que de Paris, n'est-ce pas? Les armées, ajouta-t-il, les armées, aujourd'hui ici, demain... » Et son geste indiquait la Pologne.

Le prince de Lichtenstein garda quelque temps le silence, puis il reprit timidement : « Sire, les souverains alliés sont dans Troyes, où ils ont tous leurs équipages; ils n'ont d'autre moyen de défense que l'incendie de la ville. » — « C'est bien, c'est bien », dit l'Empereur; et se retournant vers le bivouac de l'état-major : « Drouot, ajouta-t-il, faites commencer le feu par le pont d'Arcis (1). » Aussitôt Drouot monta à cheval, le prince se retira, et, dix minutes après, trois coups de canon furent tirés; des flammes annonçant l'incendie s'élevèrent au-dessus des murs de Troyes; mais ces coups de canon et l'incendie lui-même n'eurent aucune suite : chacun resta dans sa position. Tel était l'Empereur : après un revers, il eût peut-être avec peine cédé quelque chose; mais le plus petit succès lui faisait entrevoir la reprise de tout le terrain perdu, et il n'y avait plus de traité possible.

Pendant la nuit suivante, l'armée ennemie éva-

(1) De fait, l'Empereur envoya le lendemain, 24, aux avant-postes de Lusigny le général Flahaut, pour traiter de l'armistice proposé par les Alliés, mais ce commissaire dut déclarer que les pourparlers n'interrompraient pas les opérations.

Le 25, les souverains, réunis à Bar-sur-Aube, décidèrent que la grande armée de Schwarzenberg se retirerait sur Langres, mais que Blücher avec l'armée de Silésie serait laissé maître de ses mouvements. Les deux masses ennemies, à peine réunies, allaient de nouveau se séparer. *(Note de l'éditeur.)*

cua la ville et, à 6 heures, l'armée française y fit son entrée ; nous fûmes reçus cette fois avec acclamations. Là, nous apprîmes que l'ennemi se retirait sur Bar-sur-Aube et sur Langres ; mais on ajoutait qu'une colonne, dont on ignorait la force, avait filé du côté d'Arcis. L'Empereur donna aussitôt l'ordre au maréchal de suivre cette colonne, que tout faisait croire devoir être dirigée sur Nancy. Nous commençâmes la marche, et quelle fut notre surprise, en entrant à Arcis, d'apprendre que la colonne avait pris le chemin de Sézanne ! Un officier partit pour informer l'Empereur de ce fait ; dans cet intervalle, arriva un aide de camp de l'Empereur annonçant que les souverains alliés étaient sur le point d'être faits prisonniers, que nous étions sur leurs talons, que leur déroute était complète, etc. Nous restâmes à Arcis attendant le retour de notre officier d'état-major. Le maréchal fit disposer son corps de manière à couper toute retraite à la colonne dirigée sur Sézanne, ne pouvant présumer qu'elle avait pris une autre direction, et persuadé d'ailleurs qu'elle devait suivre le mouvement général de retraite des Alliés. Cette conviction nous fit rester dans la vallée de Vassy, afin d'intercepter les passages. Ce ne fut pas cette fois seulement, ainsi qu'on le verra plus tard, que cette vallée devint le théâtre de nos déceptions.

Après plusieurs jours de manœuvres inutiles, le maréchal reçut l'ordre de rejoindre l'Empereur. Notre marche jusqu'à Fère-Champenoise ne fut signalée par aucun événement que je puisse rapporter. Arrivé près de cette petite ville, le maréchal m'envoya y faire son logement. Je partis et me fis suivre par une vingtaine de chasseurs de l'escorte.

Le jour tombait : j'entends rouler des voitures et du monde venir à nous. Éparpillés dans la plaine, mes soldats poussent des hourras, et nous apercevons une ligne de bataille de 150 à 200 hommes. Aucun coup de fusil n'est tiré et nous de crier « Hourra ! » de plus belle en avançant. Quelle fut notre surprise, arrivés sur eux, de voir tous les fusils couchés à terre, et les officiers en tête criant : « Prisonniers ! » Deux caissons attelés de six chevaux étaient près de là ; mes chasseurs et moi, craignant qu'à la vue de notre petite troupe ces prisonniers ne ramassassent leurs fusils et ne se défendissent, les poussâmes avec impétuosité sur leur extrême droite ; ils ne formèrent plus bientôt qu'une masse entièrement désarmée. Pendant le trajet pour rejoindre le maréchal, mes chasseurs dépouillèrent ces malheureux de leurs sacs, en sabrant ceux qui opposaient de la résistance. Pour moi, je m'étais fait suivre par le caisson chargé de munitions ; il était attelé de six beaux chevaux hanovriens. Ce petit convoi était envoyé à Blücher, et les Prussiens qui l'escortaient s'étaient égarés dans la plaine. Je fis vider les caissons par des paysans, et bientôt le maréchal nous rejoignit. Je lui remis les prisonniers et gardai les chevaux de l'un des caissons. Quant à l'autre caisson et aux fusils, j'avais été obligé de les laisser sur le terrain; ils devinrent bientôt la proie des paysans.

Nous rejoignîmes Napoléon à la Ferté-sous-Jouarre, d'où nous marchâmes sur Château-Thierry que l'on savait occupé par l'ennemi. Nous étions à trois lieues de cette ville, dans un petit hameau abandonné où l'on avait peine à rencontrer un habitant, lorsque l'Empereur ordonna d'aller faire son logement à Château-Thierry. Le maréchal Berthier chargea un officier et quatre chasseurs d'exécuter cet ordre. Les autres maréchaux et généraux envoyèrent chacun un officier et plusieurs hommes avec la même mission. Je fis partie de ce détachement, composé de sept à huit officiers et de trente ou quarante hommes de différentes armes. En descendant la côte de Château-Thierry, nous entendons des coups de feu et nous voyons galoper vers la ville un poste de cavalerie, placé au bas de la côte. Au même instant, notre groupe de partir spontanément au galop aux cris de « Hourra! En avant! » et nous arrivons dans la ville, où des habitants nous indiquent, par des signes, les rues que nous devons suivre pour atteindre l'ennemi. Sortis dans la campagne, nous apercevons un régiment de lanciers russes rangés en bataille; nous nous plaçons en face de lui en criant « Hourra! Hourra! En avant! » et nous voyons le colonel ordonner la retraite en colonne sur la route. Nos officiers et soldats ne tardent pas à arriver sur la queue de cette colonne qui, faisant sa retraite au trot, nous permet de l'atteindre; les cavaliers ne peuvent se défendre qu'en donnant des coups de lance en arrière; ce massacre continue, toujours en marchant, plus d'une lieue et demie. Dans cette poursuite, on détruisit plus de cent hommes du régiment; les paysans et les femmes accouraient de toutes parts pour les dépouiller.

Le colonel, s'apercevant enfin de cette boucherie, fait face en arrière en bataille, et nous voilà trente cavaliers seulement en présence d'un régiment tout entier, qui nous charge au galop et nous ramène sur Château-Thierry. Dans cette retraite, il fallait regagner la route pour pouvoir rentrer en ville. Ceux des cavaliers russes qui galopaient sur la chaussée avaient l'avantage sur nous qui étions dans la plaine; j'eus cependant le bonheur, en gravissant un rideau, de passer immédiatement devant eux sur la route, le seul défilé qui permettait l'accès de la ville. Je montais alors un des douze chevaux que l'Empereur avait donnés au prince de la Moskowa; grâce à ce bel animal, que je tenais de sa munificence, je pus me tirer d'affaire, quoique étant le premier dans l'attaque. Nous perdîmes plusieurs officiers et soldats; quelques-uns, démontés, se jetèrent dans les fossés et s'y cachèrent. Notre peloton se rallia dans Château-Thierry même. Voyant que le régiment n'entrait pas dans la ville et se remettait en bataille, sachant d'ailleurs que nous allions être soutenus par toute l'armée, qui ne devait plus tarder à arriver, nous reprîmes nos cris de « Hourra! En avant! » Pour la deuxième fois, nous vîmes ce régiment se mettre en retraite en colonne, mais, pour cette fois au pas, puis au trot et bientôt au galop. Piquant des deux, nous atteignîmes la queue de cette colonne et recommençâmes le même carnage. Mais à une assez longue distance, le colonel, voyant le massacre de la queue de son régiment et voulant de nouveau faire face en arrière en bataille, s'élance seul dans la plaine; il prononce son commandement, le régiment file sans obéir, et j'arrive sur cet officier, qui, baissant le sabre, se rend mon prisonnier. Je pris le sabre que je conserve précieusement; j'abandonnai cette chasse et, tout couvert du sang qu'un coup de lance sur le nez en faisait jaillir, je reconduisis le colonel à cheval vers Château-Thierry.

Chemin faisant, je me fis suivre par des lanciers blessés qui ramenèrent plusieurs chevaux. La voiture du colonel avait été prise et dévalisée. Arrivé près du pont, je trouvai à sa gauche l'Empereur à pied avec son état-major : je m'approchai de lui et lui présentai le colonel. L'Empereur s'entretint avec lui; pendant ce temps, j'étais assailli par mes camarades, qui me demandaient des chevaux, que je distribuai généreusement.

Pour moi, la nuit se passa tout entière auprès des maréchaux ferrants. Je payai jusqu'à 20 francs un fer; encore je ne l'obtins qu'après bien des prières, et je fus obligé de tenir moi-même les pieds des chevaux déferrés, tant l'affluence était grande. En campagne, les maréchaux ferrants des régiments organisés passent les nuits après les chevaux de leurs corps, et l'on voit des troupes considérables de ces animaux à ferrer à la porte de ces ouvriers, qui souvent ne peuvent suffire aux exigences des soldats. Notre cavalerie diminue quelquefois en nombre par cette seule cause. Si les officiers et soldats des troupes régulières éprouvent quelques difficultés, que devient la position d'un officier isolé, dont le cheval est déferré? N'ayant sous son commandement aucun ouvrier obligé de faire son service, il doit en passer par tout ce que lui demandent les maréchaux ; encore, ces ouvriers ne travaillent-ils qu'avec la crainte d'être punis, car les chevaux du régiment doivent être ferrés avant tout.

De Château-Thierry, nous nous rendîmes à Fismes, où l'armée séjourna. En partant de Fismes, l'Empereur, ayant appris que le général Woronzow s'établissait à Craonne, nous fit suivre la route de Corbeny, où il vint, le 6 mars, et ordonna de s'emparer de Craonne et des villages situés au-dessous du plateau (1). Le prince de la Moskowa, à la tête

(1) La capitulation du général Moreau à Soissons (3 mars) avait permis à Blücher, en passant sur la rive droite de l'Aisne,

de la division Meunier (Jeune Garde), attaqua la ferme d'Heurtebise avec vigueur, et la prit; mais l'ennemi y ayant envoyé des renforts, nous en fûmes chassés, malgré notre résistance. Le maréchal, toujours le dernier dans cette retraite, où une multitude de Cosaques le harcelait, faillit être pris plusieurs fois avec son état-major. Entouré par cette nuée d'ennemis et protégé seulement par une quinzaine de grenadiers, il marchait au pas le long des rideaux; sa fière attitude intimida tellement les Cosaques qu'ils n'osèrent l'approcher. Le soir, sa division s'installa dans une ferme située de l'autre côté du bois, à Bouconville. En un instant, comme l'armée n'avait d'autres ressources que celles qu'offrait cette ferme, les 300 têtes de moutons qu'elle nourrissait roulèrent dans la cour; les blés et l'avoine non battus servirent de lit aux bivouacs et aux chevaux. Nous passâmes ainsi la nuit, nous préparant à l'action qui ne pouvait manquer d'avoir lieu le lendemain.

Dès que le jour parut, le maréchal reçut l'ordre de revenir prendre le commandement de l'aile droite de notre armée, qui devait longer le bois de Craonne, sur lequel s'appuyait la gauche des troupes ennemies, commandées par le général

d'échapper à l'étreinte qui le menaçait et de donner la main aux corps de Bulow et à Winzingerode, de l'armée du Nord. Puis, pendant qu'il remontait sur Laon, Winzingerode dut chercher à atteindre les derrières de l'armée de Napoléon et son lieutenant Woronzow fut chargé de l'arrêter sur le plateau de Craonne. *(Note de l'éditeur.)*

Woronzow, et s'emparer du village d'Ailles, situé à l'extrémité de ce bois. Arrivé en ligne, le maréchal m'envoya reconnaître s'il ne serait pas possible de conduire de l'artillerie sur le plateau, en passant par Bouconville et l'abbaye de Vauxclairs. Je partis pour cette reconnaissance et traversai le bois. L'affaire était engagée; le canon ronflait de tous côtés; les boulets ricochaient d'un arbre à l'autre; chaque obus en touchait vingt et en abattait dix; la cime de ceux qui étaient atteints seulement se balançait, comme s'ils eussent été frappés par un vent furieux; les autres jonchaient la terre de leurs débris. Mon domestique et mon ordonnance atterrés n'osèrent me suivre. Cependant, je traversai le bois et reconnus que le chemin était praticable; l'armée ennemie combattait en face du débouché sur le plateau.

Je retournai auprès du maréchal, qui ordonna aux divisions Meunier et Curial et aux batteries d'artillerie de la Garde de se transporter promptement au point que j'indiquais, et je fus chargé de montrer le chemin. Pendant ces allées et venues, un combat des plus meurtriers était engagé pour gagner enfin le plateau de Craonne, et déjà le maréchal Ney en atteignait la crête, lorsque nous débusquâmes sur le flanc de l'ennemi avec notre artillerie, ce qui détermina sa retraite. Cependant, sur le champ de bataille, un grand ravin nous séparait encore du gros des Russes; il fallut à notre brave armée des efforts incroyables pour marcher au milieu d'une grêle de balles et de mitraille.

On ne voyait à terre que des morts ou des mourants; à chaque minute, quelqu'un de nous tombait; notre corps d'armée était réduit à environ 3 000 hommes. Au milieu des boulets, dont plusieurs me couvrirent de terre, mon cheval s'affaissa comme s'il eût été traversé par un obus : je le crus tué; en voulant lui ôter mon portemanteau, il fit un mouvement et se releva sans blessure; je ne saurais expliquer cette circonstance.

Enfin le village d'Ailles fut à nous et, après un combat, l'armée ennemie nous abandonna le champ de bataille que nous avions payé bien cher : 35 000 hommes venaient d'en vaincre 100 000 (1).

Sans doute, cette victoire aurait pu entraîner la perte d'une grande partie de l'armée alliée, si la nôtre, par un suprême effort, eût pu poursuivre sa victoire et en tirer parti, mais nous passâmes la nuit du 7 au 8 mars à une lieue en avant de Craonne.

Le 8 mars, nous arrivâmes auprès de Laon; l'Empereur voulait s'emparer de cette ville et cerner le corps d'armée de Winzingerode qui s'y trouvait (2). Le maréchal Ney pressa vivement

(1) Il y a là une exagération de l'auteur. D'après les sources officielles, Woronzoff avait sous ses ordres immédiats 16 300 fantassins et 2 000 cavaliers, auxquels il convient d'ajouter les 4 200 chevaux de Sacken, qui prirent part à l'action, soit au total 22 500. Du côté des Français, le corps de Ney et celui de Victor, avec la cavalerie de la Garde, les dragons de Sparre, la 1re brigade de Vieille Garde et l'artillerie de réserve, formaient un total de 22 400 hommes. (*Note de l'éditeur.*)

(2) Napoléon ne croyait pas trouver Blücher en forces à

Czernichew, qui défendait Etouvelles et Chivy; nous enlevâmes ces deux points et nous forçâmes l'ennemi à se réfugier dans Laon, ses avant-postes à Semilly. Le maréchal m'ordonna de prendre deux compagnies de voltigeurs et de m'emparer, pendant la nuit, de ce village. Vers minuit, je me mis en marche, plaçant mes compagnies en colonne à la droite et à la gauche de la route, dans les fossés, pour n'être point aperçu; arrivé non loin de la première vedette de Cosaques, je commandai : « En avant! au pas de course! » Tous mes voltigeurs pénétrèrent bientôt dans le village, où nous vîmes des bivouacs allumés dans les rues, des chevaux sellés, attachés aux portes. A nos cris, des pelotons de Cosaques montèrent aussitôt à cheval, rebroussèrent chemin dans la plaine et s'enfuirent en hâte sur Laon. Plusieurs d'entre eux furent tués, des chevaux pris, et, après avoir installé mes hommes dans les bivouacs tout prépa-

Laon, mais le feld-maréchal, tout en songeant à l'éventualité de la retraite, s'était arrêté sur cette formidable position et déployait des deux côtés de la montagne, face au Sud, son immense armée (armée de Silésie, grossie des deux corps de l'armée du Nord) : à l'Ouest Winzingerode, au Nord Sacken et Langeron, à l'Est York et Kleist, Bulow défendant le plateau et ses abords.

La petite armée de l'Empereur allait, le 9, en débouchant par la route de Soissons, attaquer par le Sud et l'Ouest de Laon, pendant que Marmont, appelé de Berry-au-Bac, s'avancerait par la route de Reims. Mais dans la journée les deux colonnes ne purent entrer en liaison et le soir les troupes de Marmont, surprises dans Athies par le corps d'York, furent mises en déroute et pourchassées jusqu'à Festieux. *(Note de l'éditeur.)*

rés, je retournai auprès du maréchal, pour lui dire que ses ordres étaient remplis.

C'est ici, je crois, le moment de dire un mot de ces bandes, qui rendirent tant de services à l'armée russe pendant la campagne de 1814. Descendus des steppes de la Russie, les Cosaques désolaient la France; ils attaquaient avec d'autant plus d'audace qu'on était moins préparé à se défendre. Sans stratégie régulière, prompts, rapides, insaisissables, ils mettaient en défaut la prévoyance la mieux suivie. Les hommes et les petits corps isolés étaient toujours dans l'appréhension de rencontrer cette troupe, qui, presque imperceptible d'abord, se grossissait ensuite et enfin vous enveloppait; si vous en voyiez un, vous en aperceviez bientôt deux mille, passant devant vous comme des apparitions et ne laissant pas plus de traces que des ombres : on eût dit que leur mission était moins de tuer que d'effrayer; ils faisaient peu de blessures, mais par des cris, par des alertes continuelles, ils altéraient la force morale du soldat. Devant des Cosaques, tenez ferme : vous ne serez point attaqué, quel que soit votre petit nombre; fuyez, vous êtes perdu. Rien de plus hideux que l'aspect d'un Cosaque : sur un petit cheval appelé *cognat*, grand comme un mulet, le cou ombragé d'une crinière épaisse, longue et flottante au gré du vent, ayant une corde pour bride, un morceau de cuir pour étrier, vous voyez un petit homme trapu, à grosse figure plate, à nez épaté, à la barbe et aux cheveux pendants, couvert d'un bonnet de peau brute et d'une veste longue et fourrée, d'un pantalon large et d'une chaussure plus large encore; à travers tout cela, une lance maniée avec une dextérité merveilleuse et dont les mouvements éblouissent, avant qu'on ne soit frappé.

Pendant que j'étais occupé à chasser les Cosaques, se préparait l'attaque de Laon : cette action était bien téméraire, car on comptait dans cette ville une artillerie formidable, et autour d'elle plus de 100 000 Alliés; l'Empereur avait à peine avec lui 30 000 hommes (1).

Le 9 mars, à sept heures du matin, le prince de la Moskowa déboucha de Chivy avec son infanterie, et fut suivi de près par le reste de l'armée. Ce mouvement obtint d'abord d'heureux résultats; mais Blücher, vers les 11 heures, reprit l'offensive : il nous serrait de près, lorsque le maréchal, à la tête de quelques escadrons de la Garde, repoussa les Russes. Au soir, on bivouaqua sur les positions.

L'Empereur attendait le duc de Raguse pour ordonner une attaque de vive force, mais, le lendemain matin, le bruit se répandit dans l'armée que le maréchal Marmont, qui devait se rendre à Laon par Corbeny, avait été attaqué près d'Athies et que son armée était en pleine déroute. Nous avions

(1) Non compris les 9 500 hommes de Marmont, mais en tenant compte des pertes de Craonne, 5 500 hommes, et d'autre part des renforts reçus (corps de Mortier, etc.), l'Empereur disposait, le 9 mars, de 27 000 hommes. *(Note de l'éditeur.)*

ainsi perdu quatre jours depuis la bataille de Craonne.

Dès ce moment, un vertige semble s'être emparé de l'Empereur, soit qu'il ait été trompé sur la trace des mouvements de l'ennemi, soit qu'il ait reconnu l'impossibilité de lutter : on ne voit plus le grand homme, et ses mouvements prennent un caractère indécis.

Le 10 au matin, l'attaque recommença sans plus de succès. Cette journée fut même signalée par une de ces méprises si communes à l'armée. Les batteries du prince de la Moskowa, établies sur le tertre traversant le chemin de Mons, avaient ouvert leur feu contre le village de Clacy, que le maréchal croyait occupé par les Russes; il l'était au contraire par les Français : nos artilleurs nous firent perdre ainsi beaucoup de monde. L'Empereur voulut faire prendre Laon par un assaut de vive force, mais il se convainquit malheureusement de l'insuffisance de ses troupes; on se retira devant une artillerie formidable (1).

Les places de Soissons et de Reims, points importants pour la jonction de nos armées, sont au pouvoir de l'ennemi (2). Il faut qu'on les délivre,

(1) Consulter pour plus de détails sur les deux journées de Laon le livre de M. H. Houssaye sur 1814. *(Note de l'éditeur.)*

(2) La faible garnison laissée à Reims, avec le général Corbi-

et cependant les Alliés peuvent menacer Paris. Comment l'Empereur saura-t-il garantir ces places et, en même temps, préserver sa capitale?

Le 11 mars, il marche sur Soissons, reprend cette ville qu'occupait l'ennemi, et réorganise son armée. Les régiments de Jeune Garde du prince de la Moskowa et du duc de Bellune, ainsi que la brigade du général... (1), ne formèrent plus que deux divisions sous les ordres des généraux Curial et Charpentier. On marcha le 12 sur Reims, que l'on reprit le lendemain, après un combat assez meurtrier, et, enfin, nous arrivâmes à Châlons, le 14.

Le 16 mars, le maréchal m'ordonna de prendre une trentaine de gardes d'honneur et de pousser une reconnaissance sur Vitry. Sorti de Châlons à 8 heures du soir, je plaçai quatre gardes d'honneur en éclaireurs, et, à la tête de cette colonne, je marchai sur la route. A deux ou trois lieues de là, nous entendons un bruit de voix et le piétinement de chevaux qui marchent sur nous. Mes éclaireurs s'arrêtent et regagnent les rangs; nous formons deux pelotons et laissons approcher. Tout à coup je crie : « En avant! au galop! » Cette troupe bat en retraite et nous la poursuivons pendant plus d'une bonne lieue. Nous trouvâmes sur la route

neau, fut surprise le 12 au matin par le corps de Saint-Priest et la ville réoccupée : elle fut reprise le 13 au soir par Marmont après la bataille livrée par l'Empereur. (*Note de l'éditeur.*)

(1) En blanc dans le texte : il s'agit de la brigade Porret de Morvan, du corps de Mortier. (*Note de l'éditeur.*)

un schako, un cheval, mais sans rencontrer le cavalier qui, sans doute, s'était caché dans la plaine. Arrivés près d'une auberge, nous nous confirmâmes dans l'assurance que l'ennemi occupait Vitry; le peloton qui nous avait rencontrés était lui-même une reconnaissance. Mes gardes d'honneur firent ainsi leur début aussi brillamment que de vieilles troupes.

Les jeunes gens enrôlés dans les gardes d'honneur auraient fait d'excellents soldats, à ne consulter que la traverse; mais au milieu d'une armée, où chaque homme devait se procurer sa subsistance et celle de son cheval, ils mouraient de faim et laissaient leur monture dépérir; il leur aurait fallu à chacun un domestique.

Le 17 mars, le prince de la Moskowa, ayant, d'après les ordres de l'Empereur, pris le commandement de 4 à 5 000 hommes, tant fantassins que cavaliers (1), reçut l'ordre de marcher sur Fère-Champenoise, en occupant Sommesous, que venait de quitter le corps austro-bavarois (2).

(1) Ces renforts, amenés des Ardennes par le général Janssens, furent versés à la Jeune Garde. (*Note de l'éditeur*).

(2) Laissant Marmont et Mortier sur l'Aisne avec mission de surveiller Blücher et de couvrir Paris, l'Empereur était résolu de se retourner contre l'armée de Bohême, en avançant sur deux colonnes, celle de droite sous Sébastiani, celle de gauche sous Ney par Sommesous et Fère-Champenoise.

Schwarzenberg, ayant repris l'offensive au commencement de

Le 20, le maréchal, chargé de défendre les abords d'Arcis-sur-Aube, fit une vigoureuse résistance au village du Grand-Torcy.

Le 21, nous descendîmes à Arcis, où nous trouvâmes l'ennemi que nous attaquâmes et qui engagea le feu dans les rues. Le maréchal m'ordonna de marcher en avant : je pénétrai dans la ville avec deux compagnies d'infanterie, et, tandis que je m'effaçais dans les embrasures des portes, pour éviter les balles, en criant toujours « En avant! », de braves soldats, placés dans le milieu de la rue, ne craignaient pas de tirer leur coup de fusil, rechargeaient à la vue de l'ennemi et tombaient à mes pieds. Enfin, après un combat opiniâtre où

mars et ayant repoussé Macdonald et Oudinot le long de la Seine, se retirait à l'approche de Napoléon, en rappelant entre Troyes et Arcis-sur-Aube ses corps dispersés.

Napoléon songeait déjà à se porter sur les derrières de l'armée de Bohême, mais il voulut tenter de tomber sur les colonnes en mouvement et, rappelant à lui Macdonald et Oudinot, lança sur l'Aube Ney et Sébastiani. Ils y parvinrent le 20 dans la matinée et signalèrent l'approche de l'armée de Bohême : Schwarzenberg, arrêtant sa retraite, se portait en avant pour la bataille.

Ney, envoyé en amont sur la rive gauche, au Grand-Torcy, y contint tous le jour les assauts répétés des Austro-Bavarois du corps de Wrède, et les repoussa finalement. Sébastiani parvint à contenir la cavalerie alliée en avant d'Arcis, où arrivait cependant l'arrière-garde avec Friant. On resta au soir sur les positions.

Le lendemain 21, l'Empereur dut se rendre à la raison et aux conseils de ses maréchaux : il ordonna la retraite sur la rive droite de l'Aube, laissa Oudinot bordant la rivière, en face de Schwarzenberg, surpris et déçu, et reprit alors son projet de mouvement par Vitry, Saint-Dizier et Bar.

Le combat du 21 dans Arcis, dont parle O. Levavasseur, ne fut seulement qu'un épisode de la retraite au delà de l'Aube. *(Note de l'éditeur.)*

notre artillerie fit des merveilles, nous repassâmes l'Aube, dont les ponts furent rompus.

L'Empereur conçoit alors et exécute un nouveau plan de campagne; il projette de se lancer sur les derrières de l'ennemi, espérant que les Alliés marcheront en forces sur lui et que, par ce mouvement, il attirera le gros de leurs forces et éloignera le champ de bataille du voisinage de Paris. Mais les souverains alliés, qu'il avait repoussés bien au delà de Troyes et qu'il avait laissés en présence des 30 000 hommes de Macdonald, qui déjà s'était replié sur nous, prirent la résolution de marcher sur Paris (1). Ils donnèrent rendez-vous à leurs corps d'armée pour le 28 mars, à Meaux, et décidèrent que Winzingerode, avec toute sa cavalerie et son artillerie, suivrait Napoléon sur Saint-Dizier, en se tenant constamment en queue et en prenant toutes les mesures imaginables pour lui persuader que l'armée tout entière le poursuivait.

Ce plan ne fut que trop bien exécuté : Winzingerode parvint, par son attitude, à en imposer à l'Empereur, au point que Napoléon crut qu'il avait devant lui toute la grande armée. Fatale erreur! car tandis que nous étions occupés dans la vallée de Vassy à faire des marches et des contremarches,

(1) Dans un conseil de guerre tenu le 23 mars à Pougy, chez l'empereur de Russie, il fut donné lecture de dépêches saisies et faisant connaître les projets de Napoléon : il fut décidé que Schwarzenberg, sans s'inquiéter de ce qui se passerait sur ses derrières, se porterait sur Paris conjointement avec Blücher. (*Note de l'éditeur.*)

et tandis que nous prenions position sur Joinville, Chaumont, Bar et Saint-Dizier, pour couper le passage à l'ennemi, qui ne se montrait nulle part, celui-ci marchait à grandes journées sur Paris! Le fil était perdu, la trace des Alliés échappait à Napoléon. Cependant une dernière victoire devait encore illustrer la fin de cet homme extraordinaire.

Le 21 mars, l'Empereur coucha à Sommepuis et le 22 à Faremont, près de Vitry, occupé par l'ennemi, qu'on ne put prendre, faute d'artillerie de siège, et que le maréchal fut vainement chargé de sommer; enfin, le 23, le quartier impérial et l'infanterie parvinrent à Saint-Dizier.

La marche continua le 24 et le 25 par Joinville en remontant la Marne vers Chaumont.

Le 26 mars, l'Empereur, inquiet de ce que les différents combats de notre arrière-garde n'ont eu lieu qu'avec de la cavalerie légère, se détermine à pousser une forte reconnaissance sur Saint-Dizier, afin de se convaincre qu'il a affaire à l'armée. Là, près de la ville, après avoir passé le pont, que l'ennemi croyait pouvoir défendre avec de l'artillerie, les dragons du général Lamotte enfoncèrent et sabrèrent avec vigueur tout ce qui se présentait devant eux. Dans cette belle charge, le brigadier de dragons Fremaux, de Breteuil, pénétra seul au milieu des rangs ennemis sur une batterie et eut l'audace de ramener au trot une pièce d'artillerie, qu'il vint lui-même présenter à l'Empereur (1). Napoléon ordonna immédiatement qu'on donnât à Fremaux, comme indemnité de la valeur du canon, qui lui appartenait, vingt-cinq louis et la croix. Cependant les événements privèrent Fremaux de cette dernière récompense et ce ne fut qu'en 1818, après mille démarches et les attestations de beaucoup de braves, que nous parvînmes à lui faire obtenir la décoration.

Le combat de Saint-Dizier laissait entre nos mains 500 prisonniers, mais l'Empereur acquit ce jour-là la funeste certitude de sa trop longue illusion! Un instant, devant Vitry, il hésita sur le parti qu'il avait à prendre : se retirer dans les Vosges et livrer Paris aux Alliés; compter sur l'effet de l'esprit national pendant qu'il guerroyerait dans ces montagnes, c'était une pensée qui offrait peu de chances de succès. Il l'eut cependant; mais le prince de la Moskowa et le prince de Neuchâtel lui représentèrent qu'il n'était plus temps, et le déterminèrent à marcher sur Paris. Napoléon

(1) Octave Levavasseur était originaire, on se le rappelle, de Breteuil. — Le combat de Saint-Dizier fut surtout une suite de brillants engagements contre la cavalerie de Winzingerode qui était établi sur la rive droite de la Marne, ayant sa gauche appuyée à Saint-Dizier, défendu par un détachement d'infanterie : la ville fut enlevée au pas de charge par les troupes d'Oudinot.

Cette dernière victoire de Napoléon ne pouvait que lui dessiller les yeux et le convaincre que le gros des Alliés était en pleine marche sur Paris. (*Note de l'éditeur.*)

ordonna donc à toute l'armée de le suivre. Le 28, nous couchâmes à Montiérender; le 29, à Troyes.

Là, l'Empereur nous quitta pour se rendre à Fontainebleau, où il arriva en poste le 30, avec le prince de Neuchâtel et le duc de Vicence. Il continua sa route et rencontra, à quatre lieues de sa capitale, les corps d'armée de Trévise et de Raguse, qui venaient de capituler, et il apprit l'entrée des Alliés dans Paris. Accablé sous le poids d'une si grande infortune, il retourna vers Fontainebleau, après avoir ordonné aux ducs de Raguse et de Trévise de prendre position à Essonnes, et il envoya le duc de Vicence auprès des souverains alliés pour traiter de la paix.

Telle était la situation des affaires, lorsque, après une marche rapide, le maréchal prince de la Moskowa entra dans Fontainebleau. L'Empereur lui donna l'ordre de se joindre sous Essonnes aux ducs de Raguse et de Trévise. En attendant ce mouvement, les maréchaux Ney, Macdonald et les principaux chefs de l'armée prirent leurs logements dans Fontainebleau même. Je me trouvais à cheval, auprès du maréchal, dans une des rues de cette ville, lorsque le duc de Vicence parut, revenant de Paris. Le prince de la Moskowa l'arrêta et le duc lui annonça que les Alliés ne reconnaissaient plus l'Empereur, qu'ils refusaient toute espèce de traité avec lui, mais qu'ils traiteraient directement avec l'armée.

Cette nouvelle et les journaux, qui firent connaître le soi-disant enthousiasme avec lequel les Alliés avaient été reçus, exaspérèrent une grande partie de l'armée, et notamment la Garde. Suivant ces vieux soldats, il fallait faire de Paris un second Moscou et punir une telle félonie : l'ordre d'attaquer était résolu.

Cependant, une grande partie des officiers qui réfléchissaient sur la situation gardaient le silence. Ce fut sur ces entrefaites que l'Empereur voulut passer la revue des troupes, qui venaient pour prendre position à Essonnes. Nous assistâmes à cette revue dans la cour du château. A peine fut-elle terminée qu'une grande quantité d'officiers forma le cercle autour de l'Empereur; la plupart d'entre eux s'avancèrent et demandèrent des grades et des titres : « Sire, disait l'un, je suis capitaine et je demande le grade de chef d'escadron. » — « Sire, reprenait un autre, je sollicite le titre de baron. » A toutes ces demandes l'Empereur répondait : « Accordé. » Il n'en refusait pas une seule; Berthier suffisait à peine à inscrire sur son calepin les noms des solliciteurs et les grâces dont ils étaient l'objet, au point qu'à la suite de cette promotion, on courait encore chez lui se faire enregistrer. Indépendamment de ces grades et de ces titres, l'Empereur distribua des gratifications à chaque officier.

Pour moi, saisi d'un profond dégoût à la vue de tant d'avidité en présence de tant d'infortune, je détournai les yeux et revins chez moi. Le maréchal se rendit au palais et je l'y accompagnai. Entré dans le salon où se trouvaient tous les officiers de l'Empereur, le maréchal le traversa et se fit introduire dans le cabinet. Je restai avec les officiers, qui, presque tous, tristes et pensifs, étaient assis et n'échangeaient entre eux aucune parole. Une table de jeu était dans le salon : deux officiers seulement y avaient pris place; personne ne songeait à s'intéresser à la partie. Drouot, remarquant cette disposition et voulant la faire cesser, parcourait l'appartement, engageant les assistants à jouer. Il organisa lui-même une table de jeu, où plusieurs officiers s'installèrent, leur offrant de l'or pour qu'ils pussent chasser par d'autres émotions celles qui semblaient les préoccuper. Pendant ce temps, je m'avançai vers les officiers et les interrogeai sur les conséquences d'une nouvelle attaque de notre part contre Paris. Un grand nombre d'entre eux n'hésita pas à me dire que, si Paris devait être brûlé ou pillé, l'Empereur aurait grand tort de compter sur leur concours. Ils parlaient ainsi tout bas, tandis que dans une autre partie du salon, d'autres officiers tenaient un tout autre langage. J'observais avec étonnement cette diversité d'opinions dans le palais même de l'Empereur.

Le maréchal sortit du cabinet et je le suivis chez le major-général prince Berthier, où le même spectacle s'offrit à mes regards. Pendant qu'Alexandre de Girardin (1) provoquait avec force des vengeances contre Paris, d'autres officiers gardaient le silence; d'autres encore exprimaient à voix basse des sentiments contraires.

Enfin, le maréchal se retira pour gagner son logement. Chemin faisant, je crus devoir le prévenir de ce que je venais de voir et d'entendre, et, comme il avait l'ordre de prendre le commandement des colonnes d'attaque, je l'avertis qu'il essuierait à la prochaine bataille de nombreuses défections. Je lui citai même les noms de ceux sur lesquels il ne pouvait compter. Nous poursuivions notre chemin à pied; à tous mes discours, le maréchal gardait le plus profond silence. Cependant, au moment de monter dans son appartement, il me dit tout bas à l'oreille : « On le fera abdiquer. » J'entrai dans la salle où mes camarades et beaucoup d'officiers de la Garde étaient réunis. Le langage de tout le monde montrait des intentions favorables à une attaque de vive force sur Paris. Renfermant en moi-même la confidence de Ney, je ne pris aucune part à cet entretien.

Le lendemain, 2 avril, le maréchal donna l'ordre du départ pour Essonnes. Tous les chevaux se réunirent à sa porte, et déjà les officiers généraux affluaient dans sa vaste chambre. Nous montâmes à cheval, le prince de la Moskowa en tête, et nous

(1) Général, aide de camp de Berthier. *(Note de l'éditeur.)*

traversâmes une partie de la ville pour nous rendre à Essonnes, mais le maréchal fut successivement arrêté par le duc de Tarente, par le duc de Vicence et par plusieurs autres officiers généraux qui lui dirent : « Parlez, monsieur le maréchal, parlez à l'Empereur, nous vous soutiendrons (1). » Pressé ainsi de toutes parts, le maréchal fit volte-face et nous retournâmes droit au château. Notre état-major monta le grand escalier, précédé du maréchal Ney, du maréchal Macdonald et du duc de Vicence, qui se rendirent au cabinet de Napoléon. Nous restâmes dans le salon.

On dit que dans cette conférence solennelle, le maréchal adressa à l'Empereur ces paroles : « Sire, Votre Majesté nous a toujours répété que ce n'était point le trône qu'elle avait en vue, mais le bonheur de la France. Votre Majesté peut aujourd'hui s'illustrer et devenir plus grande qu'elle ne fut jamais. L'ennemi a pénétré dans sa capitale. La France, fatiguée de guerres, a reçu les Alliés comme des libérateurs. Les Alliés refusent de traiter avec Votre Majesté. Cédez la couronne à votre fils, Sire, et la France est sauvée. » L'Empereur répondit : « Puisque ce sont mes maréchaux et les hommes sur lesquels je puis le plus compter, qui me le demandent, j'y souscris. Je ferai plus encore... » A ces mots, le duc de Vi-

(1) Caulaincourt, duc de Vicence, ministre des affaires étrangères, était Grand Ecuyer et général de division. (*Note de l'éditeur.*)

cence s'écria que Napoléon, par cette action, allait encore grandir aux yeux du monde, et il écrivit à la hâte l'acte d'abdication, ainsi conçu : *J'abdique en faveur de mon fils, roi de Rome, l'impératrice régente.* Puis l'Empereur signa. Les deux maréchaux et le grand écuyer sortirent du cabinet de Napoléon; on les entoura. Le maréchal me dit en passant : « Il a abdiqué. » On demanda des chevaux de poste, et le maréchal me permit de le suivre à Paris. Il monta en voiture avec le duc de Vicence et Macdonald. J'enfourchai un de mes meilleurs chevaux, avec lequel je galopai d'une seule traite de Fontainebleau jusqu'à Paris, où nous arrivâmes à 10 heures du soir. En passant derrière Essonnes, j'étais entré dans l'armée ennemie, où, pour n'être point arrêté, je fus obligé de mettre sur mon bras un brassard blanc, indiquant ma qualité de parlementaire.

On a prétendu que les deux maréchaux et le duc de Vicence, qui devaient adjoindre le maréchal duc de Raguse à leur mission, l'avaient pris en passant à Essonnes. Je dois dire qu'accompagnant la voiture, je n'ai point remarqué ce fait. J'ai même ouï raconter que le duc de Raguse, apprenant le passage de ses collègues et les négociations entamées à son insu avec l'ennemi, s'était déterminé à faire marcher ses troupes sur Versailles pour les livrer aux Alliés. Telle a été jusqu'à ce jour ma conviction. Il est plus probable que ce maréchal, se croyant mis à l'écart par ses collègues, se rendit seul à Paris pour y faire lui-même ses affaires.

A leur arrivée à Paris, le prince de la Moskowa, les ducs de Tarente et de Vicence se rendirent chez l'empereur Alexandre. Ce monarque les reçut à bras ouverts : tout semblait donc faire croire que le règne de Napoléon II allait commencer. Le roi de Rome fut même, pendant deux jours, empereur des Français; les passeports et les actes publics furent intitulés en son nom. Cependant, la nouvelle du retour de Louis XVIII et de la famille des Bourbons prenait de la consistance : l'inquiétude des uns, la joie des autres se manifestaient de toutes parts; tout ce qui tenait à la Révolution et à l'Empereur se montrait timide et craintif, tandis que tout ce qui appartenait à l'ancienne aristocratie levait fièrement la tête.

J'accompagnai, le 5 avril, le maréchal au dîner du prince de Talleyrand qui, longtemps en secret et ouvertement depuis plusieurs jours, travaillait à préparer l'opinion au retour des Bourbons. Sur les 6 heures, nous nous rendîmes, le maréchal et moi, à l'hôtel du prince de Bénévent. Des officiers russes de l'état-major de leur empereur étaient déjà réunis dans le premier salon avec d'autres personnes que je ne connaissais pas. Talleyrand et Alexandre, le duc de Vicence et quelques généraux russes occupaient le second salon, où le maréchal pénétra. Quelques instants après, on annonça le service, et je vis passer les illustres convives, Alexandre et Talleyrand en tête. Talleyrand indiqua quelques places d'élite aux principaux invités. L'Empereur de Russie occupait la place d'honneur, ayant à sa droite le prince de Bénévent et à sa gauche Sacken. En face, était le duc de Vicence, puis le duc de Tarente; quant au prince de la Moskowa, il occupait un couvert non loin de Talleyrand. Pour moi, je pris place à un bout de table, en face et du côté opposé au maréchal Ney. J'avais près de moi des officiers russes. On pense bien que les circonstances, plus encore que la haute qualité des convives, imposèrent la plus grande réserve dans la conversation générale, et mes voisins, ne sachant pas un mot de français, auraient pu difficilement me faire sortir du silence que je désirais garder.

Le repas dura peu de temps. On était à la fin du service, lorsqu'un officier russe vint annoncer à Alexandre, à haute voix, une nouvelle qui surprit tous ceux qui la comprirent. Le duc de Vicence, le seul Français présent qui entendît la langue russe, expliqua aux maréchaux que ce message avait pour objet d'informer l'empereur que l'armée française, campée derrière Essonnes, se rendait aux Alliés avec armes et bagages et que déjà l'avant-garde était à Versailles. Le maréchal Ney, qui jusqu'alors avait fait parade de la valeur et du dévoûment de l'armée française, qu'il portait alors à 50 000 combattants ne demandant tous qu'à marcher sur Paris, se souleva, indigné, et soutint que la nouvelle était fausse ; « Eh bien! vous le voyez, messieurs, dit Alexandre, vous parliez de l'armée; elle vous abandonne. » Le maréchal continua à nier la défection; il se leva et tout le monde l'imita. Tout, dès lors, semblait être remis en discussion : les maréchaux, qui représentaient l'armée, perdaient leur caractère; le roi de Rome n'avait plus de partisans reconnus. Talleyrand, par ses manœuvres, avait fait en sorte qu'il ne pouvait plus être question d'autre chose que des Bourbons.

Je sortis aussitôt avec le maréchal, et nous ne tardâmes pas à apprendre qu'en effet une partie du corps d'armée du duc de Raguse, commandée par Souham, avait, seule, consommé son indigne trahison. Mais cette division ne pouvait même être soupçonnée, car ce fut à son insu qu'elle servit des projets hostiles à la France. Le désespoir et la confusion du maréchal Ney furent extrêmes : plus de négociations possibles. Le même soir, au Sénat, Talleyrand fit proclamer Louis XVIII.

Que fera le maréchal? Ira-t-il auprès de l'Empereur expier le mal qu'il lui a fait en provoquant son abdication? Restera-t-il à Paris, étranger à l'ordre des choses qui va s'y établir? Non : il voit son pays; il est témoin des transports de joie que le retour des Bourbons occasionne; il reconnaît dans ces démonstrations l'indice des vœux de la France. La seule mission à laquelle il puisse se consacrer, c'est de stipuler les intérêts de l'armée auprès du roi. Le Sénat, le Corps législatif, tous les corps constitués, ayant reconnu le roi, il voulut s'attacher loyalement à sa cause. Macdonald et le duc de Vicence retournèrent à Fontainebleau, pour y chercher l'acte d'abdication définitive.

Sur ces entrefaites, arriva auprès du maréchal l'aide de camp de l'Empereur, Gourgaud, qui vint demander le mot de l'énigme politique proposée par Talleyrand. Le maréchal ne put le satisfaire; Gourgaud repartit. A son retour, l'Empereur connut toute l'étendue de son malheur. Il rassembla ses troupes, les harangua et leur fit ces adieux mémorables, dont l'histoire a rappelé toutes les circonstances. Dire que Napoléon, voyant l'enthousiasme qu'excitait sa présence, eut un moment la pensée de rentrer en campagne, c'est faire entendre combien l'abdication qu'il allait signer coûtait à son âme.

Le 12 avril, le comte d'Artois fit son entrée dans Paris; les acclamations suivaient partout son passage; les drapeaux blancs décoraient chaque fenêtre. Tous les corps de l'État furent présentés au prince; ses réponses, qui disaient que rien n'était ni ne serait changé en France, qu'il n'y avait qu'un Français de plus, calmèrent toutes les inquiétudes et rallièrent à la famille des Bourbons les partis même les plus opposés. Le comte d'Artois recevait dans le petit cabinet de l'Empereur aux Tuileries. C'était un changement étrange de voir, dans un lieu si rempli de souvenirs et à un intervalle si rapproché, deux hommes d'une nature si différente et entre lesquels les révolutions avaient creusé un abîme incommensurable. Le prince était rayonnant et véritablement ivre de joie.

On attendait avec impatience l'arrivée du roi. Tout ce qui n'avait point pris part aux grandes actions de la Révolution et de l'Empire, tous les restes de la vieille aristocratie française, les débris de la Vendée et de Coblentz remplissaient Paris; et tel qui, jusqu'à ce jour, avait été à peine regardé, à cause de l'infériorité de sa position, s'armant de titres nouvellement usurpés, grossissait la foule des courtisans des Tuileries et se plaçait en avant de nos premiers hommes d'État, rejetés dès lors sur le second plan.

Cependant le maréchal Ney, fidèle à son projet de rattacher le roi à l'armée, fit demander dans la Garde impériale des hommes de bonne volonté pour aller au-devant du roi. On en forma plusieurs compagnies, qui se rendirent à Compiègne. Je n'accompagnai pas le maréchal dans cette résidence, où le roi fut reçu avec acclamations. La Cour royale d'Amiens et la plupart des corps constitués du département de l'Oise s'y étaient rendus.

C'était, dit-on, une sensation singulière que celle que l'on éprouvait à voir ce mélange d'uniformes russes et français dans le cortège du roi. Après

Langeron, marchaient Ney et Marmont, après l'empereur Alexandre, Louis XVIII; en face de la Garde impériale, des soldats de la Garde du czar. En voyant pour la première fois devant lui ces vieux guerriers, qui avaient parcouru l'Europe depuis Madrid jusqu'au fond de son empire, Alexandre fut saisi d'un saint respect : il salua chacun de ces braves comme pour rendre hommage à la gloire et au courage malheureux. Je sus que Ney avait pris le commandement de la garde de service; qu'à table, il fut assis à côté du roi et lui donna le conseil d'attacher à sa personne la Garde impériale, ajoutant que c'était la récompense de toute l'armée. Plus tard, à Auxerre, Napoléon lui dit : « Si votre avis avait été suivi, je n'aurais jamais remis les pieds en France. »

Pendant ce temps, un projet de constitution, qui devait être présenté à l'acceptation du roi, se discutait à Paris. Ce projet fut mis en délibération à la Cour de cassation, sections réunies. Un article proclamait l'oubli du passé seulement. Merlin, ex-conventionnel, et procureur général, se leva et dit : « Messieurs, je me connais en révolutions; les termes d'un acte semblable ne sauraient être trop précis : je demande (et je dois avouer que je parle ici, peut-être, pour moi et quelques-uns de mes collègues), je demande que l'on insère textuellement dans l'article ces mots : *l'oubli des votes*. » La Cour accueillit cette réclamation et l'oubli des votes prit place dans la Charte.

Conformément à une délibération du Sénat, portant que ce projet serait soumis à l'acceptation du peuple, et que Louis-Stanislas-Xavier serait proclamé roi des Français, aussitôt qu'il aurait accepté la constitution et juré de l'observer et de la faire observer, une députation des grands corps de l'État présenta, à Saint-Denis, au roi la nouvelle constitution que Louis XVIII déclara reconnaître.

Le roi coucha à Saint-Ouen, le 3 mai. Mon tour de service m'appelait ce jour-là auprès du maréchal. Le grand couvert fut mis dans une salle du rez-de-chaussée. Le roi s'était fait accompagner depuis Lille par des troupes suisses au service de la France, qu'il avait rencontrées sur son passage Le colonel du régiment avait continué jusqu'à Saint-Ouen de commander le service, sous les ordres du maréchal Ney. Nous étions à table, lorsqu'un officier de la Garde vint se plaindre de ce que les Suisses occupaient tous les postes d'honneur, notamment ceux des portes de la salle à manger, tandis que nos braves grenadiers murmuraient de ce qu'ils étaient relégués aux grilles d'entrée et des cours. Le maréchal partagea ce mécontentement : il me donna à haute voix l'ordre de faire partager le service entre les Suisses et la Garde. Je fis exécuter sur-le-champ cet ordre, en plaçant un de nos vieux grognards vis-à-vis un petit fantassin suisse. La Garde ne fut pas moins mécontente de se voir placée sur la même ligne que d'aussi pitoyables troupes.

Nous rentrâmes à Paris le soir même, après que l'heure de l'entrée du roi dans sa capitale eut été donnée pour le lendemain. Au matin, le maréchal partit de son hôtel, suivi de tous ses officiers, et nous allâmes nous réunir au cortège à Saint-Ouen. Le roi et sa suite traversèrent la plaine Saint-Denis, pour regagner la route et la barrière de La Chapelle. Sur notre passage, la foule remplissait la plaine, les rues, les places publiques; chaque fenêtre formait un tableau de têtes animées; toutes les bouches criaient : « Vive le Roi! » Jamais entrée ne fut plus triomphale.

Je n'essaierai pas de décrire les événements qui suivirent cette journée : ils sont du domaine de l'histoire générale. Chaque soir, les théâtres étaient remplis d'une foule enthousiaste. On avait soin de choisir des pièces qui renfermaient des allusions aux circonstances présentes. On jouait *Lully et Quinault* à l'Opéra-Comique, *la Jeunesse de Henri V* aux Français, *Œdipe à Colone* à l'Opéra. Quand le roi se rendait à l'Opéra avec la duchesse d'Angoulême, au moment où Œdipe chantait ces vers

« *Elle m'a prodigué sa tendresse et ses soins,* »
« *Son zèle dans mes maux m'a fait trouver des charmes,* »
« *Elle les partageait, elle essuyait mes larmes;* »
« *Son amour attentif prévenait mes besoins,* »

les applaudissements les plus frénétiques éclataient de toutes parts. L'orchestre, répétant de temps à autre l'air de *Vive Henri IV*, excitait un enthousiasme que partageait Louis XVIII, comme s'il eût été Henri IV lui-même.

L'hôtel du maréchal continuait à être le rendez-vous de toutes les célébrités. L'empereur Alexandre y venait presque chaque jour : seul, à pied, sans uniforme, la cravache à la main, il traversait le jardin des Tuileries, le pont Royal et gagnait la rue de Lille, où nous nous empressions de le recevoir. Le czar voulut bien s'entretenir plusieurs fois avec moi ; la facilité de son élocution et son aménité étaient remarquables.

Le maréchal se rendait souvent chez le prince de Bénévent, dont le salon était une sorte de bourse politique, où se négociaient les affaires de l'État. Je me rappelle que le jour où le roi alla au Louvre, pour y tenir la séance royale où la Charte devait être jurée, le prince de Talleyrand donna à dîner. Plus de 150 personnes remplissaient ses salons et les convives étaient encore à table. Les conversations traitaient toutes du grand événement du matin. On avait remarqué que le roi, au lieu de prêter serment à la Charte, qu'il avait acceptée à Saint-Denis, l'avait, au contraire, octroyée à la France.

Le mot *octroi*, qui se trouvait dans le préambule de la Charte, renversait toutes les idées et changeait absolument la face de la France. « Qu'est-ce que cela? » disait-on. Et l'on discutait avec chaleur. Tout à coup, la porte s'ouvre ; l'on annonce le prince de Bénévent. Talleyrand paraît en chancelant; il gagne, selon son usage, la muraille, sur laquelle il s'appuie. Bientôt, on s'avance vers lui; on se récrie sur le mot *octroi*, qui semble annihiler la situation de la France vis-à-vis de son gouvernement. « Monseigneur, lui dit-on, où en sommes-nous? Que veut dire ce langage? Comment! C'est le roi qui fait présent à ses peuples de la Charte constitutionnelle? Qu'avons-nous donc conquis à la Révolution? Que reste-t-il de nos droits? Ceci renverse nos idées et change du tout au tout notre position politique. » Le prince, prenant un air indifférent et piteux : « C'est une concession, dit-il, que le principe de légitimité entraînait; cela n'a pas grande importance. » — « Mais, Monseigneur, la différence est grande pourtant. La Charte n'offre plus aucune garantie; sur qui repose-t-elle? Elle n'a donc de base que l'autorité royale? Monseigneur, si le roi nous l'accorde, en vertu des droits qu'il prétend avoir, lui ou ses successeurs pourront la retirer en vertu des mêmes droits. Ce n'est pas ce qui avait été convenu à Saint-Denis : le roi avait positivement accepté cette Charte et, aujourd'hui, c'est lui qui nous la donne. » — « Que vous importe? réplique Talleyrand, si la Charte est rigoureusement observée; je n'aperçois vraiment pas les inconvénients dont vous parlez; il n'y a pas grand mal à tout cela; la légitimité est un ancien principe auquel il fallait bien accorder quelque chose. »

Le prince, obsédé, quitta son point d'appui en

disant : « Qu'importe? Qu'importe? » Il s'enfuit; on ouvrit les rangs devant lui et il alla prendre place dans une autre partie du salon, où de nouveaux groupes l'entourèrent.

Cependant, nous ne tardâmes pas à voir que notre position sociale était altérée. Lors des présentations, qui avaient lieu tous les dimanches, après la messe, chez le roi et chez chacun des princes, lorsque l'officier de service prononçait les noms et les titres de quelqu'un de nous, à peine obtenait-il un coup d'œil et jamais une marque de simple politesse. Mais si, par derrière, se trouvait un homme de petite noblesse, nouvellement couvert d'un uniforme loué et d'épaulettes à grosses graines d'épinards d'emprunt, il était caressé, fêté; on lui serrait la main en répétant : « Celui-là est un des nôtres et nous en avons bon nombre. »

Il est constant qu'à cette époque on employait tous les moyens pour avilir notre vieille gloire, qui était pourtant l'honneur national. La croix de Saint-Louis était la seule décoration que l'on vît avec plaisir; une croix d'honneur, qui n'était point accolée à la croix de Saint-Louis, était un titre de réprobation. Mme la maréchale se rendait même quelquefois au palais; mais elle n'y était pas reçue avec tous les égards dus à son rang.

Nous n'étions pas libres de ne pas aller aux Tuileries : s'abstenir, c'eût été faire acte de mécontentement, et le maréchal tenait à montrer la franchise de son adhésion. Dans les présentations, le vieux prince de Condé n'était point oublié. Ancien chef de l'armée de Coblentz, c'était autour de lui surtout que se groupait cette nuée d'officiers improvisés, dont je viens de parler.

Quant à son fils le duc de Bourbon, retiré à Chantilly, il ne s'occupait que de chasser. Sa forêt fut bientôt repeuplée de sangliers, qui venaient jusque dans les bois environnant Breteuil. Précédé de ses meutes immenses, il s'en allait, lui-même, y traquer ces bêtes fauves. Partant dès l'aube de Chantilly, il arrivait de bon matin à Breteuil, où tout était préparé pour le recevoir; mais il entrait rarement dans le bourg, enfourchait son cheval et se dirigeait vers les bois où les limiers l'attendaient. A son arrivée, on lâchait la meute, et bientôt, galopant au son du cor, il suivait la chasse à travers les halliers. Des relais de chiens et de chevaux attendaient le sanglier à sa rentrée dans les bois voisins, car souvent l'animal débouchait dans la plaine et, sur son passage, éventrait nombre de chiens. On forçait enfin la bête vers la fin de la journée; le prince lui donnait le coup de grâce. Souvent la nuit était venue et il fallait rejoindre Breteuil comme on pouvait. Un jour, le prince égaré me rencontra et, marchant près de lui, je servis de guide jusqu'à Breteuil. Pendant le trajet, le prince me vanta beaucoup la disposition de nos environs pour ces sortes de chasses.

Nos bois de 150 et de 200 hectares, étant disposés à peu de distance les uns des autres, lui permettaient d'être toujours sur les traces de la bête, ce qui ne pouvait avoir lieu dans la forêt de Chantilly, à cause de sa grande étendue.

Je crus devoir lui rappeler les brillantes chasses, que donnait son père avant la Révolution, et celle qu'il donna lui-même à Breteuil, en 1788. Il me dit : « Oui, c'était une belle chasse; mon pauvre fils y vint aussi! » A cette phrase succéda un profond silence, qui rappela involontairement la plus grande faute de Napoléon (1).

Cependant, les maréchaux avaient reçu les charges de gouverneurs de plusieurs divisions militaires : Masséna était à Marseille, Reggio à Metz et Ney à Besançon. Un jour, le comte d'Artois devant visiter ce dernier gouvernement, le maréchal Ney reçut l'ordre de s'y rendre. Nous étions aux Coudreaux (2). Le maréchal partit, emmenant plusieurs aides de camp, mais il fut convenu que je ne le suivrais pas.

Le 27 octobre 1814, après la revue que passa le comte d'Artois, ce prince distribua, par ordre du roi, des croix de Saint-Louis aux chefs de corps

(1) L'auteur fait allusion ici à l'exécution du duc d'Enghien. (*Note de l'éditeur.*)

(2) La terre des Coudreaux, propriété du maréchal Ney, près de Châteaudun, Eure-et-Loir. (*Note de l'éditeur.*)

et, à son retour, le maréchal me remit une lettre du duc de Maillé, m'annonçant que j'avais été nommé et reçu chevalier de Saint-Louis, à Besançon (1). Il y avait plus que de l'irrégularité dans cette nomination, car les statuts de l'ordre prescrivaient la réception en personne des chevaliers.

Pendant les derniers mois de l'année 1814 et au commencement de 1815, le maréchal fit à Paris différents voyages, qui contribuèrent à le confirmer dans la pensée que l'heure de la retraite avait sonné pour lui.

(1) Les Lettres de chevalier de l'Ordre royal et militaire de Saint-Louis sont datées du 22 avril 1818. (*Note de l'éditeur.*)

CHAPITRE VII

1815

LES CENT JOURS. WATERLOO

Séjour auprès du maréchal Ney aux Coudreaux. — Mécontentement des officiers de l'armée impériale. — Attitude du maréchal. — Nouvelle du débarquement de Napoléon, retour de l'île d'Elbe (1er mars). — Je précède le maréchal à Paris et à Besançon. — Entrevue du maréchal et de Louis XVIII. — Organisation des troupes de la résistance. — Le maréchal à Lons-le-Saulnier : son revirement soudain et sa proclamation en faveur de Napoléon (14 mars). — Discussion avec le maréchal : je l'accompagne à Dôle, puis à Auxerre. — Entrevue de Ney et de Napoléon. Voyage à Paris. — Je me retire à Breteuil, puis suis rappelé aux Coudreaux. — Ney est mandé à Avesnes. — Alerte de Charleroi. — Les Quatre-Bras (16 juin); journée du 17. — Waterloo : reconnaissance sur la droite; combats et charges autour de la Haie-Sainte; attente de Grouchy; arrivée des Prussiens! — Dévoûment de la Garde; la déroute. — Retraite sur Genappe et Saint-Quentin.

Dégoûté de la Cour et voyant le peu de cas que l'on faisait des vieux maréchaux, le prince de la Moskowa s'était retiré, au mois de février 1815, dans sa terre des Coudreaux : je l'y avais rejoint. J'étais seul avec lui dans cette campagne, où je l'accompagnais dans ses promenades et faisais sa partie de piquet. Quelquefois, la conversation tombait sur l'esprit public; je témoignais mon mécontentement et celui de l'armée au sujet des fautes graves du gouvernement royal qui, au lieu de prendre pour appui la vieille armée impériale, offrant ses loyaux services, repoussait dédaigneusement son concours. Je parlais de cette manufacture de généraux, de colonels improvisés, remplaçant les vieux officiers dans les plus beaux commandements; de Louis XVIII, qui faisait reculer son règne à dix-neuf ans en arrière et antidatait toutes les promotions, de manière que tous les grades d'une même personne, donnés en même temps, remontaient néanmoins à des époques où ceux à qui on les conférait ne songeaient guère à combattre et goûtaient les douceurs du foyer domestique, tandis que nous souffrions le froid, la faim, et que nous versions notre sang pour les défendre. Je me plaignais de ce que tous les officiers de la Vendée ou de Coblentz étaient aussi les favoris et primaient nos vieux services, regardés dès lors comme des actions dont il fallait rougir. D'un seul trait de plume tant de gloire, tant de hauts faits avaient été anéantis, et le plus grand titre d'honneur était de n'avoir pris aucune part à nos travaux. On voyait donner aux hommes les plus méprisés de l'armée, tels que les Canuel, les Donnadieu et les Bourmont, les premiers emplois. Aussi des pamphlets manuscrits étaient-ils colportés de toutes parts et personne ne cachait ses craintes pour l'avenir.

A toutes ces récriminations, le maréchal, sans

toutefois les combattre, gardait le silence; mais, si parfois je me hasardais à lui communiquer mes idées sur le retour possible de Napoléon, il prenait avec chaleur la parole : « L'Empereur ne peut revenir, disait-il, il a abdiqué, et, dans le cas où il débarquerait, tout Français devrait le repousser. »

J'affirme que le maréchal était dans ces dispositions, lorsque, le 6 mars, sur les 6 heures du soir, un aide de camp du ministre de la guerre arrive apportant au maréchal l'ordre de se rendre sans délai dans son gouvernement; il nous apprend qu'un grand nombre d'aides de camp sont partis comme lui dans toutes les directions, et qu'un mouvement s'opère, mais il ignore quel en est précisément l'objet : il avait quitté Paris, le 5, en sortant d'un bal.

Le maréchal m'ordonna de retourner à Paris avec l'aide de camp du ministre et d'annoncer à Soult qu'il allait arriver. Nous dînâmes avec le maréchal, et nous partîmes immédiatement. Pendant la route, l'aide de camp du ministre se perdait en conjectures sur les causes de l'agitation qu'il avait remarquée et sur les motifs de l'appel fait à Ney.

A 6 heures du matin, à peine arrivé à Paris, sur la place Vendôme, je rencontrai un camarade qui m'apprit le débarquement de l'Empereur! Je courus chez le ministre et lui fis savoir que le maréchal serait bientôt rendu aux ordres du roi. De l'hôtel du duc de Dalmatie, je me rendis chez le maréchal, où je l'attendis. Il arriva le 7 mars au matin. En descendant de voiture, il embrassa le plus jeune de ses fils, Edgar, qui était dans les bras de sa nourrice. Son notaire, M. Batardy, lui annonça le premier la nouvelle de l'entrée de Napoléon sur le territoire français.

Le maréchal crut devoir se rendre d'abord chez le duc de Berry, qui lui donna le conseil de voir le roi. En attendant l'heure d'audience de Sa Majesté, il se rendit chez Soult qui ne voulut pas lui donner ses instructions, en lui disant qu'il les trouverait à Besançon. Le ministre voulut même dissuader le maréchal de voir Louis XVIII, sous prétexte que le roi était souffrant, mais Ney insista et put se présenter aux Tuileries, où il fut admis vers 11 heures du matin. On a prétendu que, dans cet entretien, le maréchal prononça cette phrase que « Napoléon était digne, à cause de sa folle entreprise, d'être ramené dans une cage de fer ». De retour chez lui, le maréchal m'ordonna de partir sur-le-champ pour Besançon, afin d'y annoncer son arrivée, d'y faire préparer des cartouches et d'organiser l'artillerie qui se trouvait dans cette place. J'exécutai cet ordre en faisant précéder ma voiture d'un courrier : j'arrivai en trente-six heures à Besançon.

Je me rendis immédiatement chez le général de Bourmont, chez le préfet, M. Say; tous deux s'empressèrent de donner des ordres pour la réception du maréchal. On était vivement préoccupé et consterné à Besançon de la nouvelle du débarquement. On craignait une insurrection générale. Le maréchal, parti le 8 mars, me suivit de près et aucun incident ne marqua son voyage. Seulement, on assure qu'en passant à Dôle, où se trouvait le régiment de hussards, commandé par le prince de Carignan, il avait appris que ceux-ci étaient animés d'un mauvais esprit et qu'on ne pouvait compter sur eux pour marcher contre Bonaparte. Le duc de Berry, en passant la revue de ce régiment, avait, dit-on, traité avec peu d'égards le corps d'officiers. A ce que l'on assure, Ney donna l'ordre au prince de Carignan de se rendre à Auxonne, et il prescrivit secrètement au général Pelgrin, commandant de cette place, de retenir le régiment et de fermer les portes de la ville. Il reçut les chevaliers de Saint-Louis et les engagea à s'organiser pour défendre la cause du roi.

Ney arriva à Besançon le 10 mars, à midi; il prit connaissance des ordres du ministre de la guerre. Soult ne lui indiquait aucun mouvement; il annonçait des troupes qui ne se trouvaient pas là; il n'y avait même dans la place que des dépôts formant au plus 400 hommes; les régiments des deux divisions étaient disséminés par bataillons; les attelages manquaient pour l'artillerie et la plupart des canons même n'étaient pas montés. Ne semblerait-il pas que Soult avait tout disposé pour faciliter le succès de Bonaparte?

La disposition des esprits paraît à Ney d'un

fâcheux augure; cependant, il prend quelques mesures, dont la connaissance se répand bientôt; il fait échelonner les troupes depuis Bourg et Poligny jusqu'à Lons-le-Saulnier : l'esprit public se ranime. Il ordonne à Bourmont de faire confectionner des cartouches et des munitions; il prescrit au préfet de fournir tous les chevaux nécessaires pour les attelages du parc d'artillerie, qui doit être mis le plus promptement possible en mouvement. Il y a deux divisions dont il faut remettre le commandement dans des mains sûres. Bourmont offre des garanties : le maréchal le prend. Mais à qui confiera-t-il l'autre division?... Après quelques hésitations, il se souvient qu'un vieux général républicain, couvert de gloire et de blessures, disgracié par Bonaparte et relégué dans ses terres, se trouve aux environs de Besançon : c'est Lecourbe (1). Il l'envoie chercher et lui dit en ma présence : « Lecourbe, je te connais, tu aimes ta patrie : tu ne peux laisser rallumer la guerre civile en France... Bonaparte a abdiqué. Il n'a que 4 000 hommes avec lui. Tu ne lui dois rien : voulant que tous les services fussent pour sa personne, il t'a relégué dans tes terres; viens avec nous; patriote, tu ne peux refuser ce service à ton pays. Il vient nous apporter la guerre civile : il faut donc que tu prennes une de mes divisions; Bourmont

(1) Le général Lecourbe, rayé des cadres après le procès de Moreau, avait été réintégré dans son grade par Louis XVIII. *(Note de l'éditeur.)*

prendra l'autre... » Lecourbe, tout en répondant qu'il est sans rancune contre Bonaparte, se détermine et accepte.

Le comte d'Artois, ne pouvant marcher sur Grenoble, avait quitté Lyon et s'était retiré sur Moulins. Il envoya le duc de Maillé auprès du maréchal, qui l'invita à dîner. Pendant le repas, le maréchal recommanda au duc de Maillé d'engager le prince à lui donner un rendez-vous et à faire en sorte de nous rejoindre entre Auxonne et Besançon ; il l'assura que, si l'empereur d'Autriche était étranger au mouvement, cette échauffourée n'aurait aucune importance. « C'est, dit-il, le fait de Bonaparte seul. On a parlé de généraux autrichiens qui se sont rendus à l'île d'Elbe; cette circonstance semblerait indiquer des relations entre Bonaparte et la Cour de Vienne. S'il en était ainsi, la cause des Bourbons courrait des dangers et, dans le cas où François II se présenterait avec sa fille et son petit-fils à la tête d'une armée, la cause de la dynastie nouvelle serait compromise; mais Bonaparte par lui-même n'est rien. » Le duc de Maillé, loin de combattre le maréchal dans ses appréhensions, semblait au contraire, par sa contenance, les partager.

Enfin, le maréchal Ney part le 11 mars pour Lons-le-Saulnier, pour se mettre à la tête de ses troupes, animant sur son passage les régiments qu'il rencontre. Il emmène Bourmont avec lui et traverse Poligny, où il soupe, à 10 heures du soir, chez le sous-préfet; il repart à minuit et arrive à Lons le 12 mars, vers 2 heures du matin, et descend à l'hotel de la Pomme d'Or, où je m'étais rendu d'avance pour lui préparer un logement. Mermet commandait les troupes : il y avait dans la place les 60e et 77e de ligne, le 8e chasseurs et le 5e dragons, mais point d'artillerie. Voyant que ces régiments n'ont pas de cartouches, le maréchal envoya M. Renaut de Saint-Amour, officier d'état-major, pour demander d'expédier en poste des munitions. Le marquis de Saurans, aide de camp de Monsieur, arrivé en même temps que nous à Lons, déjeuna et dîna à la table du maréchal. M. Boulouse, négociant, revenant de Lyon, apporta les fameuses proclamations, datées du golfe Jouan, où l'Empereur disait : « *La victoire marchera au pas de charge, l'aigle avec les couleurs nationales volera de clocher en clocher jusque sur les tours de Notre-Dame.* » — « Voilà, dit Ney, voilà ce qu'il faut dire : le roi devrait parler comme cela, cela plairait aux troupes. » Le maréchal ordonna aux officiers de chaque régiment, colonel en tête, de venir prendre ses ordres. Chacun des corps se succéda, et le maréchal leur dit : « Messieurs, nous sommes tous braves; nous avons tous servi l'Empereur avec honneur et fidélité; l'Empereur a abdiqué; Louis XVIII règne sur la France; nous lui avons prêté serment, et, pour conserver notre honneur, nous le servirons avec la même fidélité que nous avons servi l'Empereur. Je compte sur vous tous ; vous me verrez à votre tête. Si cependant quelqu'un de vous, par des affections particulières, répugnait à faire cette guerre, qu'il le dise franchement : les ordres seront donnés pour qu'il retourne dans ses foyers, car je ne veux avoir auprès de moi que des braves et des hommes sur lesquels je puisse compter. Voilà, messieurs, ce que j'avais à vous dire. »

Me confondant dans la foule, j'observais la disposition des esprits, et, sur l'escalier, j'entendais des murmures, annonçant que les paroles du maréchal n'étaient pas généralement goûtées. Dès cet instant, toute l'aristocratie de la ville et de la campagne encombra les salons en témoignant le doute que nous puissions arrêter le mouvement. Ney savait que les partisans des Bourbons étaient sans énergie. « Il ne nous faut, disait-il, ni pleurnicheurs, ni pleurnicheuses. » Nous repoussions donc toutes les craintes, ne doutant aucunement du succès des mesures ordonnées. Le marquis de Grivel, commandant la gendarmerie du département, vint annoncer au maréchal que des grenadiers de l'île d'Elbe étaient envoyés pour embaucher les soldats. Ney me donna l'ordre de faire des recherches sur ce fait, dont je vérifiai l'exactitude, et j'arrêtai moi-même, dans un groupe, un grenadier portant une capote dont les boutons étaient à l'aigle. Je le conduisis au maréchal, qui le remit entre les mains du marquis de Grivel.

Des aigles avaient été apportées et nous apprenions à chaque instant que des soldats désertaient. M. Capelle, préfet de l'Ain, vint même se réfugier à Lons et fit savoir que la ville de Bourg était insurgée; que deux bataillons du 76ᵉ s'étaient permis de garder prisonnier le général Gauthier. On répandait le bruit du départ du roi.

Cependant, le marquis de Saurans avait invité, de la part du comte d'Artois, le maréchal à se rendre avec sa troupe à Mâcon, pour occuper cette ville et y former la gauche de l'armée du prince. Ney lui avait donné pleine sécurité en disant : « Soyez en repos; annoncez au comte d'Artois que je prendrai un fusil; je tirerai moi-même le premier coup, mais il nous faut de l'artillerie : l'infanterie et la cavalerie ne marchent bien qu'au bruit du canon. Dites à Monsieur que je remets le commandement de mon artillerie à mon aide de camp Levavasseur, ancien officier d'artillerie, qui sait et qui saura appliquer son canon (1). » A ces mots, le marquis de Saurans était venu me serrer la main, puis, ayant pris congé du maréchal, il était retourné auprès du comte d'Artois.

(1) D'après des témoignages les plus sérieux (*Pièces du dossier et du procès de Ney : dépositions du préfet du Jura, le marquis de Vaulchier, du marquis de Saurans et du général de Bourmont)*, le maréchal, dans son animation, se serait écrié : « Le premier soldat qui bouge, je lui passe mon sabre au travers

Nous étions au 13 mars : la nuit vint. Je restai de service auprès du maréchal, qui se coucha; son secrétaire, Dutour, était dans une autre pièce de la maison. Les généraux Bourmont, Lecourbe, Mermet et Jarry occupaient des logements en ville. Sur les 10 heures, arriva un officier de la Garde nationale porteur d'une dépêche : je l'introduisis chez le maréchal, laissant une bougie sur la table de nuit; je quittai la chambre et laissai l'officier seul avec le maréchal. Après un quart d'heure, il sortit et je rentrai chez le maréchal en disant : « Monsieur le maréchal, n'avez-vous point d'ordres à me donner? » — « Non, me répondit-il. » Et reprenant la bougie, je repris aussi la lettre qui était auprès, car le maréchal, ayant pleine confiance en moi, me permettait ces sortes de communications. Cette lettre était conçue en ces termes :

« Mâcon, le ... mars 1815.

« Monsieur le Maréchal,

« J'ai l'honneur de vous informer qu'un colonel de gendarmerie, nommé Jameron, arrivant de Lyon, vient d'entrer dans la ville, en annonçant l'arrivée prochaine de l'Empereur. A cette nouvelle, un grand enthousiasme vient d'éclater : le drapeau tricolore est arboré partout; des arcs de triomphe s'élèvent et je

du corps; la garde lui servira d'emplâtre... Mais le soldat marche toujours au canon et Vavasseur (*sic*), mon aide de camp, sait s'en servir à merveille ». (Voir H. Houssaye, **1815**, Défection de Ney.) (*Note de l'éditeur.*)

me vois forcé de quitter la préfecture. » *Signé :* le Préfet.

Je connaissais particulièrement Jameron et je fus étonné de cette démarche; j'allai, indigné, dans la chambre de Dutour lui montrer cette lettre. Vers minuit, arriva un autre officier qui demanda encore à être introduit directement auprès du maréchal. Un quart d'heure se passe; l'officier sort et je reprends avec ma bougie cette dépêche qui contenait ce qui suit :

« Chalon-sur-Saône, le... mars.

« Monsieur le Maréchal,

« J'ai l'honneur de vous informer qu'un bataillon du 76e régiment de ligne, qui escortait votre parc d'artillerie, vient de faire son entrée à Chalon, aux cris de *Vive l'Empereur !* La ville s'est insurgée aussitôt; ces troupes veulent, disent-elles, présenter cette artillerie au petit caporal, etc. . » *Signé :* le Maire.

En reprenant cette lettre, j'avais remarqué chez le maréchal une grande agitation, une impatience et un déplaisir qui me frappèrent; il trépignait dans son lit et murmurait. Bientôt après, un autre officier, envoyé par le général Pelgrin, vint annoncer au maréchal que le régiment de hussards, commandé par le prince de Carignan, avait arboré la cocarde tricolore, forcé les portes d'Auxonne, et s'était dirigé vers Dijon aux cris de « Vive l'Empereur! » et que la ville d'Auxonne avait repris les anciennes couleurs.

Un quatrième officier parut ensuite; il était déjà près de 4 heures du matin. Il apportait une dépêche du général Heudelet, commandant à Dijon, annonçant au maréchal que le prince de Carignan venait de faire son entrée à Dijon en proclamant l'Empereur, que le drapeau tricolore flottait à toutes les fenêtres, que partout sur la route régnait le plus grand enthousiasme, que la belle Garde nationale de Dijon était sous les armes, ayant repris sa cocarde, etc... Je remarquai que Ney, tout en restant au lit, était dans la plus grande perplexité. Je repris et lus toutes ces dépêches sur la table de nuit du maréchal, immédiatement après la sortie de ceux qui les apportaient.

Sur les 5 heures du matin, le 14, le marquis de Grivel parut avec des papiers et entra chez le maréchal; il était accompagné de deux hommes, vêtus en bourgeois, qui restèrent un instant près de moi. Je questionnai ces messieurs : ils m'annoncèrent qu'ils arrivaient de Lyon et qu'on les avait arrêtés. Sur ce que je témoignais ma surprise de ce qu'ils venaient de Lyon, où était l'Empereur, ils me répondirent : « Mais, monsieur, nous avons lieu d'être fort surpris nous-mêmes de notre arrestation : tout est terminé; l'Empereur règne maintenant en France; les Bourbons ne sont plus à Paris; c'est une affaire arrangée avec les puissances..... L'Empereur a dîné à bord d'un vaisseau anglais, la station a quitté l'île exprès pour faciliter son départ. » Le marquis de Grivel fit entrer ces deux hommes chez le maréchal; l'entretien dura une heure environ, puis le marquis remmena ses deux prisonniers. J'entrai de nouveau chez le maréchal, et j'aperçus alors des liasses de proclamations; c'étaient celles, saisies dans la voiture de ces deux émissaires, que l'Empereur avait lancées le long de la route et à Lyon. Quelques-unes annonçaient les rapports amicaux de Napoléon avec l'Autriche (1).

Au petit jour, le maréchal ouvrit la porte de la pièce où je me tenais, et me dit : « Levavasseur, faites demander les généraux Lecourbe, Bourmont, Jarry et Mermet. » J'exécutai l'ordre et ces généraux arrivèrent successivement dans la matinée. Ma chambre fut bientôt remplie, comme la veille, des hommes les plus dévoués au roi, qui, ayant appris indirectement les défections qui se manifestaient de toutes parts, venaient jeter une terreur que je repoussais toujours (2).

L'audience du maréchal se prolongea long-

(1) Que la connivence de l'Angleterre et de l'Autriche ait été alors un bruit colporté par les émissaires de Napoléon, la chose est possible. Mais, d'après H. Houssaye, dans **1815**, aucun écrit, ou pièce officielle, n'y aurait fait la moindre allusion. (*Note de l'éditeur.*)

(2) Les incidents divers de la nuit du 13 au 14 mars, les émotions qui agitèrent le maréchal Ney avant sa défection (*d'après les pièces du procès*), ont servi de sujet à un acte émouvant de M. Georges de Labruyère, joué à Paris (*Théâtre Antoine*), en 1898, et où l'un des principaux rôles est celui de l'aide de camp Vavasseur. (*Note de l'éditeur.*)

temps. Enfin Ney entr'ouvrit la porte et me donna l'ordre de faire assembler toutes les troupes sur l'esplanade. Présumant qu'une revue allait avoir lieu, j'entrai dans la chambre où le conseil était assemblé, et je fis observer au maréchal que ni lui ni moi n'avions de chevaux. Bourmont me dit aussitôt de donner l'ordre à son aide de camp de faire seller un cheval pour le maréchal et un pour moi. Je continuais toujours de raffermir le courage de ceux qui m'entouraient, en faisant l'éloge du caractère ferme et imperturbable de mon maréchal. Mais il vint lui-même au milieu de nous, nous priant de le laisser seul un instant avec son secrétaire. Nous quittâmes le salon et pénétrâmes dans la chambre, où étaient encore tous les généraux convoqués. Là, fier et certain du succès, je tins, en présence de ces généraux, le même langage qu'auparavant; ni Bourmont, ni Lecourbe, ni Mermet, ni Jarry ne cherchèrent à nous donner la moindre idée de ce qui allait se passer. Il me semble encore les voir, assis, silencieux, lorsque je m'exprimais avec énergie sur notre entrée prochaine et triomphante à Lyon, aux cris de « Vive le roi! » le maréchal Ney en tête.

Le maréchal entra, et nous nous disposâmes tous à l'accompagner pour la revue annoncée. Les généraux sortirent et ne revinrent que vers midi, pour se rendre en cortège à l'esplanade. Indépendamment des généraux que je viens de nommer, le groupe se composait d'une foule de personnes de l'ordre civil et militaire, qui étaient continuellement à l'état-major, de tous les officiers du maréchal, du marquis de Grivel, de M. de Cayrol, ordonnateur, etc..... La population suivait nos pas. Pendant le trajet, je continuai à préconiser auprès de MM. de Cayrol et de Grivel le caractère très ferme de Ney. Arrivé sur l'esplanade, le maréchal mit l'épée à la main, fit battre un ban et ordonna que les sous-officiers de cavalerie missent pied à terre. Mon camarade, l'aide de camp Devaux, resté le dernier avec le secrétaire Dutour, m'entendant au milieu des royalistes tenir le même langage que la veille, vint à moi et me dit tout bas à l'oreille, en faisant un geste d'ondulation de la main : « Levavasseur, cela m'a l'air de ça. » A ce moment, surpris, je quittai le bras du marquis de Grivel, et j'entendis la voix éclatante du maréchal qui lisait la proclamation.

J'étais tellement éloigné de croire à un revirement d'opinion qu'à la suite de ces mots « *Officiers, sous-officiers et soldats, la cause des Bourbons est à jamais perdue...* », je crus qu'il allait ajouter « *si vous ne me secondez pas.* » Mais quelle fut ma surprise lorsque j'entendis la suite de la proclamation et les cris d'enthousiasme qu'elle excitait parmi les soldats, qui pénétrèrent au milieu de nous en nous embrassant, faisant notre éloge et en disant qu'ils n'avaient jamais douté de nos sentiments de patriotisme (1)!

La position était vraiment pénible pour les hommes dévoués au roi, que j'avais conduits moi-même sur le terrain. Le marquis de Grivel, complimenté comme nous par les soldats, ne put cacher son indignation, et, prenant son épée, il la brisa et en jeta les débris à terre. Le maréchal Ney, toujours à pied, retourna dans son logement; la population se répandait sur son passage en poussant mille cris de « Vive l'Empereur ».

Ainsi fut consommé ce grand acte, dont les

(1) Nous croyons devoir rétablir ici le texte de cette proclamation :

« Officiers, sous-officiers et soldats!

« La cause des Bourbons est à jamais perdue! La dynastie « légitime que la nation française a adoptée va remonter sur « le trône : c'est à l'Empereur Napoléon, notre souverain, qu'il « appartient seul de régner sur notre beau pays! Que la « noblesse des Bourbons prenne le parti de s'expatrier encore « ou qu'elle consente à vivre au milieu de nous, que nous « importe? La cause sacrée de notre liberté et de notre indé- « pendance ne souffrira plus de leur funeste influence. Ils ont « voulu avilir notre gloire militaire, mais ils se sont trompés : « cette gloire est le fruit de trop nobles travaux pour que nous « puissions jamais en perdre le souvenir! Soldats! les temps « ne sont plus où l'on gouvernait les peuples en étouffant tous « leurs droits : la liberté triomphe enfin, et Napoléon, notre « auguste Empereur, va l'affermir à jamais. Que désormais « cette cause si belle soit la nôtre et celle de tous les Français! « Que tous les braves que j'ai l'honneur de commander se « pénètrent de cette grande vérité! Soldats! je vous ai souvent « menés à la victoire : maintenant, je veux vous conduire à « cette phalange immortelle que l'Empereur Napoléon conduit « à Paris et qui y sera sous peu de jours; et là, notre espé- « rance et notre bonheur seront à jamais réalisés. Vive l'Empe- « reur! » *(Note d'O. Levavasseur.)*

suites devaient être si fatales. Vainement, on a prétendu que le maréchal avait cédé à l'entraînement que lui inspirait l'Empereur; vainement, on a dit qu'une lettre du général Bertrand, arrivée pendant la nuit du 13, avait ébranlé sa fidélité au roi, et qu'il avait reçu la proclamation toute faite : le maréchal n'était pas accessible à de telles considérations. La seule, qui le détermina, fut la sympathie qu'il crut reconnaître dans le pays pour la cause de l'Empereur. Les deux prisonniers amenés par le marquis de Grivel étaient deux négociants : leur langage fit cent fois plus d'impression sur Ney que toutes les proclamations impériales; il crut distinguer dans ces hommes les véritables organes du pays; il était d'ailleurs disposé à les croire, à cause de tout ce qu'il venait d'apprendre; il y était disposé par le silence que Bourmont, Lecourbe, Mermet et Jarry avaient gardé, au moment où il les avait consultés sur la proclamation; enfin, Napoléon lui inspirait moins d'affection que de crainte. Qu'une tête froide réfléchisse dans un pareil instant, on le conçoit, mais lui!... Si Ney avait calculé, ce jour-là, il eût cessé d'être lui-même. Le maréchal, en quittant l'esplanade, crut peut-être que son état-major, tous les généraux et les officiers allaient le suivre et le complimenter, mais chacun, réfléchissant à la responsabilité qu'il encourait par cette nouvelle position, se recueillit et se retira, au point que, arrivé à l'hôtel de la Pomme d'or, Ney se trouva seul. Pendant ce temps, les troupes et la population détruisaient dans la ville les insignes de la royauté; on faisait tomber les enseignes à l'effigie des Bourbons. Chacun avait quitté les décorations royalistes. Je rentrai chez moi, consterné. Le maréchal avait laissé ouverte la porte de son appartement; il me dit : « Eh bien! Levavasseur?... » Je marchai lentement vers lui, les larmes aux yeux. « Monsieur le maréchal, lui dis-je, vous êtes perdu! Comment ternir, en un jour, une aussi haute réputation et tant de gloire? » — « Je ne puis faire autrement, s'écria t-il; la patrie avant tout, mon ami; la France ne veut point des Bourbons : nous devons obéir au pays. Les puissances alliées sont d'accord avec Bonaparte : le baron Kolher, général autrichien, était venu le trouver à l'île d'Elbe; les Bourbons ne pouvaient plus régner. On a engagé Napoléon à débarquer en France, sous la condition de ne jamais faire la guerre hors des limites; le roi de Rome et sa mère resteront en otage à Vienne, jusqu'à ce que l'Empereur ait donné une constitution libérale. » — « Monsieur le maréchal, répliquai-je, Bonaparte ne vous pardonnera jamais votre conduite à Fontainebleau; oubliera-t-il que c'est vous qui l'avez fait abdiquer? » — « Ce n'est pas à lui que j'ai songé dans cette affaire, c'est à la France, et il le saura, je le lui dirai. S'il compte encore nous conduire au fond de la Pologne, il se trompe; je lui dirai qu'il a abdiqué et que c'est le roi de Rome que nous défendons. » — « Monsieur le maréchal, vous étiez dans votre gouvernement, que ne vous retiriez-vous à Besançon? Là, vous auriez attendu les événements. » — « Je ne le pouvais pas, car ainsi j'allumais la guerre civile partout, et il fallait l'éteindre promptement; je ne serai jamais un brandon de discorde. Comment! pour marcher contre Bonaparte, il fallait marcher sur 40 000 cadavres français et je ne pouvais m'y résoudre! » (1) Ces plaintes de ma part, que repoussait le maréchal avec son sentiment patriotique, durèrent quelque temps. Le maréchal, qui voulait me convaincre, ne pouvant y parvenir, me dit enfin : « C'est assez, vous n'êtes plus mon aide de camp. » — « Monsieur le maréchal, lui dis-je, vous ne manquerez pas d'aides de camp. »

Je me retirai alors. Le maréchal appela son chef d'état-major, le baron Passinge, qui partit pour se rendre auprès de l'Empereur. La Genetière, major d'infanterie et sous-chef d'état-major, de la division Bourmont, arrivé le 12 auprès du maréchal, fut nommé chef d'état-major par intérim. Il procura aussitôt cinq à six officiers qui furent dépêchés vers Oudinot, Suchet et les autres maréchaux commandant les troupes. Le maréchal invita tous les généraux et chefs de corps à dîner pour le soir

(1) Il est intéressant de rapprocher cette phrase des réponses que devait faire le maréchal lors de son procès : « *J'ai eu tort, mais j'ai eu peur de la guerre civile. J'aurais marché sur 40 000 cadavres avant d'arriver à Bonaparte... J'ai préféré ma patrie à tout.* » (Interrogatoire de Ney. — Procès et dossier de Ney, Arch. de la Guerre). (*Note de l'éditeur*).

même. Quoique ma séparation d'avec le maréchal fût prononcée, comme on vient de le voir, mon dévouement au prince de la Moskowa et ma reconnaissance étant sans bornes, je ne pouvais absolument le quitter. Faisant abnégation entière de ma personne, je devais continuer à suivre les ordres qu'il me donnait. Avant le dîner, le maréchal me fit appeler et me dit en confidence que Jarry venait de refuser d'aller à Besançon, pour exécuter un ordre dont il l'avait chargé. Il ajouta qu'il craignait que le préfet Scey ne s'emparât de Besançon et n'y organisât un mouvement dans le sens contraire; il me demanda sur qui il pouvait compter pour faire exécuter cet ordre. Il hésitait à confier cette mission à Mermet, craignant le même refus. Je répondis que Mermet n'avait pas l'énergie convenable dans cette circonstance; qu'il ne refuserait pas de remplir la mission, mais qu'il la remplirait de mauvaise grâce, ou point du tout. « Écrivez, » me dit-il, et il dicta un ordre de prise de possession de la ville de Besançon, au nom de l'Empereur, et de préparatifs pour la défense de cette place. Dans cet ordre se trouvait un article prescrivant l'arrestation de M. Scey, préfet du Doubs, et de M. Durand, commandant d'armes à Besançon. A cet article, je me levai, déclarant que je ne consentais pas à l'écrire. Nouvelle altercation alors entre le maréchal et moi : je persistai invariablement dans mon refus. J'appris plus tard que l'ordre donné au général Mermet ne fut point exécuté; que le général avait envoyé à Besançon prévenir de sa mission les personnes intéressées : lorsqu'il se présenta, les portes de la ville lui furent fermées.

Bourmont, Lecourbe, les autres généraux et une vingtaine d'officiers assistèrent au dîner. Dans une situation aussi épouvantable, l'esprit des chefs de corps, qui avaient prêté serment de fidélité au roi et auxquels on avait confié, sous la foi de ce serment, un commandement de troupes, devait être différent de l'esprit de ces mêmes troupes. Celles-ci ne font qu'obéir, tandis que la responsabilité pèse sur ceux-là. Aussi ce dîner ne répondit-il pas à l'attente du maréchal. Pendant le repas, on ne parla que des fautes énormes commises par le gouvernement des Bourbons, qui, s'il eût voulu accepter l'alliance de l'armée avec son esprit national et éloigner cette foule parasite de petits nobles de campagne, aurait pu faire le bonheur du pays. Il fut question aussi de Bonaparte, à qui on commanderait de ne s'occuper désormais que de la France et du pays; il lui serait interdit de conduire ses armées guerroyer sans cesse chez l'étranger; on lui rappellerait son abdication en faveur du roi de Rome; on lui dirait que c'était pour maintenir les droits de Napoléon II que la France se levait de nouveau. Dans cette conversation, je gardais, ainsi que mon voisin, le colonel d'infanterie Marchal, la plus grande réserve. Cet officier me dit tout bas : « Nous allons marcher sur Paris avec l'Empereur. Quant à moi, je vous le déclare, si l'on croit me faire battre contre les troupes royales, on se trompe : je n'obéirai pas et je quitterai plutôt l'armée. »

Le lendemain, 15 mars, le chef d'état-major La Génetière donna ordre, de la part du maréchal, aux généraux Bourmont et Lecourbe de marcher sur Dôle. Cependant, soit que le maréchal se méfiât de la conduite future de Bourmont, soit qu'il ignorât si La Genetière avait véritablement expédié ses ordres, il m'envoya dès l'aube chez Bourmont lui porter verbalement celui de marcher sur Dôle. Je trouvai Bourmont couché; il me reçut avec assez d'indifférence. Les généraux prirent les directions indiquées, chacun avec sa division.

Au moment de quitter l'hôtel, le maréchal me dit : « Levavasseur, montez avec moi. » Je m'assis à côté de lui; quelques mots furent échangés, entre nous, toujours dans le même cercle d'idées que la veille. Au premier relais, nous vîmes autour de la voiture la population assemblée, le maire en tête, criant « Vive l'Empereur! » et disant : « Dites bien que nous sommes tous à lui. Vive le maréchal Ney! Vive l'Empereur! »

Nous partîmes, et le maréchal de dire : « Eh bien! n'est-ce pas là le sentiment national? n'est-ce pas là le vœu de la patrie? » — « Oui, monsieur le maréchal, répondis-je, je le veux bien, mais vous n'en serez pas moins blâmé. » Puis, c'était un nouveau silence.

Les mêmes scènes se renouvelèrent au relais suivant, le maréchal répétant que le vœu de la patrie devait toujours être le guide d'un soldat. Nous arrivâmes à Dôle; le maréchal se logea dans le bel hôtel du comte de Valdahon. Les généraux Lecourbe et Bourmont, le chef d'état-major La Genetière étaient aussi arrivés et logés en ville. Dans le salon de l'hôtel Valdahon, se trouvait le portrait du comte, dans son brillant uniforme de mousquetaire, et celui de la comtesse. Ce dernier me frappa par la grâce et l'élégance du modèle. Je demandai au domestique si je pouvais rendre mes devoirs à sa maîtresse. On m'introduisit chez Mme de Valdahon : c'était une femme charmante. Après un long entretien, je réussis à lui inspirer quelque confiance et elle me dit qu'elle me chargerait d'une lettre pour son mari, qui était au service du roi.

Tout à coup, à 6 heures du soir, entre Clouet. Cet officier avait quitté le maréchal pour accepter dans la bouche du roi une charge héréditaire de famille. A la nouvelle du débarquement, il était parti, le 12 mars, de Tours, afin de reprendre son titre auprès de son ancien maréchal. Apprenant la défection de Ney, il n'avait pas moins continué sa route, caché sous un déguisement, et il était parvenu jusqu'à nous à grand'peine, en traversant les pays insurgés au nom de l'Empereur : « Où est le maréchal, dit-il vivement, où est le maréchal? Je veux lui parler. » Et il se précipite vivement dans la chambre que je lui indique. Là, j'entends qu'une scène des plus vives a lieu. Sans doute, Clouet tenait au maréchal le même langage que moi, mais avec des expressions plus animées, sans toutefois y mettre les mêmes sentiments de reconnaissance, de douleur et d'intérêt. Clouet s'échappe de la chambre du maréchal, passe dans le cabinet de Dutour, saisit une feuille de papier blanc, et se donne à lui-même un ordre ainsi conçu : *Il est ordonné à mon aide de camp Clouet de se rendre sur-le-champ à Paris avec mon cuisinier et un domestique. Par ordre du maréchal, signé.* Puis il appose sur la feuille le cachet du maréchal et part. Le maréchal vient dans le salon et me dit : « Levavasseur, où est Clouet? Il est fou; voyez-le. Conçoit-on cet officier pour lequel j'ai tout fait? Tâchez de le calmer; il va faire des sottises. » Pensant qu'une démarche auprès de Clouet serait inutile, je restai.

Le lendemain matin, au départ, nous apprîmes que Bourmont et Lecourbe étaient partis en poste avec Clouet, les deux généraux déguisés en domestiques de la maison du maréchal, et qu'ils avaient pris la route de Paris. Le chef d'état-major La Genetière, ayant appris la fuite de Bourmont et de Lecourbe, crut devoir aussi abandonner son poste et s'expatria en Suisse.

En sortant de Dôle, le maréchal me fit encore prendre place auprès de lui. En ce moment, arriva Mme de Valdahon, tenant à la main une lettre qu'elle me donna. A la sortie de la ville, le maréchal me dit : « Quelles relations avez-vous avec Mme de Valdahon, et pour qui est la lettre qu'elle vous a remise? Je n'entends pas que vous soyez porteur de lettres semblables, donnez-la-moi. » — « Monsieur le maréchal, cela ne se peut, lui dis-je, c'est une lettre cachetée, peut-être un secret de famille; cela ne se peut absolument : c'est une lettre de Mme de Valdahon pour son mari. » — « Donnez-la-moi; donnez-la-moi, je le veux. » Une querelle s'engage; le maréchal s'emporte, il saisit la lettre et, sans la décacheter, la déchire, puis jette les morceaux à ses pieds. J'étais gonflé de rancune. Loin de là, après un long silence, nous voyons encore approcher au relais de nombreuses populations criant « Vive l'Empereur! Vive le maréchal! » et entourer la voiture. « Eh bien! me dit-il, n'est-ce pas là le sentiment national? » Encore tout animé par la scène qui venait d'avoir lieu, je m'égare au point de dire : « Vous ne pouvez être approuvé que par la canaille. » Ce mot exaspère le maréchal; il fait arrêter la voiture et me dit : « C'en est assez, descendez. » Je mets pied à terre, le maréchal s'enfuit, et je reste seul sur la route. Une demi-heure après, arrive la deuxième voiture dans laquelle est Dutour. « Eh bien! me dit-il, qu'est-il donc arrivé? » — « Rien, rien, dis-je, je crois qu'il a perdu la tête », et je remonte avec lui.

A Dijon, toute la garde nationale, dont tous les chefs appartenaient à la famille Maret, était sous les armes à la porte de l'hôtel du maréchal. Je descendis à cet hôtel comme si rien ne s'était passé entre le prince de la Moskowa et moi. Il reçut toutes les notabilités de la ville et fut invité à un grand dîner qu'il accepta. A la prière des partisans de l'Empereur, le maréchal destitua le maire, en nomma un autre qu'on lui désigna et qui fut proclamé au son du tambour. De tous côtés arrivaient des hommes dévoués à Bonaparte, annonçant qu'un grand nombre de maires s'opposaient à ce que les couleurs tricolores fussent arborées. Le maréchal, m'ayant revu au milieu de mes camarades, me disait à chacune de ces plaintes : « Levavasseur, donnez l'ordre de prendre le drapeau tricolore ». Ce fut de cette manière que j'écrivis plus de vingt fois ces mots :

Il est ordonné au maire de la commune de... de faire arborer sur-le-champ le drapeau tricolore. Par ordre du maréchal :

Signé : LEVAVASSEUR.

Sur le soir, le dîner étant prêt, une députation vint pour chercher le maréchal qui, prétextant une grande fatigue, s'excusa; mais il me donna l'ordre, en présence de tous ces messieurs, de les accompagner et de le représenter à ce dîner. Le banquet avait été préparé au rez-de-chaussée de l'hôtel même; la députation m'emmena et me fit occuper la place d'honneur. Je repoussai toute expression tendant à injurier la famille royale; la mettant entièrement en dehors de toute discussion, je n'attribuai qu'à l'esprit étroit de la petite aristocratie, par laquelle elle s'était laissé circonvenir, toutes les fautes commises par son gouvernement. J'ajoutai même que, si cette famille l'eût voulu, elle eût été peut-être seule capable de faire le bonheur de la France; mais il aurait fallu qu'elle s'emparât de notre gloire et adoptât comme des choses justes les résultats de la Révolution.

Le lendemain de grand matin, le maréchal partit seul pour Auxerre. Là, le 19, après avoir vu l'Empereur, on rapporte qu'il dicta l'ordre d'arrestation de MM. Bourmont, Lecourbe, Delort, Jarry, de La Genetière, Vaulchier, Dubalen, Clouet, le commandant d'armes d'Auxonne, le comte Scey, Bessières.

Nous arrivâmes deux heures après lui : j'étais attendu avec impatience dans cette ville. On répandait à Auxonne le bruit que des émissaires, gardes-du-corps pour la plupart, avaient été envoyés pour tuer Bonaparte, qui était descendu à la préfecture, chez M. Gamot, beau-frère du maréchal. Un garde-du-corps avait été arrêté, porteur d'une lettre qui m'était adressée par Mme Bapst, femme du joaillier de la Cour. On soupçonnait qu'il était du nombre des assassins. Des personnes, attachées à la maison de l'Empereur, vinrent me chercher et me conduisirent dans les salons de Napoléon, où je fus interrogé : j'ignorais complètement ce qu'on me voulait. La lettre apportée par le garde-du-corps était une recommandation pour moi afin de le faire employer dans l'état-major du maréchal Ney, car on supposait toujours qu'il marchait contre l'Empereur. Je me trouvai, par conséquent, sous le coup des plus infâmes accusations; mais je n'eus pas de peine à prouver que j'étais absolument étranger à toute cette affaire, ne connaissant pas même l'officier dont il était question. Je suis convaincu que dans cette première entrevue du maréchal et de Napoléon, Ney dit à l'Empereur des paroles fort dures et qui ne furent pas oubliées. Ce qui me confirme dans la conviction que le maréchal était resté tel qu'au moment de l'abdication, c'est que, dans un hôtel où nous couchâmes en partant d'Auxerre, à Nogent je crois, il fit mettre sur la porte un grand écriteau portant ces mots : *Hôtel du roi de Rome.*

Le 20 mars, nous étions à Montereau, où nous couchâmes chez l'aubergiste Labbé. Lorsque nous entrâmes à Paris, l'Empereur y était déjà. Ce brusque changement de gouvernement surprenait plus qu'il ne réjouissait; il y avait de l'inquiétude sur beaucoup de figures et de la tristesse dans bien des cœurs; des canons étaient braqués aux angles du Carrousel.

Quelques jours après, je me présentai dans les salons du maréchal. Une foule de généraux et de hautes notabilités les encombraient. Je fus quelque peu persiflé pour ma conduite dans ces dernières circonstances. Le comte de Ségur dit à Ney, en le revoyant pour la première fois à son retour : « Monsieur le maréchal, vous avez surpassé nos espérances. » Je compris toute la portée de ce mot : je revins à Breteuil.

Le maréchal Ney entrevit, dès ce moment, les conséquences graves de sa situation. Napoléon ayant repris sur lui tout son ascendant, il se trouvait, dès lors, dans une position difficile. Cependant, l'Empereur connaissait le pouvoir considérable de Ney sur le soldat français et la force qu'il donnait à l'armée; aussi, se garda-t-il bien de le disgracier publiquement. Il voulut même, dès le commencement, le montrer comme un drapeau à toute l'armée réunie sur les frontières de la Belgique. Il lui donna donc la mission de visiter la frontière jusqu'à Landau et d'y passer la revue des troupes et des places fortes. Cette tournée commença le 26 mars : il y eut de grandes revues à Lille. A son retour auprès de l'Empereur, le maréchal vit, à n'en plus douter qu'il lui conservait rancune : froidement reçu, il se retira dans sa terre des Coudreaux, d'où il sortit pour paraître au Champ-de-Mai. Là, Napoléon lui dit : « Je vous croyais émigré. » — « J'aurais dû émigrer plus tôt, répondit Ney, maintenant il est trop tard. »

Cependant, on vit bientôt la profondeur du gouffre dans lequel on s'était précipité. Napoléon, loin d'être soutenu par les puissances, les avait toutes contre lui : des armées formidables allaient fondre sur la France, qui n'avait plus de troupes, les vieilles phalanges ayant été licenciées; l'esprit de régiment était détruit. Il fallait recommencer les guerres de la Révolution; mais avec quelles ressources? La liberté, qui avait enfanté des merveilles, Bonaparte l'avait étouffée. Comment donc faire marcher la nation sans liberté, sans gloire, sans esprit religieux, les trois puissants mobiles qui électrisent les âmes? Il y avait encore le ressort indestructible de l'amour de la patrie; mais comment Napoléon, qui avait tout rapporté à lui et à sa gloire, qui voulait être lui-même la patrie, pouvait-il faire valoir ce sentiment?

Enfin, l'Empereur rappela à la hâte tous ses vieux soldats et, en peu de temps, il présenta sur les bords du Rhin une armée de 100 000 hommes; mais on remarqua que presque tous les maréchaux n'étaient pas employés dans ce moment décisif, et que le commandement était donné à de simples généraux, qui pouvaient encore ambitionner des faveurs. Ney resta dans la retraite, où la froideur de l'Empereur le retenait. Je reçus, dans la mienne en Picardie, une lettre du maréchal qui m'invitait à me rendre près de lui, aux Coudreaux.

Je dois ici mentionner un fait : nos troupes, revenant d'Espagne, passèrent sur la route, près du château du maréchal. Elles connaissaient sa présence en ce lieu et poussaient des cris de « Vive l'Empereur! » Était-ce pour punir Ney d'avoir fait abdiquer Napoléon? Était-ce pour le féliciter d'avoir fait sa dernière proclamation? Je ne sais : tout ce que je puis dire, c'est que Ney gardait le silence et que ces cris me laissaient une impression douloureuse.

Le mois de juin arriva : les Alliés s'approchaient des frontières, et notre armée était déjà en mouvement, sans que le maréchal eût reçu des ordres. Cependant, l'Empereur, avant de quitter les Tuileries, lui adressa une petite lettre ainsi conçue : « *Si Ney veut être présent à la première bataille, il peut se rendre à Avesnes où il me trouvera.* Signé : *Napoléon.* »

Le maréchal Ney n'hésite pas un seul moment; il donne l'ordre qu'on prépare ses équipages et me permet de passer à Breteuil pour y prendre les miens; quatre jours après, j'entrai dans Avesnes où je fus obligé de rester une journée; mes chevaux avaient fait 61 lieues en quatre jours. Le maréchal, après avoir pris les ordres de l'Empereur, s'était porté en avant. Je rencontrai à Avesnes le maréchal duc de Trévise, qui avait reçu une invitation semblable à celle de Ney, mais qui venait d'être de nouveau disgracié (1).

(1) On a vu que dans les précédentes campagnes, lorsque les armées françaises étaient disséminées depuis l'Italie et l'Espagne jusqu'au Danemark, l'Empereur, du fond de son cabinet, indiquait en quelque sorte le jour et le point où la rencontre aurait lieu. Obéissant à sa stratégie puissante, les troupes marchaient dans des directions diverses, mais toujours pour arriver au rendez-vous qu'il s'était donné. L'époque et le lieu étaient réglés sur les journées de marche des troupes les plus

Le 15 juin au matin l'armée rassemblée entre la Sambre et Philippeville se met en mouvement et franchit la frontière (1).

Après avoir donné à Ney l'ordre de prendre le commandement des troupes qu'il dirige sur Gand pour combattre les Anglais, en s'emparant de la position des Quatre-Bras afin d'empêcher leur jonction avec Blücher, et de manœuvrer sur les derrières des Prussiens, l'Empereur part lui-même pour se mettre à la tête de celles qu'il dirige sur Fleurus, en marchant au-devant de Blücher (2).

éloignées. Quant à celles qui étaient rapprochées, il les dirigeait pour attirer l'ennemi, pendant le temps qu'il avait en plus, vers des positions qu'il devait abandonner. Ainsi, tandis que l'ennemi se trouvait occupé sur différents points, tout à coup 100 000 hommes arrivaient au but assigné et l'Empereur livrait sa bataille. Ainsi avaient été prévenues la réunion des Autrichiens et des Russes, dans la campagne d'Austerlitz, et celle des Russes et des Prussiens, dans la campagne de Pologne.

Dans la campagne de 1815, il savait que les Autrichiens et les Russes manœuvreraient pour entrer en France par Huningue et Belfort, tandis que les Prussiens occuperaient Charleroi et les Anglais Bruxelles. Il n'y a qu'un pas de notre frontière à Charleroi : il voulut donc écraser Blücher avant que Wellington fût averti. *(Note d'O. Levavasseur.)*

(1) Ier corps (Drouet d'Erlon), IIe (Reille), IIIe (Vandamme), IVe (Gérard), VIe (Mouton), Réserve de cavalerie (Grouchy) formée des corps Pajol, Exelmans, Kellermann, Milhaud, Garde impériale. *(Note de l'éditeur.)*

(2) Le maréchal Ney, dès que touché par l'appel de l'Empereur en date du 11 juin, était parti en poste et était arrivé, le 13, à Avesnes, avec le colonel Heymès, son premier aide de camp. Le 15, dans l'après-midi, il rejoignait Napoléon, après l'occupation de Charleroi; il reçut de lui le commandement de la gauche (Ier et IIe corps, cavalerie légère de la Garde), avec mission de se porter aux Quatre-Bras, sur la route de Bruxelles.

Par trop de circonspection, sans doute, et craignant de se trouver en flèche avec toute l'armée anglo-hollandaise de-

Le 16, en sortant d'Avesnes, je me rends à Charleroi : la bataille était engagée; j'entre dans une maison pour faire rafraîchir mes chevaux. J'étais à table, le canon ronflait. Tout à coup, un grand bruit se fit entendre dans la ville; tout fuit, la rue est encombrée de voitures, de cavaliers, de fantassins qui se sauvent. « Nous sommes perdus, me dit mon hôte, voilà l'ennemi. » Je cours à l'écurie, et, dans l'allée qui y conduit, je rencontre un homme dérouté à poil sur un de mes chevaux. Je le culbute, j'enfourche le cheval, et, ne voulant pas fuir sans avoir vu l'ennemi, je marche au danger; mais, sorti dans la plaine, je ne remarque plus que quelques dragons qui me parlent d'une charge de cavalerie, dans le lointain. C'était une fausse alerte, qui se prolongea comme un éclair jusque dans l'intérieur de la France et y porta la terreur.

Revenu à mes chevaux, je les reprends et vais droit au canon. J'arrive sur le soir au champ de bataille de Fleurus; j'apprends que la victoire a été fortement disputée. Ce n'était plus l'armée d'autrefois! Cette espèce d'insouciance, qui faisait braver jadis tous les dangers, avait fait place à une tristesse qu'on sentait au fond du cœur. « Com-

vant lui, Ney arrêta vers les 4 heures la tête de l'infanterie (IIe corps) au village de Gosselies, enlevé après une courte canonnade, et se contenta de pousser la cavalerie en reconnaissance vers les Quatre-Bras, encore faiblement défendus par un détachement de Nassau : la position enlevée, la route de Bruxelles eût été ouverte dès le soir même! (*Note de l'éditeur.*)

ment, se disait-on, lutter avec avantage avec si peu d'hommes et si peu de ressources contre les armées formidables, que nous n'avons pas encore sous les yeux mais qui ne tarderont pas à nous joindre? Nous n'avons encore rencontré que l'armée prussienne, et nous n'avons pu la vaincre! Que deviendrons-nous donc lorsque toutes les autres puissances seront devant nous? » Les succès à venir ne pouvaient résulter, en effet, que d'une victoire qui aurait entraîné vers nous quelques-uns des Alliés.

Le 17, je m'adressai au quartier général de l'Empereur, pour connaître le point qu'occupait le maréchal. On me renseigna, je me mis en route, et, longeant les vedettes ennemies, que j'apercevais dans la plaine, je rejoignis Ney dans la matinée : il était aux Quatre-Bras, position que, le 16 à midi, l'Empereur lui avait renouvelé l'ordre d'occuper, mais qu'il ne put prendre, n'ayant à opposer alors aux 20 000 Anglais que les divisions Bachelu et Foy, fortes ensemble de 9 000 hommes (1). On m'apprend que, pendant la bataille qu'il livra la veille, un des officiers de l'Empereur s'était porté en toute hâte vers le corps de Drouet d'Erlon, fort de 20 000 hommes; que celui-ci avait reçu et exécuté l'ordre de marcher vers Fleurus, sans que

(1) Ier corps (Drouet d'Erlon) : divisions Allix, Donzelot, Marcognet et Durutte, division de cavalerie légère Jacquinot.

IIe corps (Reille) : divisions Bachelu, prince Jérôme Bonaparte, Foy, division de cavalerie légère Piré ; la division Girard avait été détachée, avec la droite, vers Fleurus. (*Note de l'éditeur.*)

le maréchal en fût instruit ; que, la droite des troupes de Ney s'étant trouvée découverte, la cavalerie ennemie y avait pénétré; que cette charge avait causé la déroute de Charleroi, et que bientôt après Drouet d'Erlon avait été renvoyé, de telle sorte que la journée s'était passée pour lui en marches et en contremarches, et qu'il n'avait pu rejoindre le maréchal qu'à 8 heures du soir, quand on ne se battait plus (1).

(1) Tels sont les divers motifs qui empêchèrent le maréchal Ney d'occuper, le 16, les Quatre-Bras, pendant que l'Empereur se battait à Fleurus et chassait les Prussiens de leurs positions de Ligny et Saint-Amand. Wellington, avec des forces anglo-hollandaises triples de celles que pouvait opposer Ney, occupait déjà la position des Quatre-Bras, lorsque à midi le maréchal reçut l'ordre de s'en emparer et de manœuvrer sur les derrières de Blücher, vers Ligny. — Il est constant que, si le maréchal Ney eût de grand matin reçu l'ordre de s'emparer des Quatre-Bras et de manœuvrer sur Ligny avec ses 45 000 hommes, Blücher eût été détruit, et Wellington n'eût pu déboucher de la forêt de Soignes. Le peu de troupes, qui occupaient alors cette position, y auraient été refoulées, et nous serions entrés dans Bruxelles le soir même, derrière les Anglais en retraite. Mais, lorsque l'Empereur dicta cet ordre, à 9 heures du matin, il ignorait que le jour même il rencontrerait les Prussiens et leur livrerait bataille, et que Wellington alors débouchait de la forêt : vers les midi, lorsque le maréchal Ney reçut cet ordre, la position des Quatre-Bras était occupée par 20 000 hommes, qui furent portés à 36 000 à 4 heures, tandis qu'à midi le maréchal n'avait que 9 000 hommes, à 4 heures, par l'arrivée du prince Jérôme, 16 000 et, à 8 heures du soir, par celle de d'Erlon, 45 000. (*Note d'O. Levavasseur.*)

— L'auteur a voulu ici justifier l'inaction de Ney dans la matinée du 16 juin et son offensive tardive et trop peu poussée contre les Quatre-Bras : le calcul des troupes, dont disposa le maréchal le soir, est conforme aux documents officiels, bien que l'effectif du 1er corps (d'Erlon) soit quelque peu majoré aux dépens de celui de l'infanterie et de la cavalerie, engagées dans le jour. En tout cas, Ney, qui aurait dû faire enlever la position dès

Dans la journée du 17, nous avançons et l'Empereur avec une partie de la Garde arrive à notre tête (1). La cavalerie du général Colbert, apercevant la cavalerie anglaise, la charge et la met en déroute (2). Comme mes chevaux étaient très fati-

le 15 au soir, eut le tort de laisser le lendemain matin ses corps dispersés et d'attendre de nouveaux ordres, qu'il ne reçut que vers 11 heures. Les divisions Bachelu et Foy se portèrent à l'attaque à partir de 2 heures; puis celle du prince Jérôme entra en ligne, mais déjà les premiers renforts anglais étaient arrivés avec Wellington lui-même : il eût fallu à Ney l'appui des 20 000 hommes de d'Erlon, mais celui-ci avait été appelé par l'Empereur, qui se trouvait aux prises avec Blücher.

A la fin de l'après-midi, les cuirassiers de Kellermann, envoyés le matin à Ney, exécutèrent des charges brillantes, mais, insuffisamment soutenus, ils durent se replier et l'infanterie de Reille fut elle-même obligée de céder, au soir, devant la contre-offensive anglaise : d'Erlon, rappelé par le maréchal, ne parut qu'à la nuit tombante à la droite du champ de bataille! (*Note de l'éditeur.*)

(1) Le 17, dans la matinée, Français et Anglais étaient restés immobiles du côté des Quatre-Bras : Ney ne connut qu'à 9 heures le résultat de la bataille de Ligny. Wellington, apprenant la retraite de Blücher et se sentant fort menacé, se décida à se reporter en arrière, à partir de 10 heures, sans avoir été attaqué. Seule, la cavalerie anglaise restait en place pour couvrir le mouvement, lorsque Napoléon arriva, sur les 2 heures, par la route de Namur; il amenait avec lui la cavalerie de Domon, prise au IIIe corps, et les cuirassiers de Milhaud, qu'avaient précédés la division légère Subervie, le VIe corps et la Garde.

Voulant ressaisir la victoire qui lui échappait, l'Empereur lança, malgré l'orage, la cavalerie à la poursuite de l'ennemi : il n'arrêtait lui-même la tête de colonne qu'à près de 7 heures du soir, sur le plateau de la Belle-Alliance, et de là il faisait encore canonner les positions anglaises, aperçues au delà de la crête, en avant de Mont-Saint-Jean. (*Note de l'éditeur.*)

(2) Le général Alph. de Colbert commandait la brigade de lanciers de la division Subervie, détachée après la bataille de Ligny de la Réserve de cavalerie de Grouchy, tandis que celui-

gués, je m'élançai en avant dans cette charge, avec l'espoir de prendre à l'ennemi un cheval frais. J'aperçois un chasseur qui démonte un cavalier : « Vite, lui dis-je, à moi ce cheval; combien? » Il me demande six napoléons; je les lui donne, et, tandis qu'il m'aide à changer de selle, arrive le général Colbert, qui intime au chasseur l'ordre de ramener le cheval au régiment, où il doit être employé au service des officiers, et fait observer qu'il n'a pas le droit de le vendre. Je soutiens que le cheval m'appartient, que je l'ai payé, que je l'ai pris avec le chasseur. Le général Colbert, voyant mon insistance, cède alors et ordonne au cavalier de rejoindre son corps. Je montai sur le cheval anglais et remis le mien à un chasseur du 15e qui était démonté, en lui promettant bonne récompense s'il me le conservait.

Notre cavalerie fit à diverses reprises des charges de la même manière et repoussa enfin l'ennemi jusqu'aux plaines de Planchenois, où nous passâmes la nuit.

Le 18 juin, reconnaissant que l'ennemi a pris position en avant de la forêt de Soignes et hérissé

ci était chargé avec les IIIe et IVe corps de la poursuite des Prussiens.

Son frère Édouard commandait la brigade de chevau-légers-lanciers de la cavalerie légère de la Garde (Lefebvre-Desnouettes).

L'aîné des trois, le général Auguste de Colbert, avait été tué en Espagne en 1809 (voir p. 139). *(Note de l'éditeur.)*

de canons la crête de Mont-Saint-Jean, l'Empereur juge que c'est là que Wellington veut livrer bataille; il fait défiler l'armée en colonnes d'attaque et dispose ses lignes parallèlement à celles des Anglais. Le prince Jérôme commandait notre aile gauche; les comtes Reille et d'Erlon marchaient au centre; Lobau et Duhesme à droite (1). Le maréchal Ney avait le commandement de l'infanterie et de la cavalerie. Nous étions séparés de l'armée anglaise par un petit vallon dans lequel se trouvait, sur la grande route, la ferme de la Haye-Sainte, très rapprochée de la ligne ennemie. Pendant que nos troupes prenaient position, des boulets enlevèrent quelques files. Mais l'ordre d'attaquer n'était pas encore envoyé.

Au point du jour, le maréchal m'avait donné mission de reconnaître le terrain et les mouvements de l'ennemi. J'étais parti en commençant ma reconnaissance par l'extrême gauche; j'avais conféré successivement avec toutes les vedettes, qui ne m'apprenaient rien. Cependant, parvenu à l'extrême droite, la vedette me fit observer que des détachements allaient et venaient de ce côté; que des officiers isolés se lançaient dans cette direction. Je restai une heure sur le terrain, et, après m'être assuré de la vérité de cette observation, je rejoignis le maréchal, con-

(1) Général Mouton, comte de Lobau, commandant le VIe corps. Général Duhesme commandant en premier la Jeune Garde. (*Note de l'éditeur*.)

vaincu que l'ennemi manœuvrait sur notre droite.

Le maréchal s'était rendu auprès de l'Empereur; je courus vers lui et j'annonçai le résultat de ma mission et mes conjectures. S'adressant à l'Empereur, il dit : « Sire, mon aide de camp, qui vient de reconnaissance, me déclare que l'ennemi semble vouloir manœuvrer par notre droite. » — « C'est bien, il suffit, » répondit l'Empereur (1).

Un peu avant midi, l'Empereur dicte l'ordre que Soult écrit sur son calepin, puis le major-général déchire la feuille et la donne au maréchal Ney, qui, avant de me la remettre pour la communiquer aux généraux en chef, écrit en marge au crayon : *Le comte d'Erlon comprendra que c'est lui qui doit commencer l'attaque* (2). Je pars par la gauche, au

(1) Dans la matinée, les troupes impériales, 74 000 hommes au total durent venir se ranger sur trois lignes en profondeur : la première, en travers de la route de Charleroi à Bruxelles, à hauteur de la Belle-Alliance, faisait face aux fermes d'Hougoumont, de la Haye-Sainte et de Papelotte, situées en avant de la crête de Mont-Saint-Jean et fortement défendues; elle était formée de gauche à droite par la cavalerie du IIe corps, l'infanterie de ce même corps, l'infanterie puis la cavalerie du Ier; derrière, la deuxième était formée des cuirassiers de Kellermann, de l'infanterie du VIe corps, des divisions légères Domon et Subervie et des cuirassiers de Milhaud; la troisième, réserve, de la grosse cavalerie de la Garde (Guyot), des Vieille, Moyenne et Jeune Gardes (Friant, Morand, Duhesme) et de la cavalerie légère (Lefebvre-Desnouettes); l'artillerie était répartie sur les flancs, le front ou dans les intervalles, la route de Bruxelles laissée libre pour l'artillerie de réserve. (*Note de l'éditeur.*)

(2) L'ordre daté du 18 juin, 11 heures, porte qu'*à peu près à une heure après midi, au moment où l'Empereur en donnera l'ordre au maréchal Ney, l'attaque commencera pour s'emparer du village de Mont-Saint-Jean*, attaque préparée par l'artillerie des Ier, IIe et VIe corps et dirigée par d'Erlon *en portant en avant sa*

galop, et j'atteins d'abord le prince Jérôme, dont les troupes occupent en masse un vallon, en arrière d'un petit bois. Je continue, mais, avant d'arriver au général d'Erlon, mon cheval s'abat et le papier,

division de gauche et en la soutenant par les autres divisions du Ier corps.

Sur la copie (conservée aux Archives de la guerre) de cet ordre d'attaque, il est mentionné que l'original, de la main de Soult, portait en marge cette note au crayon et signée Ney : *Le comte d'Erlon comprendra que c'est par la gauche, au lieu de la droite, que l'attaque commencera. Communiquez cette nouvelle disposition au général Reille.*

Cette note, un peu différente de celle restée dans le souvenir d'O. Levavasseur, semble indiquer (comme le remarque M. Houssaye, **1815**, t. II) que des instructions antérieures avaient été données à d'Erlon pour attaquer avec sa droite, c'est-à-dire par Papelotte et la Haye.

En ordonnant de pousser droit sur Mont-Saint-Jean, Napoléon se proposait non de tourner la gauche ennemie, mais bien de percer en son centre la ligne anglaise.

Vers 11 heures et demie, l'Empereur ordonna à Reille d'entamer le combat à la gauche (prince Jérôme) contre Hougoumont, pour faire précéder d'une démonstrative l'attaque principale. Puis, à 1 heure et demie, l'ordre fut envoyé à Ney en vue de cette dernière, qui commença de suite contre la Haye-Sainte et la crête du plateau de Mont-Saint-Jean. A ce moment même venait d'être signalée l'approche des Prussiens au loin sur la droite, dans la direction par où Napoléon attendait Grouchy! C'était le corps de Bülow, amené par Blücher comme appui aux 67 000 hommes de Wellington! Les Prussiens débouchaient vers Plancenoit devant le VIe corps, à partir de 4 heures et demie, alors qu'une seconde attaque contre la Haye-Sainte reculait et que Ney avait lancé à la charge les escadrons de Milhaud et de Lefebvre-Desnouettes. A la fin de la journée, deux autres corps prussiens faisaient successivement irruption sur le champ de bataille. Déjà les Anglais, un instant ébranlés par les charges répétées de toute la cavalerie et les nouveaux assauts contre leur centre, opéraient un mouvement général en avant : les Français se retiraient pêle-mêle sur le plateau de la Belle-Alliance, où tenait encore la Vieille Garde, mais ils allaient s'y trouver enserrés, comme dans un étau, et, à la nuit tombée, commençait la déroute! (*Note de l'éditeur.*)

frotté à terre, devient presque indéchiffrable, en sorte que je suis obligé d'aider à sa lecture. Retourné auprès du maréchal Ney, je le trouve en arrière de la Haye-Sainte. Déjà le comte d'Erlon avait commencé son mouvement d'attaque, la bataille était engagée. Le maréchal fit appeler tous les colonels de cavalerie et leur donna l'ordre de lui envoyer chacun un escadron. Ces escadrons étant venus se former derrière lui, il dit à un de ses plus anciens aides de camp, Crabet, général de brigade en retraite, revenu depuis quelques jours auprès de lui, de prendre le commandement de cette cavalerie, et il ajouta : « Vous allez suivre par la gauche et balayer tout ce qui se trouve entre l'artillerie ennemie et son infanterie en passant sur le terrain occupé par l'ennemi derrière la Haye-Sainte. » Pendant ce temps, le comte d'Erlon s'avançait au milieu de la mitraille sur la pente du plateau, mais il ne réussissait pas à prendre la position. Crabet défile et s'enfonce dans le vallon; le maréchal se retourne et s'adressant à moi : « Levavasseur, dit-il, marchez avec cette charge. » Je pars et je rejoins Crabet en avant. Après avoir dépassé les lignes d'artillerie ennemie, Crabet se forme en colonne par escadron et commande la charge. Nous nous lançons en poussant les cris de « Vive l'Empereur! En avant! » Devant nous se sauvent tous les chevaux d'artillerie, abandonnant leurs pièces. L'infanterie même paraît obéir à ce mouvement et bat en retraite : pas un coup de fusil n'est tiré, quoique nous soyons à portée. Clouet, qui avait déserté, m'a rapporté depuis que cette charge avait mis l'armée anglaise en déroute et qu'il s'était rendu à Gand, pendant que la route était couverte de fuyards qu'elle avait chassés. Il me dit qu'alors son humiliation était au comble de voir cette débandade et les préparatifs de départ du roi à Gand, où notre mouvement avait répandu l'alarme (1).

Cependant, placés en bataille sur le terrain de l'ennemi, ayant toute son artillerie dételée sur nos derrières, nous restons dans cette situation pendant plus d'un quart d'heure, à la vue de notre armée qui demeure immobile. Sans doute, l'Empereur ne voulait pas quitter sa position pour prendre celle que nous avions conquise, avant que la sienne fût occupée par le corps de Grouchy qu'il attendait.

Mais des cris effroyables sont poussés au loin sur notre droite. Je gagne les vedettes de ce côté, et bientôt une masse considérable de cavalerie paraît à peu de distance, se dirigeant au galop vers nous. Dans ce moment périlleux, je veux retourner mon cheval qui se dresse : impossible de le faire manœuvrer. Heureusement un cuirassier en vedette près de moi prend la bride; je pique des

(1) Le colonel Clouet, l'ancien aide de camp de Ney avec O. Levavasseur en Espagne, était chef d'état-major du général de Bourmont, qui commandait une division du IVe corps : il l'avait suivi dans sa défection en passant la frontière le 15 juin au matin. (*Note de l'éditeur.*)

deux et regagne la queue de notre cavalerie, qui déjà était au galop au loin pour rejoindre nos lignes. Crabet atteint la route près de la Haye-Sainte. Au même instant, une colonne de cavalerie, envoyée pour nous soutenir, descend la route que nous remontons, nous barrant ainsi le passage. Tout à coup, la tête de colonne s'arrête et la cavalerie ennemie fond sur nos derrières; nos cavaliers se pressent les uns sur les autres dans le passage encaissé, à tel point que les hommes ne peuvent faire un mouvement pour se défendre. J'entends seulement le cliquetis des sabres qui pénètrent sous les cuirasses des cavaliers : l'ennemi fait un carnage épouvantable. Mais le général Colbert, commandant la cavalerie venue à notre rencontre, prend les escadrons qui ne sont pas engagés dans le défilé, puis, faisant le tour du mamelon qui nous enserre, il fond à l'improviste sur l'ennemi et enferme dans le passage, en les taillant en pièces, les cavaliers qui s'étaient précipités sur nous. C'est ainsi que nous fûmes dégagés. Je dus à la vitesse de mon cheval d'avoir regagné la queue de la colonne de Crabet assez à temps pour laisser encore derrière moi plus de deux cents cuirassiers, qui furent massacrés : leurs chevaux formèrent une barrière qui empêcha l'ennemi de parvenir jusqu'à nous. Un officier anglais qui se trouvait à quatre pas de moi, ayant été tué dans la mêlée, je pris son cheval, qui me servit pendant le reste de la bataille.

Pendant cette charge, un feu d'artillerie était engagé de part et d'autre. Une fusillade effroyable se faisait entendre à notre gauche, dans le petit bois, en avant du prince Jérôme (1). Le maréchal m'envoie pour reconnaître; je passe au galop près du prince, que je trouve toujours rangé en masse dans le vallon. Malgré les balles qui sifflent à mes oreilles, je m'approche du bois que tient notre infanterie, et je trouve tous les fantassins, postés derrière les arbres, implorant du secours. Le colonel me demande avec instance de faire venir des troupes pour le dégager. Jérôme avait envoyé seulement deux régiments pour enlever ce bois que gardaient 6 000 hommes. Ces deux régiments avaient franchi la plaine et étaient parvenus jusqu'au bois, mais ne pouvaient aller plus loin car l'ennemi les foudroyait. Je retourne en toute hâte auprès du prince Jérôme et lui expose avec chaleur que ce bois ne peut être pris de vive force qu'avec sa division tout entière et qu'y envoyer seulement deux régiments, c'est les faire massacrer. Cette position, attaquée de nouveau par le prince Jérôme et le comte Reille, fut prise et reprise plusieurs fois pendant la journée.

Je galope près du maréchal Ney, qui venait alors

(1) Il s'agit ici du bois de taillis épais qui défendait au Sud l'approche du château et de la ferme d'Hougoumont. — La brigade du général Bauduin, tué dès le début du combat, (1er léger et 3e de ligne) fut lancée à l'attaque la première, puis, soutenue par la brigade Soye (1er et 2e de ligne), elle déboucha du bois pour tourner l'enclos d'Hougoumont. *(Note de l'éditeur.)*

de donner au général *** (1) l'ordre de s'emparer de la ferme de la Haye-Sainte avec 3 000 hommes environ. Ce dernier marche en colonnes serrées vers la ferme, mais, arrivé à peu de distance, il oblique à droite et se met sous le boulet, dans la plaine à petite portée de cette habitation. Le maréchal, indigné de voir l'hésitation du général, m'envoie lui dire d'enlever la position au pas de charge. Je descends vers la route où je trouve deux compagnies de sapeurs, assises le long d'un rideau. Le capitaine s'avance vers moi et, me remettant sa carte : « Monsieur l'aide de camp, s'écrie-t-il, tenez, voilà mon nom. » Puis il fait battre la charge, ses sapeurs courent vers la ferme aux cris de « En avant! » et, tandis que je me rends auprès du général pour lui intimer l'ordre du maréchal, déjà les sapeurs s'emparent des jardins, des haies et en débusquent l'ennemi qui ploie sur le derrière, le tout à la vue des troupes d'infanterie, qui se mettent alors en marche pour soutenir l'attaque. La Haye-Sainte fut occupée par nos troupes, mais les Anglais, venus en forces supérieures, la reprirent bientôt.

Pendant que ces faits se passaient, la bataille

(1) En blanc dans le manuscrit. — Le premier échelon du Ier corps (d'Erlon), celui de gauche, était formé par la division Allix, comprenant les brigades Quiot et Bourgeois, et marchait en colonnes par bataillons en masse : ce fut la première brigade (54e et 55e de ligne) qui, ayant devant elle la Haye-Sainte, dut l'attaquer, la deuxième continuant à se porter contre le plateau plus en arrière. *(Note de l'éditeur.)*

grondait sur toute l'étendue, sans pourtant que notre armée fît de grands progrès. Nos efforts pour percer la ligne anglaise étaient infructueux. Cependant, la résistance des ennemis semblait faiblir sur plusieurs points.

Sur les 6 heures du soir, arrive auprès du maréchal Ney le général Dejean (1). « Monsieur le maréchal, lui dit-il, vive l'Empereur! Voilà Grouchy! » Le maréchal m'ordonne aussitôt de passer sur toute la ligne et d'annoncer l'arrivée de Grouchy. Prenant le galop, élevant le chapeau au bout de mon sabre et passant devant la ligne : « Vive l'Empereur! m'écrié-je, soldats, voilà Grouchy! » Ce cri soudain est répété par mille voix; l'exaltation des soldats est à son comble; ils s'écrient tous : « En avant! En avant! Vive l'Empereur! »

A peine arrivé à l'extrémité de notre ligne, des coups de canon se font entendre sur nos derrières. Le plus grand silence, l'étonnement, l'inquiétude succèdent à cet enthousiasme. La plaine se couvre de nos équipages et de cette multitude de non-combattants qui suivent toujours l'armée; la canonnade continue et s'approche. Officiers et soldats se mêlent, se confondent avec les non-combattants. Je viens, atterré, auprès du maréchal, qui me prescrit d'aller reconnaître la cause de cette

(1) Aide de camp de l'Empereur ainsi que les généraux Drouot et Bertrand, qui furent envoyés à ce moment sur toute la ligne pour donner confiance aux troupes en annonçant l'arrivée de Grouchy. *(Note de l'éditeur.)*

panique. J'arrive auprès du général *** qui me dit : « Voyez ! ce sont les Prussiens ! » Je retourne chercher le maréchal, que je ne retrouve pas. Notre armée ne formait plus alors qu'une masse informe, où tous les régiments étaient confondus. Dans cet instant fatal, il n'y a plus de commandement, chacun reste interdit en présence d'un danger qu'on ne peut définir. Vient Drouot qui s'écrie : « Où est la Garde? Où est la Garde? » Je la lui montre; il s'en approche en criant : « Formez le carré ! » Je vois alors l'Empereur passer près de moi, suivi de ses officiers. Arrivé près de sa Garde, placée en face de lui, de l'autre côté de la route : « Qu'on me suive ! » dit-il, et il marche en avant sur le chemin que cent pièces de canon ennemi balayent.

Alors cent cinquante musiciens descendirent en tête de la Garde, en faisant entendre les marches triomphales du Carrousel. Bientôt, la route fut couverte de cette Garde qui marchait par pelotons à la suite de l'Empereur; les boulets et la mitraille qui la foudroyaient laissaient le chemin jonché de tués et de blessés. Encore quelques pas et Napoléon eût été seul en tête. Sans doute, sa première résolution avait été de s'enfermer dans le carré et d'y attendre la mort; la seconde de périr en avançant.

Cependant, au milieu de ce carnage, derrière la route, je vois passer un groupe de chevaux : je crois reconnaître l'Empereur (1). Je cours vers ce

(1) Il était alors plus de 9 heures du soir. *(Note de l'éditeur.)*

groupe; c'était Napoléon en effet, que la mort avait épargné et qui retournait silencieusement sur ses pas. Il marchait dans la plaine, à la droite de la chaussée : notre armée désorganisée, dont la tête de colonne fuyait en grand désordre sur Genappe, encombrait la route. Je suivis quelque temps l'Empereur et son état-major; chacun gardait le plus morne silence. Cependant, songeant que je devais rejoindre le maréchal, je retournai sur mes pas et le cherchai vainement, car c'était alors par derrière qu'était le danger. On m'a rapporté que le maréchal, voyant cette affreuse déroute, était descendu de cheval et s'était arrêté un instant sur un rideau. Là, sans doute, il envisagea les malheurs qui allaient fondre de nouveau sur la France; il pensa peut-être aussi au sort qui l'attendait, car, depuis sa proclamation, il ne vivait plus : il ne désirait que la mort et il faisait tout pour la trouver.

Il était nuit : désespérant de rencontrer mon maréchal, je regagnai la colonne, qui pouvait à peine avancer et que l'ennemi ne poursuivait pas. Quel fut mon étonnement, à mon arrivée à Genappe, de voir cette ville encombrée de voitures, au point qu'il était impossible de passer debout dans les rues; les fantassins étaient obligés de ramper sous les équipages pour se frayer un passage; la cavalerie tournait la ville. Parvenu sur la route, au delà de la place, indigné de ne voir aucun ralliement, je me plaçai en travers, et, tirant mon sabre, je m'écriai : « De par l'Empereur, on ne passe pas! » Un officier de hussards, croyant que j'avais reçu l'ordre d'agir ainsi, se mit à côté de moi, et l'un et l'autre nous barrâmes le passage. Alors nous entendîmes tous les officiers et soldats s'écrier : « Par ici le 25e, le 12e, le 8e! etc., etc. » Tous cherchaient à se rallier, et toute la nuit se passa au milieu de ces cris. Cependant quelques officiers généraux et autres voulaient forcer la consigne que j'avais imaginée : « On ne passe pas! » disais-je, et ils restaient. Je puis citer l'aide de camp de l'Empereur, Forbin-Janson, qui, malgré qu'il se dît blessé, fut forcé par moi de s'arrêter comme les autres.

Cependant, vers les 3 heures du matin, je me mets à réfléchir que l'Empereur a peut-être fixé le point de ralliement derrière la Sambre, et qu'il entre dans ses vues que l'armée y soit rassemblée avant le jour. Aussi, ne voyant point mon maréchal venir et pensant qu'il a gagné Charleroi, j'engage le commandant du régiment le plus voisin de moi à continuer son mouvement de retraite. Alors, toute la colonne rassemblée en ordre lève le camp et se dirige sur Charleroi. Je prends le galop; j'entre dans la ville : nouvelle débâcle plus épouvantable encore. Les soldats fuient; la terreur est à son comble ; on ne voit que casques, que fusils, que bagages abandonnés. L'Empereur venait de partir sans donner d'ordres et tout fuyait précipitamment sur Avesnes, comme si l'ennemi eût été là. Cependant, après avoir encore marché pendant deux lieues, exténué de fatigue, je descends de cheval et, attachant la bride autour de mon bras, je me couche dans un fossé pour y dormir. Je m'éveille.... on m'a volé mon cheval : la bride seule m'a été laissée. Irrité, je saute debout et, courant sur la route qui mène en France, je réclame à grands cris mon cheval. Je poursuis ainsi pendant près d'une demi-lieue, et j'aperçois sur ma gauche, dans les blés, du monde occupé avec des chevaux. Je reconnais le mien : alors, tirant mon sabre, je fonds sur les voleurs, qui baissent la tête, tendent le dos, reçoivent mes coups et se sauvent.

Je continue ma route vers Avesnes, dont je vois les portes fermées par ordre des magistrats. Je suis tous les fuyards, laissant la ville à droite, et tout d'une haleine je parviens à Laon. Plus on avançait, plus la terreur était grande. Là, enfin, je retrouve mon chef et le repos! Le maréchal, comme toute l'armée, sentait le malheur qui venait de nous frapper. Il n'y a plus de résistance possible : tout ce qu'on peut obtenir, c'est une capitulation honorable. Les troupes de Grouchy sont encore intactes; Maison commande un corps d'armée qui n'a point été entamé; les restes de Waterloo réunis à Genappe arrivent bientôt, et toutes ces colonnes battent en retraite vers Paris.

J'avais la veille, sur le champ de bataille, sept chevaux et trois domestiques; que sont-ils devenus? Je me rappelle le chasseur du 15e; on me dit que le 15e est du côté de Saint-Quentin, d'où toutes les troupes sortent en désordre; dans un village en arrière, je trouve enfin le 15e et mon cheval!

De Saint-Quentin, je crus devoir revenir chez moi à Breteuil, d'où je ne tardai pas à rejoindre le maréchal. Les troupes étaient sous les murs de Paris. Les braves généraux qui les commandaient, Vandamme, Eckmühl, Freycinet, Pajol, d'Erlon, Roguet et d'autres, signèrent une adresse à la Chambre des représentants, dans laquelle ils protestaient encore contre le retour des Bourbons. C'était le dernier soupir de l'armée. A la séance du 22 juin, à la Chambre des pairs, le maréchal crut devoir dissiper les illusions de ceux qui croyaient encore à l'existence de l'armée. Il dévoila toute l'étendue de nos pertes et fit comprendre l'impossibilité de sortir, autrement que par des négociations, de la position pénible qui venait d'être faite à la France.

CHAPITRE VIII

1815

LA DEUXIÈME RESTAURATION — LE PROCÈS DE NEY

Marche des Alliés sur Paris. — Capitulation du 3 juillet. — Ma nomination d'aide de camp du général Dessolle, commandant la Garde nationale, puis de capitaine commandant le 1er escadron d'artillerie de la Garde. — Vexations dont je suis l'objet avec les officiers de Waterloo : je me retire à Breteuil.
Arrestation et procès du maréchal Ney : le conseil de guerre, la Chambre des Pairs, l'exécution (7 décembre).
Éloge du maréchal dit *le brave des braves.*

L'Empereur, ayant de nouveau abdiqué, habitait la Malmaison (1). Déjà reparaissaient au Palais-Royal et dans Paris des officiers de la Garde du roi qui ne cachaient plus leur joie et cherchaient à organiser des complots pour aller arrêter Bonaparte. Les Alliés arrivaient. Le maréchal, on le sait, fut d'avis de conclure la capitulation du 3 juillet, pourvu qu'on y insérât un article garantissant les personnes et interdisant toute recherche des

(1) La deuxième abdication fut signée par l'Empereur à l'Élysée le 22 juin ; le 25, il se rendit à la Malmaison, où l'ex-impératrice Joséphine était morte un mois auparavant.
Louis XVIII rentra à Paris le 8 juillet. (*Note de l'éditeur.*)

actions et des opinions politiques. Il voulait même qu'en cas de discussion sur le traité ses dispositions fussent interprétées en faveur des armées et des habitants. Cette capitulation signée, la sécurité du maréchal était complète.

Toutefois, l'entrée dans Paris des gardes du corps du roi et des hommes qui avaient accompagné Louis XVIII à Gand, l'exaltation des femmes, les divers propos que l'on entendait de toutes parts annonçaient une réaction terrible contre ceux qui avaient concouru au succès du retour de l'Empereur. Les amis du maréchal l'engageaient à se retirer; il résistait en disant qu'il avait capitulé, qu'il était au milieu des Alliés qui avaient traité, et qu'il était plus en sûreté là qu'ailleurs. Cependant, cédant à nos prières, il se détermina à partir pour la Suisse, où il avait rempli autrefois des fonctions diplomatiques. Il envoya un de ses officiers à Fouché pour solliciter un passeport, qui lui fut accordé. Un congé fut demandé au prince d'Eckmühl pour l'armée de la Loire, et, lorsqu'on lui apporta ce congé, il me dit : « Davout a signé mon ordre de départ. Qui lui signera le sien? Il est dans le même cas que moi. » Je lui offris de l'accompagner à Lausanne; il me conseilla, au contraire, dans son intérêt même, de prendre le plus tôt possible du service auprès du roi, et il adressa au ministre de la guerre une demande pour me faire rentrer dans l'arme de l'artillerie. Cette demande fut accordée le jour même, 5 juillet 1815. Le maréchal partit le lendemain, emportant 12 000 francs et accompagné d'un jeune secrétaire.

Le 8 juillet 1815, j'entrai comme aide de camp à l'état-major du marquis Dessolle, nommé général en chef de la Garde nationale de Paris. Le général Dessolle avait commandé en Espagne une des divisions placées sous les ordres du maréchal Ney. C'était un homme de mœurs douces, polies, affectueuses et pleines de noblesse. Il était très aimable et très simple, joignant beaucoup d'esprit à une grande bravoure; le maréchal l'estimait fort et celui-ci le lui rendait avec usure. Le général avait eu pour moi des bontés particulières. Quoiqu'il fût amplement pourvu d'aides de camp, qu'il lui fallait accepter de la Cour, il désira que je fusse auprès de lui l'interprète des officiers de l'ancienne armée, qui venaient réclamer sa protection et qui, sans moi, n'auraient point été reçus. A cette époque de réaction, les salons n'étaient fréquentés que par des dénonciateurs qu'il fallait écarter avec précaution et ne présenter au général qu'à la dernière extrémité, car ils menaçaient d'aller directement chez le comte d'Artois.

Bientôt nous apprîmes que Fouché, qui avait délivré le passeport au prince de la Moskowa, l'avait fait suivre et devancer à francs étriers par des gardes du corps déguisés; que le maréchal, s'étant aperçu de cet espionnage, avait subitement changé sa direction et s'était rendu aux eaux de Saint-Alban, près de Roanne; que là, Mme la maréchale lui avait envoyé une personne de confiance pour l'engager à la suivre au château de Bessonis, près d'Aurillac, où il était arrivé le 29 juillet.

Pendant ce temps, on s'empressait de réorganiser la Garde royale. Digeon qui en commandait l'artillerie, se souvenant de Banos, m'offrit le commandement du 1er escadron, sous le titre de capitaine, en me prévenant que le chef d'escadron titulaire ne pouvait monter à cheval. Cet officier avait émigré au commencement de la Révolution et je devais inévitablement lui succéder. Ma nomination eut lieu le 20 septembre.

Bientôt un bruit sourd circule; je commandais un jour ma batterie lorsqu'on vint m'apprendre que les officiers de la Maison du roi et le duc d'Angoulême lui-même avaient adressé de vifs reproches au général Digeon et au colonel d'Hautpoul sur mon admission dans la Garde. Ayant reçu l'ordre de me rendre chez le secrétaire général du ministre de la guerre, Tabarié, je me transportai aussitôt au ministère, et, m'étant fait annoncer, j'entrai dans le salon, où se trouvaient beaucoup de généraux. Le secrétaire général me prit à part et me dit tout bas : « Monsieur Levavasseur, vous ne pouvez rester dans la Garde. » — « Par quel motif? » — « La Garde, continua Tabarié, est un corps privilégié, où l'on n'admet que des officiers qui ont donné depuis longtemps des marques d'attachement à la dynastie des Bourbons; vous n'êtes pas dans ce cas. Entrez dans la ligne; désignez-moi un régiment et je vous remettrai l'escadron que vous demanderez. » — « Monsieur le secrétaire général, répliquai-je, tous les régiments doivent être également dévoués au roi. Si j'étais colonel, je ne recevrais pas un officier sortant de la Garde par le motif qui vous fait m'exclure; je ne puis quitter aujourd'hui la Garde qu'avec honneur et avancement : je n'ai point démérité. Je ne donnerai pas ma démission; je retourne à mon poste, et j'y attendrai vos ordres. »

Le surlendemain, je reçus une de ces lettres circulaires que l'on adressait alors à tous les officiers de l'armée de la Loire, pour me notifier l'ordonnance du 31 août 1815, qui renvoyait ces officiers dans leurs foyers. Les dispositions de cette ordonnance ne m'étaient pas applicables, puisque j'avais reçu mes lettres de service depuis sa promulgation. Cependant, je crus devoir me retirer chez moi, à Paris, dans ma maison de la rue Neuve-des-Petits-Champs. C'est alors que j'y fus pour la police un objet d'observation continuelle; je crus prudent de ne plus aller dans le monde : on venait s'informer, chez mon portier, du nom des personnes que je recevais, et de celles chez lesquelles j'allais.

Un jour, entra chez moi un officier, nommé Sartiges, accompagné de quatre gendarmes, pour m'arrêter et m'intimer l'ordre de sortir de Paris. Je montrai l'ordre écrit qui me prescrivait de rester dans mes foyers, et je fis observer que je ne pouvais contrevenir à cet ordre sans m'exposer à une arrestation. Après une discussion fort animée, Sartiges me proposa un rendez-vous au café des Ambassadeurs, en me faisant entendre qu'il arrangerait cette affaire moyennant quelques sacrifices d'argent. Je courus de suite chez Montesquiou-Fezensac pour lui raconter cette scène; je me rendis aussi chez M. de Saint-Maurin, mon compatriote et major des gardes du corps. M. de Saint-Maurin, indigné, me dit de venir le prendre à la parade. J'allai le trouver, et, montant dans sa voiture, nous nous rendîmes chez Despinois, qui avait tous ses officiers auprès lui. M. de Saint-Maurin fit part au général de ce qui était arrivé. Despinois, m'interpellant avec hauteur, me demanda si je connaissais l'officier qui était venu chez moi. Il était présent, je le montrai. Sartiges se récria, prétendant que c'était sur mon invitation qu'il m'avait visité, etc., etc. Despinois entra en fureur et ordonna qu'on arrêtât Sartiges sur-le-champ. Cette arrestation n'était qu'un jeu, car, le lendemain, je rencontrai Sartiges se promenant aux Tuileries.

Ces scènes se renouvelaient journellement : les officiers de Waterloo étaient poursuivis, traqués partout. On avait fait quatorze catégories d'officiers; j'étais dans la dernière. Mon ancien camarade Clouet, alors en faveur, crut devoir se porter caution pour moi. Afin de me soustraire aux poursuites, j'étais revenu à Breteuil chez ma mère.

L'arrestation de Ney venait de nous jeter tous dans la stupeur; son procès s'instruisait au milieu d'une réaction affreuse. Le maréchal avait été arrêté, le 3 août, au château de Bessonis, par un capitaine, un lieutenant et quatorze gendarmes (1). Il était resté jusqu'au 15 dans la maison de ville, et était arrivé le 19 à la Conciergerie. J'attendais l'issue du procès. C'est dans un de mes voyages à Paris, que je fus admis auprès du maréchal, à la Conciergerie. Quel triste spectacle! Cependant, le prince de la Moskowa était toujours ferme; aucun abattement ne se montrait sur sa physionomie. Il me dit : « Je connais mon sort : je sais que je vais mourir; je ne crains pas la mort! Ils veulent me faire juger par un conseil de guerre... mais je suis pair de France et je ne veux pas être traité comme un tambour! » Le langage que j'avais tenu, le 14 mars, au maréchal me mettait vis-à-vis de cet illustre guerrier, auquel je portais l'affection d'un fils, dans la position la plus pénible : sa situation était une cruelle justification de mes paroles!

Le général Gründler, rapporteur du conseil de guerre chargé de juger le maréchal, m'avait fait

(1) Le château de Bessonis, aux confins du Lot et du Cantal et où Ney avait cru être à l'abri des poursuites, appartenait à un parent de la maréchale. Dans les pièces encore conservées à la mairie d'Aurillac, il n'est pas question du sabre, don de Napoléon à Ney, qui d'après Vaulabelle, l'historien de la Restauration, aurait fait découvrir la retraite du maréchal.

L'arrestation eut lieu au lendemain de l'assassinat du maréchal Brune à Avignon (2 août) et Ney arriva à Paris le jour même de l'exécution de La Bédoyère. (*Note de l'éditeur.*)

venir. A sa question si j'étais parent ou allié du maréchal Ney, j'avais répondu que celui-ci m'avait tenu lieu de père depuis la perte du mien et qu'en conséquence je ne déposerais qu'autant que le prince de la Moskowa le jugerait convenable. Bien des fois depuis, je me suis reproché cette démarche, car, dans ma conviction, j'aurais défendu mon maréchal, peut-être avec quelque succès. Je connaissais l'amour ardent qui l'enflammait pour la patrie et le fanatisme dont il faisait preuve pour elle.

Quoi qu'il en soit, combien on doit regretter que le maréchal, par un faux sentiment d'honneur, ait décliné une juridiction militaire. Jugé par ses véritables pairs, tous soldats, et, pour la plupart, ses compagnons de gloire, sa précieuse vie n'aurait couru aucun danger.

Le conseil de guerre était ainsi composé :

Juges : les maréchaux Jourdan, Masséna, Augereau et Mortier; les lieutenants-généraux Villatte, Claparède et Gazan. Commissaire du roi : Joinville, ordonnateur de la 1re division. Rapporteur : Gründler, maréchal de camp; greffier : Boudin.

Le conseil de guerre se déclara incompétent, et le maréchal ne tarda pas à être renvoyé devant la Chambre des pairs (1).

(1) Le conseil de guerre se déclara incompétent, au grand mécontentement de Louis XVIII, en se fondant sur la qualité de pair de France du maréchal (9 novembre). — Le procès devant la Chambre des pairs ne commença que le 21 novembre, puis, après trois séances, fut ajourné au 4 décembre. (*Note de l'éditeur.*)

On connait les détails de ce procès célèbre qui affligea toute la France : Bourmont y montra une lâche animosité, mais Clouet fit voir qu'il se souvenait des bontés que le maréchal avait toujours eues pour lui.

Ce fut un moment lamentable que celui où le prince de la Moskowa fut obligé d'expliquer, à ceux qui auraient dû baisser les yeux devant lui, la catastrophe du 14 mars. « Je ne pouvais, dit le maréchal, arrêter l'eau de la mer avec ma main; la digue a été renversée devant moi; j'ai préféré ma patrie à tout. »

Écoutons un instant Berryer développant ce beau sentiment. « J'ai justifié, dit-il, le maréchal Ney de tout reproche de préméditation : l'intention qui l'a toujours dirigé est devenue évidente; elle offre une nouvelle preuve de l'attachement qu'il portait à son pays. Les formes du gouvernement ont changé bien des fois pendant la vie militaire du maréchal Ney; elles l'ont toujours trouvé attaché uniquement au bien public, au bonheur et à la gloire de son pays. Lors de la première invasion de notre territoire, c'est lui qui, voyant que Bonaparte avait follement compromis les intérêts de la France, pressa le premier son abdication. C'est le même désir de sauver sa patrie qui, à Lons-le-Saulnier, lorsque la défection la plus complète l'entourait de toutes parts, lorsque le plus fatal enthousiasme égarait tous les esprits et exaltait toutes les têtes, lorsque tout le monde était dans la persuasion que tout gouvernement royal avait disparu, c'est le même amour pour la patrie qui fut la règle de sa conduite. C'est encore son amour pour son pays qui, après la défaite de Waterloo, engagea le maréchal, en présence des représentants les plus distingués de la nation, à leur dévoiler la vérité tout entière (1). Ainsi, à toutes les époques de sa vie, le maréchal Ney n'a connu qu'une souveraine au monde : la France... Le désir ardent d'empêcher que le sein de la patrie fût déchiré, voilà l'unique motif de la conduite du maréchal! »

Et, plus loin, M. Dupin dit : « Le traité du 20 novembre 1815, qui trace une nouvelle démarcation du territoire de la France, a laissé sur sa droite Sarrelouis, lieu de naissance du maréchal Ney. Le maréchal n'est plus soumis au roi de France (2). » Ney bondit et s'écria : « Je suis Français, et je mourrai Français... Je fais comme Moreau : j'en appelle à l'Europe entière et à la postérité! »

On sait que la capitulation de Paris garantissait le maréchal contre toutes poursuites. « La déclaration de l'article 12, dit Ney, était tellement protectrice, que c'est sur elle que j'avais compté. Sans

(1) Allusion à la déposition du maréchal Ney devant la Chambre des pairs, le 22 juin, sur la véritable situation de l'armée et de la France. (*Note de l'éditeur.*)

(2) Cet argument misérable fut mis en avant par M. Dupin, se voyant interdit de tirer parti de l'article 12 de la convention du 3 juillet et essayant de soustraire Ney aux lois françaises. — Le traité de paix avec les Alliés avait été négocié et signé le 20 novembre par le nouveau ministre Richelieu. *(Note de l'éditeur.)*

cela, croit-on que je n'aurais pas préféré périr le sabre à la main? C'est en contradiction de cette capitulation que j'ai été arrêté et sur sa foi que je suis resté en France. »

Mais le sort du maréchal était fixé : il fallait aux Alliés une victime en réparation du mal que leur avait fait la France; et cette victime, offerte en expiation, c'était la plus pure des illustrations de nos armées (1).

Le duc de Wellington, sollicité par la maréchale Ney, avait répondu « que Sa Majesté, le roi de France, n'avait pas ratifié la convention du 3 juillet; que la stipulation, écrite en l'article 12, n'exprimait qu'une renonciation des hautes puissances, pour leur compte, à rechercher qui que ce fût en France, pour raison de sa conduite ou de ses opinions politiques; qu'elles n'avaient donc à

(1) On a prétendu que le maréchal avait reçu une si mauvaise éducation qu'il envisageait avec une sorte d'effroi le moment où il paraîtrait devant la Chambre des pairs et où il faudrait absolument proser et parler, deux choses pour le succès desquelles sa timidité, dans tout ce qui n'était pas la guerre, formait un obstacle invincible. On a été jusqu'à dire que ses défenseurs lui avaient composé les quelques mots à effet, qu'il prononça pendant le cours du procès. On ajouta même qu'ils cherchèrent vainement à lui faire apprendre par cœur la phrase par laquelle il leur ordonna de se taire, en disant qu'il en appelait à l'Europe et à la postérité du jugement qui allait le frapper, et qu'on fut forcé de l'écrire, au fond de son chapeau, pour qu'il pût la lire au moment indiqué. Cette fable est absurde. Le maréchal pensait comme il agissait, grandement : il aurait rougi de se prêter à une comédie indigne de lui et, s'il avait eu le sentiment de son insuffisance dans ce moment solennel, il aurait protesté par son silence, plutôt que de tenir un langage d'emprunt. (*Note d'O. Levavasseur.*)

s'immiscer en rien dans les actes du gouvernement du roi. » Ces paroles étaient indignes de Wellington. Le roi n'était bien entré dans Paris qu'en vertu de cette même capitulation. Wellington n'avait pu remettre la capitale à Louis XVIII qu'aux charges, clauses et conditions qu'il avait souscrites lui-même : le roi, en violant la capitulation sous ses yeux, le rendait responsable de ce grand crime. N'est-il pas honteux de penser que le procureur-général Bellart et la Chambre des pairs se soient opposés à ce que les défenseurs pussent plaider les moyens tirés de ces circonstances?.....

Le prince de la Moskowa mort, ma carrière militaire était finie : le glorieux nom de Ney planait sur moi et me désignait à la proscription (1).

En soulevant un coin du voile sanglant qui enveloppe cette grande ombre, j'ai senti plusieurs fois mon cœur défaillir et ma main s'arrêter. J'ai déploré mon insuffisance à dépeindre ce noble guerrier trahi par la fortune, et je me suis demandé si mêler ma vie à la sienne n'était pas une profanation? Mais, résolu à attribuer à ses ordres, à ses conseils, à son exemple, le peu de bien dont je

(1) La peine de mort fut votée par la Chambre des pairs le 6 décembre, et le maréchal fut fusillé le lendemain matin, près de l'Observatoire. (*Note de l'éditeur.*)

puisse me glorifier, je me suis toujours considéré comme une dépendance de lui-même, comme une émanation de sa propre volonté, et ce sentiment m'a soutenu.

D'ailleurs, il m'a semblé que, quelle que fût la part obscure qu'il eût prise aux actions de ces époques mémorables, un soldat de la Grande Armée ne devait pas réserver pour lui seul des souvenirs qui ont, peut-être, de l'intérêt pour tous. Qu'on me pardonne donc si j'ai pris aussi imparfaitement la parole, et si j'ajoute quelques réflexions inspirées par la contemplation de la vie et de la mort de mon malheureux général.

La nature avait donné à Ney un corps de fer, une âme de feu; sa taille était athlétique. Il avait la figure large, le nez plat; sa physionomie rappelait les types du Nord; sa voix était retentissante; à son seul commandement, on se sentait du courage. « C'était, a dit Bourmont dans le procès, celui des maréchaux qui possédait le plus la confiance de l'armée! »

Les soldats lui avaient donné deux surnoms : quand ils le voyaient passer dans une revue, c'était *le roux* à cause de la couleur de sa barbe et de ses cheveux; quand ils racontaient les batailles, ils l'appelaient *le brave des braves*, à cause de cette valeur calme dont il était le modèle. Oui, c'était bien le brave des braves, car, près de cet homme, au milieu du combat, telle bravoure que l'on eût ou que l'on voulût montrer, il fallait l'avouer son maître. Sous la mitraille même, quand la mort planait sur lui, par ses rires et ses mots plaisants il semblait la défier. Au fort de la mêlée, sa supériorité reconnue faisait déférer à ses ordres. Trévise, et Bellune, Tarente et Raguse, Soult et Davout, seuls, ne reconnaissaient pas cet ascendant.

C'est que le génie de Ney ne s'éveillait qu'en face de l'ennemi et à la grande voix du canon. Sans combinaisons arrêtées d'avance, sa tactique c'était le succès. Souvent il était victorieux, mais sans savoir comment il avait fait pour remporter le succès.

Ce n'était que sur les champs de bataille qu'il était beau et qu'il fallait le voir. Ailleurs, cet homme si grand ne pouvait rendre compte de ses propres inspirations : il aurait su conquérir des royaumes, mais il n'aurait pu les gouverner.

Son éducation avait été exclusivement militaire; elle était incomplète. Cependant, ses ordres étaient parfaitement conçus; il les dictait avec facilité. Le maréchal, suivant l'expression de Clouet, était sujet à recevoir des impressions subites et vives; j'ajouterai que son caractère était emporté. S'il n'avait pas eu avec lui, pendant longtemps, un secrétaire intime (1), qui savait tempérer cette extrême vivacité, il se serait compromis auprès de l'Empereur par ses écrits. Pourquoi faut-il que ce secrétaire, voulant s'assurer une

(1) M. Cassaing, qui devint intendant. (*Note d'O. Levavasseur.*

position, ait quitté le maréchal un peu avant son départ pour Besançon? Ney se fût abstenu sans doute de prononcer la fatale proclamation! Cependant, malgré cette vivacité, le maréchal avait un bon cœur : il ne conservait aucun ressentiment et était toujours le premier à revenir et à pardonner. Résigné d'avance au sort des batailles, la mort de ses officiers l'affectait peu; ce n'était pas par insensibilité, c'était par habitude de voir mourir et de regarder comme d'une faible importance la mort d'un homme en présence des grands intérêts de la nation.

Il ne gardait rien pour lui; ses propres deniers soldaient les officiers. Si on lui parlait d'un besoin d'argent, il renvoyait à son intendant, qui payait. Lorsqu'il venait d'être élevé au rang de prince de la Moskowa, je lui fis observer qu'il était moins riche que moi, et qu'il devait songer à ses enfants. « Qu'importe, me répondit-il, la France est là : elle y pourvoira et n'abandonnera pas ma famille. »

Le maréchal était patriote, mais dans la véritable acception du mot. Soldat de la Révolution, il n'avait vu, après l'abolition de la royauté, que sa patrie et son pays; les chefs du gouvernement étaient à ses yeux des choses secondaires.

Les rênes de l'État avaient passé devant lui six fois dans des mains différentes; il s'en inquiétait peu : il servait toujours la France, quelles que fussent les personnes chargées de la gouverner. Il me témoigna un jour son indignation sur la défection de Dumouriez, qui avait abandonné sa patrie.

L'Empereur lui-même, pour qui il avait une vive affection, ne lui paraissait qu'une personnification de la France; la seule voix de la France était son oracle : il lui obéissait en esclave. Ne nous étonnons donc pas si, en 1814, connaissant la désaffection du pays pour l'Empereur et apprenant l'enthousiasme avec lequel les Alliés étaient reçus à Paris, il fut le premier à élever la voix devant Napoléon et à prononcer le mot d'abdication en faveur du roi de Rome. Il était alors persuadé qu'on devait voir dans ce prince le souverain désigné par l'opinion nationale, indépendamment du rang qui lui appartenait par les constitutions impériales.

De même, au 6 mars 1815, croyant reconnaître dans la consternation de Paris un indice de la répugnance inspirée par Bonaparte et manquant d'ailleurs de notions complètes sur l'esprit public, par suite de sa retraite aux Coudreaux, il partit avec la ferme volonté de combattre l'Empereur : il le supposait encore repoussé par l'opinion. Qu'on ne s'étonne pas non plus si, quelques jours après, sachant l'entrée et la réception de Bonaparte à Lyon, le soulèvement des villes d'Auxonne, de Mâcon, de Dijon et la défection de ses propres troupes, si, voyant le drapeau tricolore arboré et l'enthousiasme éclater de toutes parts, il comprit que la dynastie des Bourbons n'existait point dans le cœur français et que Bonaparte avait recouvré les sympathies nationales. Cependant, Ney venait d'imprimer aux populations qu'il avait traversées des sentiments contraires : quels furent ses regrets! Lui, le patriote par excellence, allait donc allumer la guerre civile! Il n'hésita pas; il crut devoir à sa patrie le sacrifice de ce qu'il avait fait et désabuser les populations impressionnées par son précédent langage. Dans sa nature, le prince de la Moskowa devait faire sa proclamation; il obéissait à son instinct patriotique en la prononçant avec véhémence. Ce n'était pas par affection personnelle pour l'Empereur qu'il agissait ainsi, c'était par dévouement pour la France.

Dans un temps ordinaire, pour l'homme d'État, pour le magistrat, le devoir est facile : le roi est l'image du pays; il commande et l'on obéit; l'esprit ne peut s'égarer; en servant le roi, on sert la patrie elle-même. Mais lorsque, par une exaltation qui porte le caractère de la généralité, le roi et le pays se séparent, lorsque le gouvernement cesse d'être la représentation réelle de la nation, que devient le devoir? Comment le découvrir? La réponse est toute prête pour le fonctionnaire civil : il attend. Quant à la force publique, qui ne délibère pas et qui pourtant, quoique sans guide, doit se montrer à l'instant même, comment doit-elle agir? De quel côté doit-elle frapper?

Les uns, imprégnés des vieilles maximes de la légitimité, voient toujours la patrie dans le roi et courent à sa défense; les autres, qui ne sont point nés ni élevés dans ces principes abstraits et insaisissables, reconnaissent à la manifestation générale de la nation une sanction plus auguste et selon son vœu : tous ont l'honneur pour guide.

En mars 1815, les uns se décidèrent pour Gand, les autres pour Waterloo. J'imitai les derniers; mais qui oserait dire que les premiers aient cessé d'être honorables?

O. LEVAVASSEUR.

FIN

LISTE

DES NOMS CITÉS DANS LE VOLUME

N.-B. — La plupart des noms de famille ont, dans le manuscrit, la forme adoptée pendant la Révolution, c'est-à-dire avec suppression de la particule ou son adjonction au nom lui-même : cette forme a été conservée dans ce volume, en particulier pour le nom de l'auteur lui-même.

TABLE DES MATIÈRES

CHAPITRE PREMIER

L'ÉCOLE DE METZ — LE CAMP DE BOULOGNE

1802-1805

CHAPITRE II

LA CAMPAGNE DE 1805 : AUSTERLITZ

CHAPITRE III

LA CAMPAGNE DE 1806-1807 : IÉNA, EYLAU, FRIEDLAND

CHAPITRE IV

LA GUERRE D'ESPAGNE EN 1808 ET 1809

CHAPITRE VII

1815

LES CENT JOURS. — WATERLOO.

Pages.

CHAPITRE VIII

1815

LA DEUXIÈME RESTAURATION — LE PROCÈS DE NEY

PARIS

TYPOGRAPHIE PLON-NOURRIT ET Cie

Rue Garancière, 8

A LA MÊME LIBRAIRIE

Campagnes du capitaine Marcel, du 69e de ligne, en Espagne et en Portugal (1808-1814). Mises en ordre, annotées et publiées par le commandant VAR.. 2e édition. Un vol. in-16 avec un portrait. 3 fr. 50

Souvenirs d'un vélite de la garde sous Napoléon Ier, par BILLON. Extraits des manuscrits de François-Frédéric Billon, chevalier de la Légion d'honneur, officier de gendarmerie en retraite, à Uzès (Gard), par son arrière-neveu A. LOMBARD-DUMAS. Un vol. in-16 avec un portrait. 3 fr. 50

Mémoires du colonel Combe sur les campagnes de Russie 1812, de Saxe 1813, de France 1814 et 1815. — *Nouvelle édition.* Un vol. in-18. 3 fr. 50

Mémoires du général Griois (1792-1822), avec introduction et notes par Arthur CHUQUET, membre de l'Institut. 2e édit. Deux volumes in-8°, avec un portrait en héliogravure. Prix de chaque volume. . . . . 7 fr. 50

Souvenirs de guerre du général baron Pouget, publiés par Mme DE BOISDEFFRE, née POUGET. Un vol. in-18. 3 fr. 50

Souvenirs militaires du baron de Bourgoing (1791-1815), publiés par le baron Pierre DE BOURGOING. Un vol. in-18 avec un portrait. . . . . 3 fr. 50

Récits de guerre et de foyer. **Le Maréchal Oudinot, duc de Reggio,** d'après les Souvenirs inédits de la maréchale, par Gaston STIEGLER. Préface de M. le marquis COSTA DE BEAUREGARD. 9e édition. Un vol. in-16. . . . . 3 fr. 50

Journal des campagnes du baron Percy, chirurgien en chef de la Grande Armée (1754-1825), publié d'après les manuscrits inédits avec une introduction par M. Ernest LONGIN. 3e édit. Un vol. in-8° avec un portrait et un fac-similé. 7 fr. 50

Mémoires militaires de Joseph Grabowski, officier à l'état-major impérial de Napoléon Ier **(1812-1813-1814),** publiés par M. Waclaw GASIOROWSKI; traduits du polonais par MM. Jan V. CHELMINSKI et le commandant A. MALIBRAN. Un vol. in-16 avec un portrait . . . . 3 fr. 50

Mémoires sur les guerres de Napoléon (1806-1813), par le général Désiré CHLAPOWSKI, baron de l'Empire, publiés par ses fils. Traduits par MM. Jan V. CHELMINSKI et le commandant A. MALIBRAN. 3e édit. Un vol. in-16.... 3 fr. 50

Mémoires d'un grenadier anglais (1791-1867), par William LAWRENCE. Traduits par Henry GAUTHIER-VILLARS. Un vol. in-18. 3 fr. 50

Journal du général Fantin des Odoards. *Etapes d'un officier de la Grande Armée* (1800-1830). Un vol. in-8°. 7 fr. 50

Mémoires du commandant Persat (1806-1844), publiés avec une introduction et des notes par G. SCHLUMBERGER. 2e édition. Un vol. in-8°. . . . . 7 fr. 50

Le Soldat impérial (1800-1814), par J. MORVAN. Deux vol. in-8°. Prix de chaque volume . . . . 7 fr. 50

(Couronné par l'Académie française, prix Thérouanne.)

PARIS. — TYP. PLON-NOURRIT ET Cie, 8, RUE GARANCIÈRE. — 18928.

www.ingramcontent.com/pod-product-compliance
Ingram Content Group UK Ltd.
Pitfield, Milton Keynes, MK11 3LW, UK
UKHW012152240726
13966UKWH00002B/277

9 782012 932845